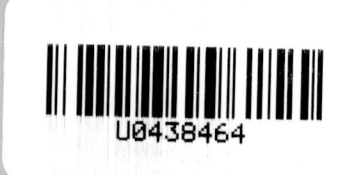

北京文物与考古系列丛书

朝陽姚家園

姚家园新村 E 地块配套中学
考古发掘报告

北京市考古研究院　编著

上海古籍出版社

图书在版编目(CIP)数据

朝阳姚家园：姚家园新村E地块配套中学考古发掘报告/北京市考古研究院编著．—上海：上海古籍出版社，2023.8

（北京文物与考古系列丛书）

ISBN 978－7－5732－0796－8

Ⅰ．①朝…　Ⅱ．①北…　Ⅲ．①墓葬（考古）－考古发掘－北京　Ⅳ．①K878.8

中国国家版本馆CIP数据核字（2023）第149153号

北京文物与考古系列丛书

朝阳姚家园

——姚家园新村E地块配套中学考古发掘报告

北京市考古研究院　编著

上海古籍出版社出版发行

（上海市闵行区号景路159弄1-5号A座5F　邮政编码201101）

（1）网址：www.guji.com.cn

（2）E-mail：guji1@guji.com.cn

（3）易文网网址：www.ewen.co

上海雅昌艺术印刷有限公司印刷

开本 889×1194　1/16　印张 9.25　插页 47

2023年8月第1版　2023年8月第1次印刷

ISBN 978-7-5732-0796-8

K·3416　定价：128.00元

如有质量问题，请与承印公司联系

北京文物与考古系列丛书

内容简介

本书为2015年北京市朝阳区姚家园新村E地块配套中学考古发掘报告。

为配合该项目建设，共发掘辽代墓葬1座、清代墓葬54座、清代明堂1座，出土了陶、瓷、铜等不同质地的文物275件（不计铜钱），丰富和完善了北京东部地区的考古学研究资料。

本书可供从事考古、文物、历史等研究的学者及相关院校师生阅读和参考。

目　录

插 图 目 录

彩版目录

第一章 绪 论

第一节 自然地理环境与建置沿革

朝阳区位于北京城区东部,辖域面积470.8平方公里,现设24个街道、19个乡(地区办事处)。其四周与北京市的8个区相邻,东与通州区相接,南与大兴区相邻,西与丰台区、东城区、西城区、海淀区接壤,北与昌平区、顺义区交界。

辖域无山,地形平坦,属于永定河冲积扇中下游平原。地势从西北向东南缓缓倾斜,平均海拔34米。河湖水系众多,主要河流包括温榆河、清河、凉水河、通惠河、亮马河、萧太后河、坝河以及北小河。河流蜿蜒错致,形成网络。各河流之间有羊坊、沈家坟、东南郊等9条引水渠。

朝阳区历史悠久。据北部立水桥出土的石斧、石镰、石纺轮、陶器以及房基考证,在新石器时期,朝阳区境内已有人类活动。夏、商、周时期,属"禹贡九州"之冀州。西周初,武王封帝尧之后于蓟(今广安门一带),建蓟国,属蓟国。后燕灭蓟,属燕国。春秋战国时期,燕国都蓟,时为燕都蓟城之东北部。秦时,分属广阳郡、渔阳郡。两汉至南北朝时,分属广阳国之蓟县,渔阳郡之路县(东汉改为潞县)、安乐县。隋唐、五代时,分属幽州蓟县、潞县、安乐县、幽都县等。辽会同元年(938)后,分属南京道幽都府蓟北县(蓟县改)、幽都县和潞县等。辽开泰元年(1012)后,分属析津府(幽都府改)析津县(蓟北县改)、宛平县(幽都县改)和潞县等。北宋宣和四年至七年间(1122—1125),分属燕山府路燕山府之析津县、宛平县、潞县、洳阴县等。金初,分属燕京路析津府之析津县、宛平县、通县、潞县等。贞元元年至贞元二年(1153—1154),分属中都路永安府(后称大兴府)之析津县、宛平县和通州潞县、漷阴县。

元世祖至元元年(1264),分属中都路大兴府之大兴县、宛平县和通州路县、漷阴县等。至元九年(1272),分属大都路(中都路改)大兴府之大兴县、宛平县和通州路县、漷阴县等。至元十三年(1276),分属大都路大兴府之大兴县、宛平县和通州潞县以及漷州(漷阴县升州)等。明洪武年间(1368—1381),分属山东行省(后称北平行省)北平府之大兴县、宛平县和通州潞县、漷州等。明永乐元年至十九年(1403—1421),分属北平行部顺天府(北平府改)及京师顺天府之大兴县、宛平县和通州、漷县(漷州改)。清初如明旧。顺治十六年(1659)废漷县后,区境西半部、北部仍为城属,归步军统领衙门管理,其余区域分属直隶省顺天府之大兴县、通州等。

得天独厚的地理条件以及悠久的历史,为朝阳区留下了丰富的文物遗存。目前,全区境内已发现不可移动文物100余处,包括全国重点文物保护单位6处,北京市文物保护单位3处,朝阳区文物保护单位8处。

朝阳区的文物资源,具有以下特点:

第一,古代建筑级别较高。全国重点文物保护单位包括:始建于元延祐六年(1319)的东岳庙,是道教正一派在华北地区的最大庙宇;京城著名的五坛之一、始建于明嘉靖九年(1530)的日坛,是明清两代皇帝每年“春分”时节祭祀大明(太阳)神的场所;始建于清乾隆四十七年(1782)的清净化城塔,塔内安葬有六世班禅的衣冠经咒;始建于明正统十一年(1446)的永通桥,是“拱卫京师三大桥梁”之一,并因1860年清军在此抗击英法联军、1900年义和团大战八国联军而闻名中外。北京市文物保护单位包括:始建于明代的北顶娘娘庙,是北京中轴线北延长线上的标志性建筑;始建于明嘉靖二十四年(1545)的十方诸佛宝塔,是明代延寿寺的遗存建筑;始建于清初的顺承郡王府,是清朝开国“八大铁帽子王”之一——勒克德浑的府邸。朝阳区文物保护单位包括:始建于明正德年间的常营清真寺、始建于清道光二十五年(1845)的海阳义园、始建于清光绪年间的张翼祠堂以及南下坡清真寺(一说康熙初年)等。

第二,古代墓葬分布广泛。在北京市各区中,朝阳区的古代墓葬数量位居前列。据不完全统计,朝阳区境内以岗、窑、坟命名的自然村就有100余个。1949年以来,仅施工建设出土的附有随葬品、具有文物价值的墓葬就有500余处,有据可考的历代名人墓、清代王爷坟、公主坟就有100余处。其中,地上建筑遗存至今的有肃慎亲王敬敏墓、显谨亲王衍璜墓以及那桐墓;三岔河、西柳巷、三间房古墓群被公布为北京市地下文物埋藏区;高碑店汉墓、三台山汉墓、生物研究所住宅小区唐代墓葬、元张弘纲墓、明施鉴家族墓、安外小关清墓、荣禄墓等有重要的考古发现;卫武家族墓、兆惠墓、图海家族墓、和硕显亲王富寿墓、海望家族墓等30余处清代墓葬,现仅遗存品级较高的碑刻。

第三,出土文物具有重要价值。三台山汉墓出土的一批器物,是典型的东汉庄园经济的缩影,生动地反映了东汉时期幽蓟地区的经济发展与社会生活状况。赵胜夫妇合葬墓出土的墓志志文,纠正了《明史》《明实录》等史书中的诸多舛误。施鉴家族墓出土的墓志志文,出现多个当时的地名及行政区属,为明代历史地理研究提供了新资料。安外小关清墓的墓室和墓道为院落房屋形式,形制特殊,并且保存完整,在北京地区尚属首次发现。荣禄墓出土的金葫芦重达139.6克,上有双勾刻铭“丙申重阳皇太后赐臣荣禄”,是慈禧太后对荣禄六十岁寿辰的赏赐。此外,团结湖地区出土的牛头骨化石、东坝出土的汉代鼓腹灰陶罐、小红门出土的五代独木船、南磨房出土的明嘉靖青花海龙寿字大盖罐、大屯出土的白玉深浮雕麒麟纹玉带、来广营出土的康熙五彩洗子、双桥出土的康熙青花大罐等，都具有重要的历史、艺术、科学价值。

第四，近现代建筑极具代表性。全国重点文物保护单位四九一电台旧址，为典型的北欧乡村别墅式建筑群；平房天主堂采用了中西合璧的建筑风格，将中式屋顶与罗马式拱券门窗相结合；798厂的帆状厂房，为典型的德国包豪斯建筑风格，目前仅在中、德、美等国家有极少量存留；北京市第二棉纺织厂的锯齿形厂房建筑，采用了苏联的设计风格；全国农业展览馆顶部采用了中国传统建筑风格，为三重檐、绿色琉璃瓦八角形亭阁。2007年，北京工人体育场、北京炼焦化学厂、798近现代建筑群等被列入第一批北京优秀近现代建筑保护名录。798厂、北京市第二棉纺织厂在新时期转型为文化创意产业区，已成为当代朝阳的新地标①。

平房乡位于朝阳区东部，辖区面积15.18平方公里，南接高碑店乡、三间房乡、八里庄街道，西与东风乡、六里屯街道、八里庄街道相毗邻，北靠东坝乡、东风乡，东与常营乡接壤。现辖4个村、12个社区。4个村分别是平房村、姚家园村、石各庄村和黄渠村。

姚家园村于1984年3月改生产大队为行政村。1991年9月，撤销生产队建制，成立经济合作社。2003年开始拆迁，分为姚家园东社区、姚家园西社区以及姚家园村。

第二节 遗址概况及工作经过

姚家园新村E地块配套中学项目位于朝阳区平房乡姚家园村，南北邻姚家园北路、东邻朝阳体育中心西路、西至东坝路（图一）。

该区域呈不规则形状，东西长约207米，南北宽约186米。地势较平，有大量建筑垃圾堆积（彩版一，1）。北部GPS坐标为北纬39°56′38.40″、东经116°30′34.63″、高程28米；南部GPS坐标为北纬39°56′32.85″、东经116°30′34.46″、高程31米；东部GPS坐标为北纬39°56′36.40″、东经116°30′39.79″、高程31米；西部GPS坐标为北纬39°56′35.68″、东经116°30′30.42″、高程34米。

为配合该工程建设，2015年4月16日，原北京市文物研究所（现北京市考古研究院）组织人员对该区域进行考古勘探（彩版一，2），2015年5月7日勘探结束，勘探面积34 863平方米，发现地下有古代墓葬分布。遂于2015年6月15日组织人员进行了考古发掘（彩版二），7月17日结束。发掘证照为考执字（2015）第（515）号。

共发掘各类古代遗迹56处，其中辽代墓葬1座、清代墓葬54座（附表一）、清代明堂1座，发掘面积413平方米（图二）。出土各类文物275件（不计铜钱）。

① 以上参见北京市朝阳区文化委员会：《朝阳文物志》，文物出版社，2014年。

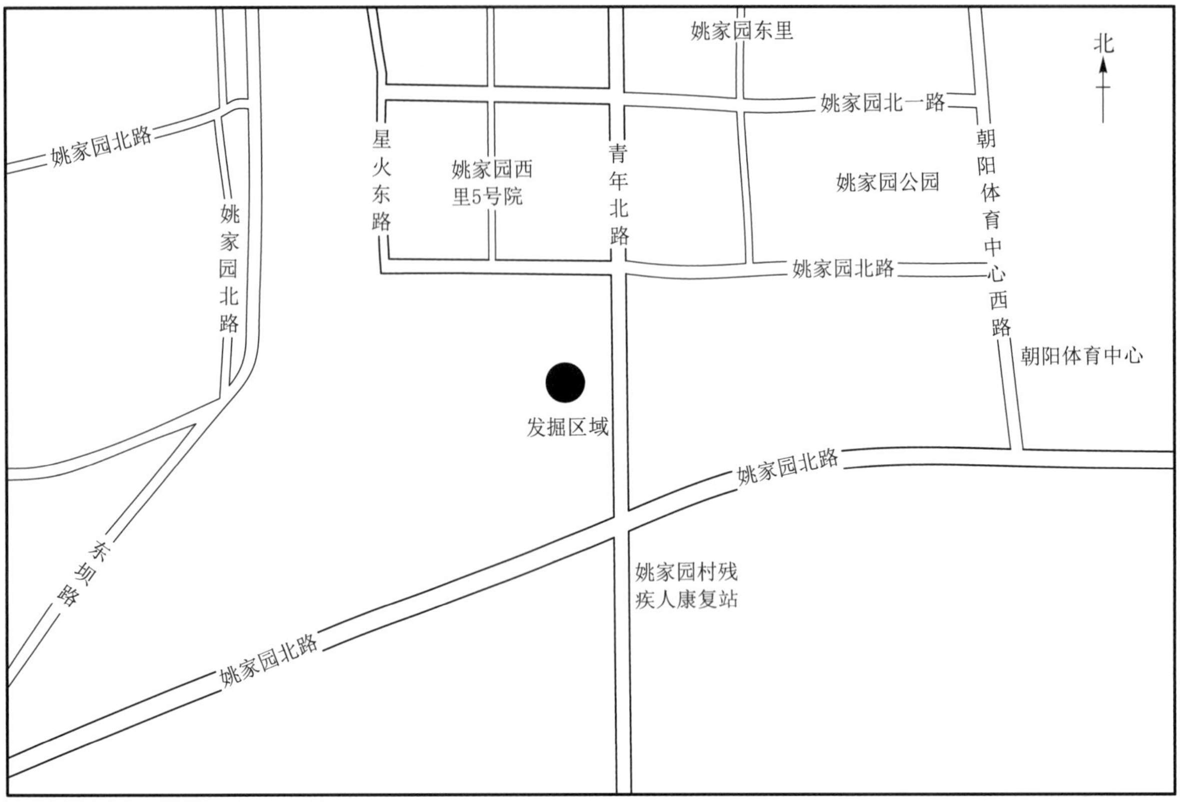

图一　发掘地点位置示意图

发掘领队为郭京宁，发掘人员有刘风亮、易佳、王超等。

第三节　资料整理与报告编写

器物整理由雷君燕于2017年完成，器物照相由王殿平完成，器物绘图由罗娇、易小芬、周晨、杨茜于2019年完成。资料整合与报告编写工作由郭京宁于2019年、2023年完成。其他参加工作的人员还有盛崇珊、杜美辰、古艳兵、刘小贺等。

北
姚
家
园
中
街
青
年
路
M1
M51
M2
M50
M17
M16
M6
M7
M5
M3
M4
M9
M10
M8
M11
M15
M53
M52
M47
M48
M46
M49
M45
M13
M12
M14
M31
M22
M24
M23
M30
M29
M27
龟镇
M28
M26
M55
M54
M21
M25
M19
M56
M20
M44
M43
M18
M32
M33
M35
M34
M42
M41
M40
M36
M37
M39
M38
0
20米

图二　总平面图

第二章 地层堆积

该地块原为建设用地，地表堆积大量建筑垃圾。区域内地层堆积较简单，依土质、土色的不同，可分为两层：

第①层：黄色土层，深约0—1.2米，较疏松，含零星礓石块，层状堆积。

第②层：黄褐色土层，深约0.5—1.8米，厚约0.4—0.6米，较疏松，含水锈斑点、细沙，层状堆积。

以下为黄色生土（图三）。

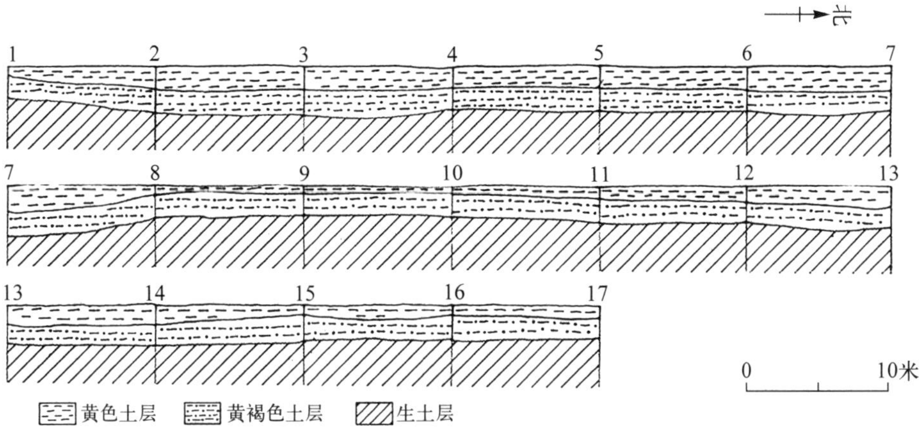

图三 南北向地层剖面图

第三章　辽代墓葬

M43　位于发掘区东南部，距M32的北部约7.4米处。南北向，方向为200°。砖室墓，开口于②层下。墓口距地表深0.6米，墓底距地表深1.16米。墓圹南北长3.69米、东西宽2.75米、深0.56米（图四；彩版三，1）。

墓道呈长方形，长1.1米、宽1.35—1.46米、深0.5—0.6米。边壁较直，底部较平坦。

墓室呈圆形，砖壁上部已被毁坏。壁上有约1厘米厚的白灰（彩版三，2），白灰上有红色彩绘，但无法辨认图案。墓室直径长2.7米、深1.14米。墓室底部铺砖，砖块长0.3米、宽0.07米。内填较疏松的深褐色五花黏土。室内未发现棺具，仅存少量骨渣。出土遗物有瓷碗、陶钵、陶器盖。

瓷碗1件。M43∶1，圆唇、侈口，斜壁，矮圈足。内壁施薄乳白釉，外壁腹部以上施白釉，其余部位露红褐胎，釉面开片。口径18.8厘米、底径7.1厘米、高5.4厘米（图五，4；彩版三，3）。

陶钵2件。M43∶2，圆唇、敛口，斜壁，平底。泥质灰陶。素面。外壁有轮制抹痕，内壁可见同心圆纹。口径13.3厘米、底径4.7厘米、高4.6厘米（图五，2；彩版三，4）。M43∶4，圆唇、敛口，圆折肩，斜壁，平底略内凹。泥质灰陶。素面。外壁有轮制抹痕，内壁可见同心圆纹。口径11.4厘米、底径5.1厘米、高5.4厘米（图五，1；彩版三，6）。

陶器盖1件。M43∶3，帽呈盔状，顶为蘑菇状。顶面鼓凸，斜腹，底沿凸出。泥质灰陶。素面。顶径2.8厘米、底径6.4厘米、高5.3厘米（图五，3；彩版三，5）。

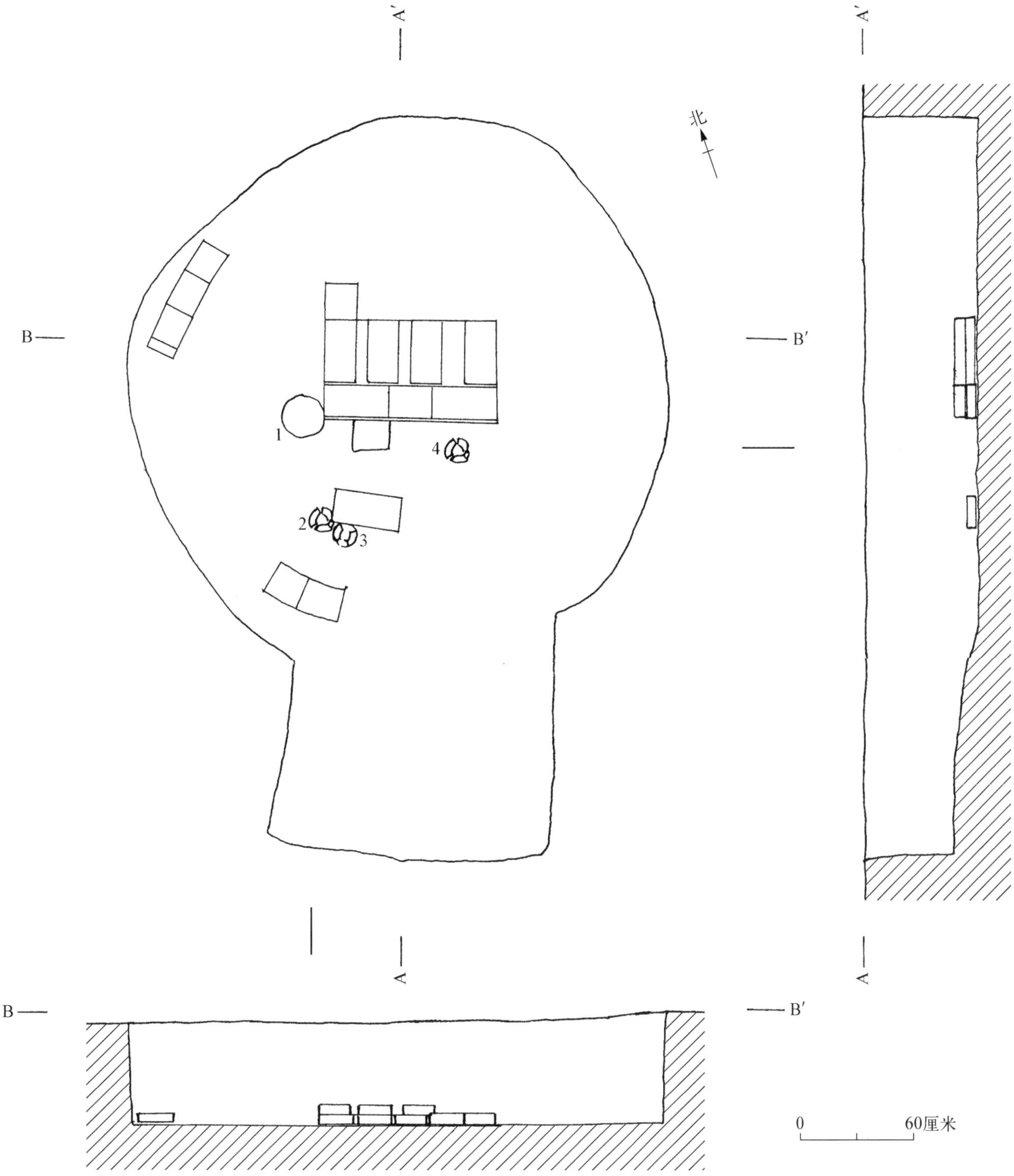

图四　M43平、剖面图

1. 瓷碗　2、4. 陶钵　3. 陶器盖

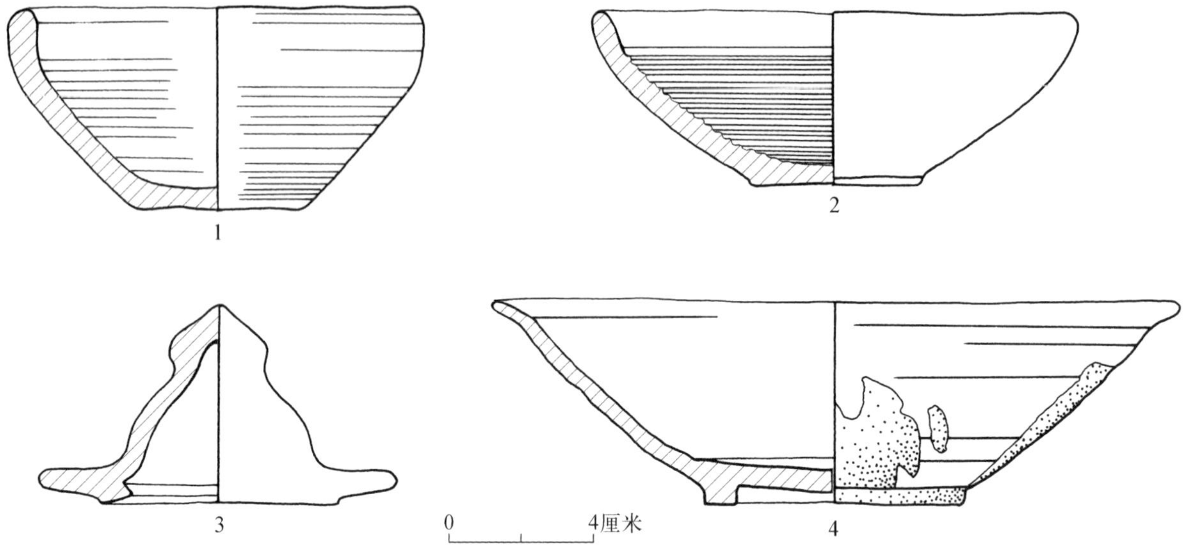

图五　M43出土器物

1、2. 陶钵（M43∶4、M43∶2）3. 陶器盖（M43∶3）4. 瓷碗（M43∶1）

第四章　清代遗迹

均开口于①层下，为竖穴土坑墓，据棺数可分为五种（表一）。

表一　清代墓葬分类表

分类	单棺		双棺			三棺		四棺	搬迁	
	A型	B型	A型	B型	C型	A型	B型		A型	B型
数量（座）	6	5	13	9	10	1	3	1	5	1

第一节　单棺墓

共11座，由平面形制分为两种类型。

A型　平面呈长方形，共6座。

M4　位于发掘区西部，距M3南部约2.4米处。南北向，方向为35°。墓口距地表深0.5米，墓底距地表深1.34米。墓圹南北长2.5米、东西宽1.5米、深0.84米。墓圹四壁较直，底部较平坦（图六；彩版四，1）。

内填较疏松的黄色五花黏土。棺木已朽，仅存棺痕。棺长1.8米、宽0.48—0.64米。棺底铺白灰，厚约0.05米。骨架保存较好，墓主人为仰身屈肢葬，头向北，面向东，性别不清。出土遗物有铜扣。

铜扣4枚。大小、形制基本相同。圆球形，中空，顶部有环。腹部、底部刻浮雕花卉纹。标本：M4∶1-1，高1.5厘米、宽1.2厘米（图七，4；彩版三二，1，左）。

M8　位于发掘区东北部，距M7东南部33.5米处，北邻M9。南北向，方向为180°。墓口距地表深0.3米，墓底距地表深0.54米。墓圹南北长2.58米、东西宽1.12—1.2米、深0.24米。墓圹边壁较直，底部较平坦（图八；彩版四，2）。

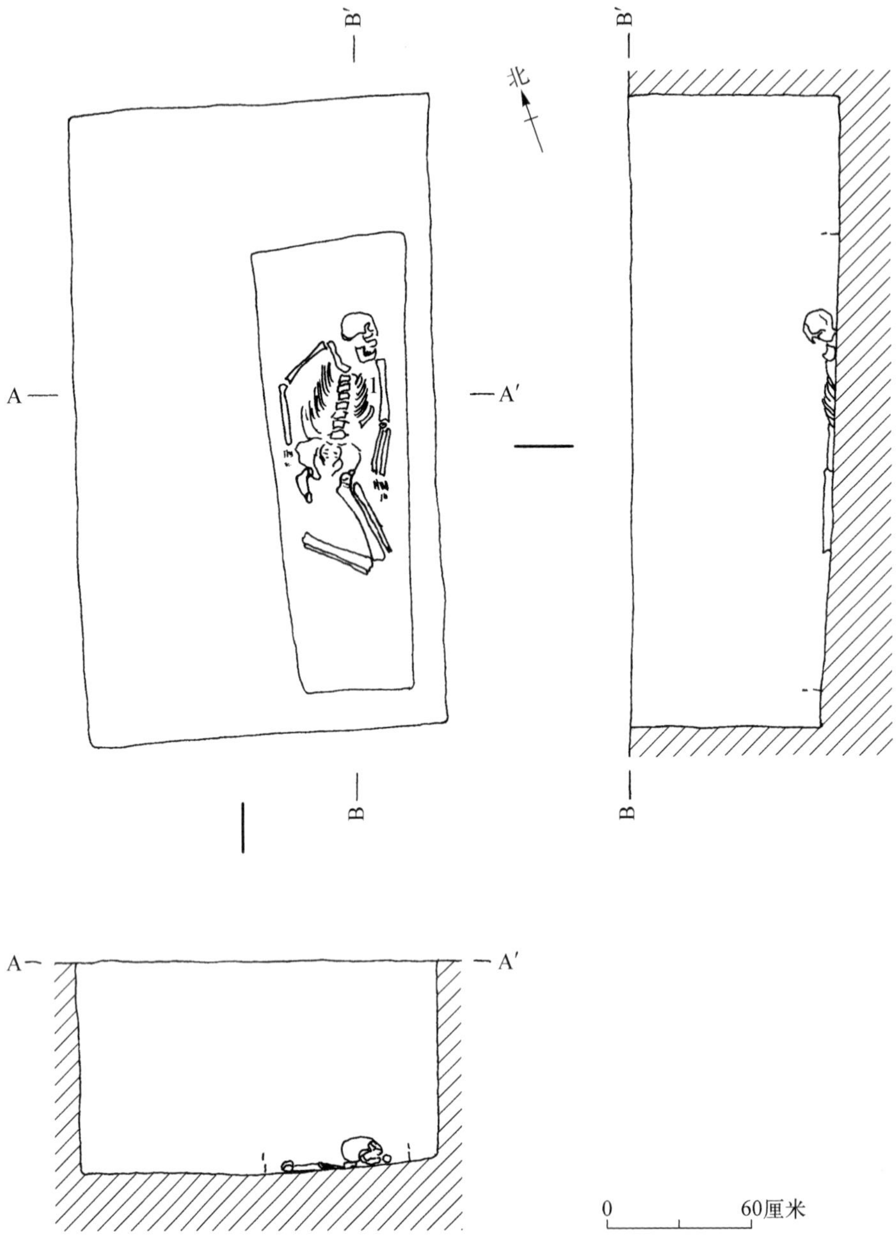

图六　M4平、剖面图

1. 铜扣

内填较疏松的浅黄色五花黏土，含料礓石块。棺木已朽，仅存棺痕。棺残长2.12米、宽0.66米。骨架保存较好，墓主人为老年男性，仰身直肢葬，头向南，面向东。出土遗物有铜扣、铜钱。

铜扣4件。大小、形制基本相同。圆球形，中空，顶部有环。底部饰莲花座托，腹部刻花纹。标本：M8∶2-1，高1.8厘米、宽1.1厘米（图七，3；彩版三二，2，左1）。

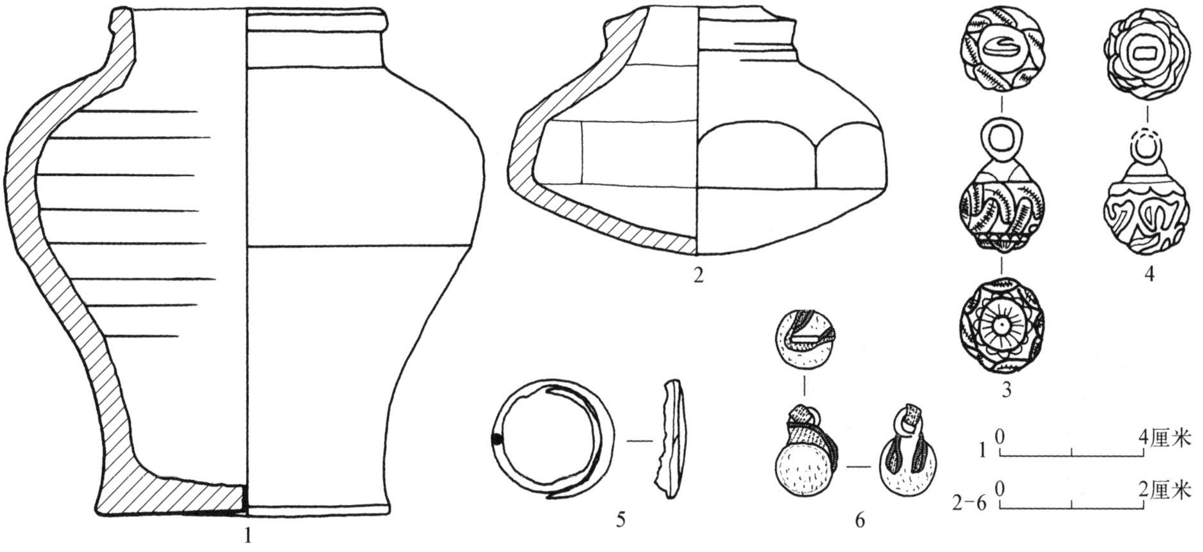

图七　单棺A型墓葬出土器物

1. 瓷罐（M56：1）　2. 陶瓶（M45：3）　3、4、6. 铜扣（M8：2-1、M4：1-1、M55：2-1）　5. 银耳环（M45：4）

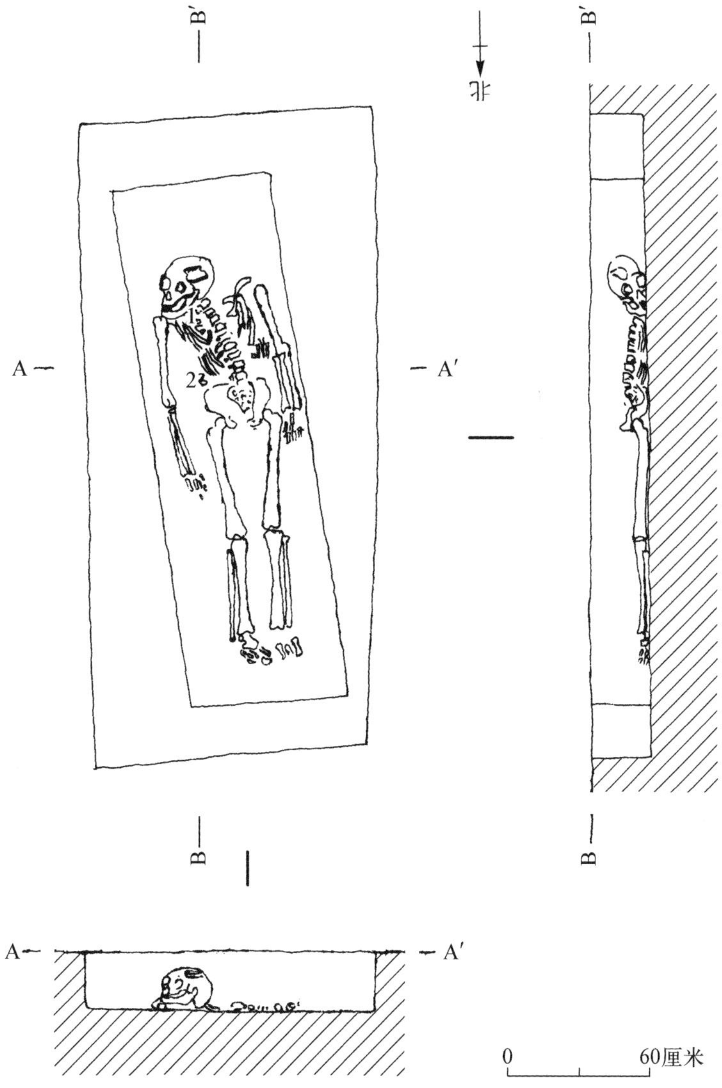

图八　M8平、剖面图

1. 铜钱　2. 铜扣

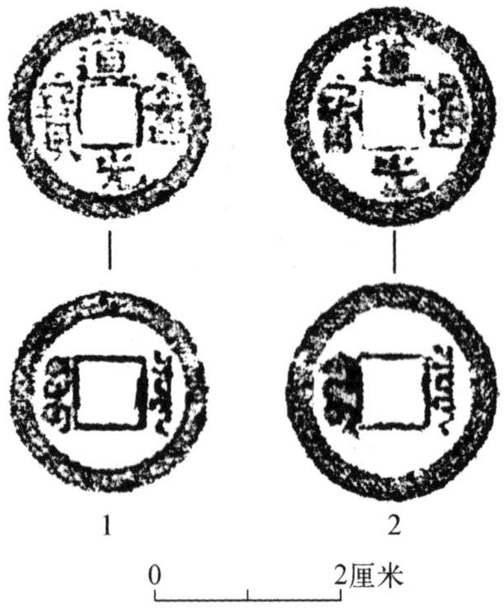

图九　单棺墓葬出土铜钱

1、2 道光通宝（M8∶1-1、M8∶1-2）

道光通宝2枚。均圆形、方穿，正面有郭，铸“道光通宝”四字，楷书，对读；背面有郭，穿左右为满文“宝泉”二字，纪局名。M8∶1-1，直径2.1厘米、穿径0.6厘米、郭厚0.1厘米（图九，1）（附表二）。M8∶1-2，直径2.2厘米、穿径0.6厘米、郭厚0.1厘米（图九，2）。

M42　位于发掘区东南部，距M41西部约0.5米处。东西向，方向为75°。墓口距地表深0.3米，墓底距地表深1.5米。墓圹东西长2.5米、南北宽1.25—1.32米、深1.2米。墓圹边壁较直，底部较平坦（图一〇；彩版五，1）。

内填较疏松的深褐色五花黏土。棺木保存一般。棺长2.04米、宽0.64—0.76米、残高0.4—0.48米。骨架保存较差，

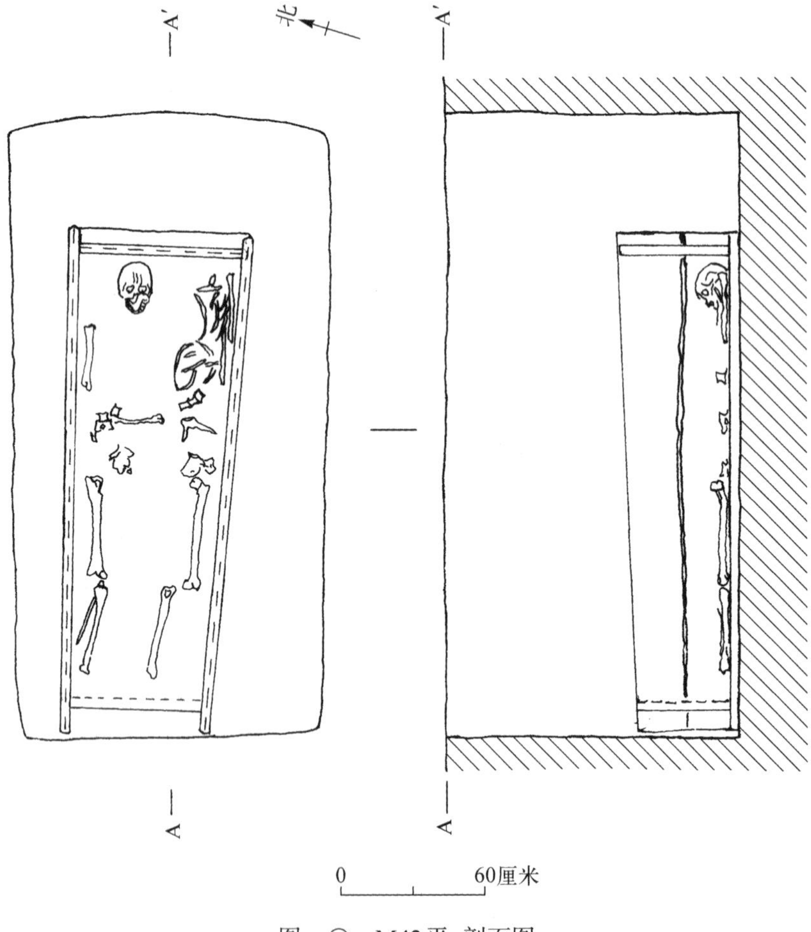

图一〇　M42平、剖面图

已被扰动，墓主人为仰身直肢葬，头向东，面向上，性别不详。未发现随葬品。

M45　位于发掘区东部，距M24北部10米处。南北向，方向为170°。墓口距地表深0.4米，墓底距地表深1.68米。墓圹南北长2.4米、东西宽0.9—1米、深1.28米。墓圹边壁较直，底部较平坦（图一一；彩版五，2）。

内填较疏松的浅褐色五花黏土，含少量料礓石块。棺木保存较好，棺长1.88米、宽0.4—0.54米、高0.28—0.5米。头档外部发现有朱砂书写的文字，上书“道光二十六年五月二十六日

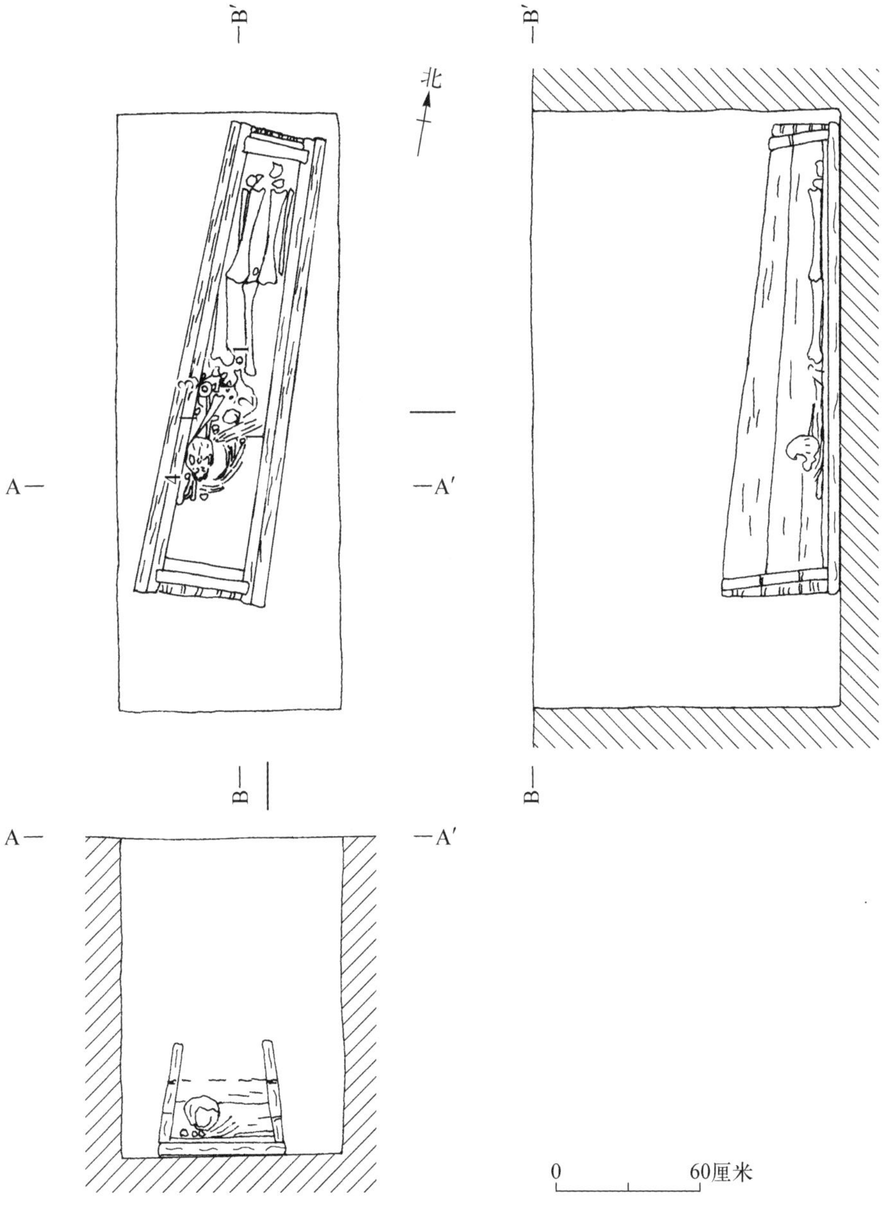

图一一　M45平、剖面图

1. 铜钱　2. 瓷盒　3. 陶瓶　4. 银耳环

已时殁。绩故何号□园公之灵柩。京都顺天府宛平县人”（彩版六，1）。骨架保存较好，墓主人为老年女性，仰身直肢葬，头向南，面向上。出土遗物有瓷盒、陶瓶、银耳环、铜钱。

瓷盒1件。M45∶2，圆唇、直口，直腹，平底，矮圈足。上有器盖，平顶。器壁较薄，通体施白釉。盒身上以蓝、红、绿、粉、褐、黑等颜色绘两名年轻美貌女子，坐于椅上，盘腿，手持一物，似在绣花，旁边有方凳、茶壶、花盆、瓷罐、花架等陈设。盒盖顶部为两女子倚栏戏蝶。盖身从右至左依次绘琴、棋、书、画。画工精湛，栩栩如生。口径4厘米、底径4.8厘米、高6.5厘米（图一二；彩版三二，3）。

陶瓶1件。M45∶3，泥质黑陶，母口，折肩，直腹。瓶身呈八棱状，底部近漏斗形、有圆孔。通体磨光。口径2.6厘米、腹径5.2厘米、高3.3厘米（图七，2；彩版三三，1）。

银耳环1件。M45∶4，圆形，体扁平，表面略鼓，两端尖锐，活口。直径1.6厘米、厚0.1厘米，重1.08克（图七，5；彩版三三，2）。

铜钱4枚。均圆形、方穿，正面有郭。两面皆锈蚀较甚，字迹模糊不清。标本：M45∶1-1，直径2.1厘米、穿径0.6厘米、郭厚0.1厘米。

图一二　M45出土瓷盒（M45∶2）

M55　位于发掘区东部，东邻M54，打破M25。南北向，方向为1°。墓口距地表深0.3米，墓底距地表深0.67米。墓圹南北长2.6米、东西宽1.1米、深0.37米。墓圹边壁较直，底部较平坦（图一三；彩版六，2）。

内填较疏松的浅褐色五花黏土，含少量料礓石块。墓室北部有生土台，长1.1米、宽0.9—1米。棺木保存较差，长1.4米、宽0.48—0.54米、残高0.19—0.29米。骨架保存较好，墓主人为仰身直肢葬，头向南，面向西，性别不详。出土遗物有铜扣、铜钱。

铜扣2件。大小、形制基本相同。圆球形，空心，顶部有环。素面。标本：M55∶2-1，附丝织品残存，高1.2厘米、宽0.8厘米（图七，6；彩版三三，3，左）。

乾隆通宝3枚。均圆形、方穿，正面有郭。两面皆锈蚀较甚，字迹模糊，残见“乾隆通宝”四字。标本：M55∶1-1，直径2.1厘米、穿径0.6厘米、郭厚0.1厘米。

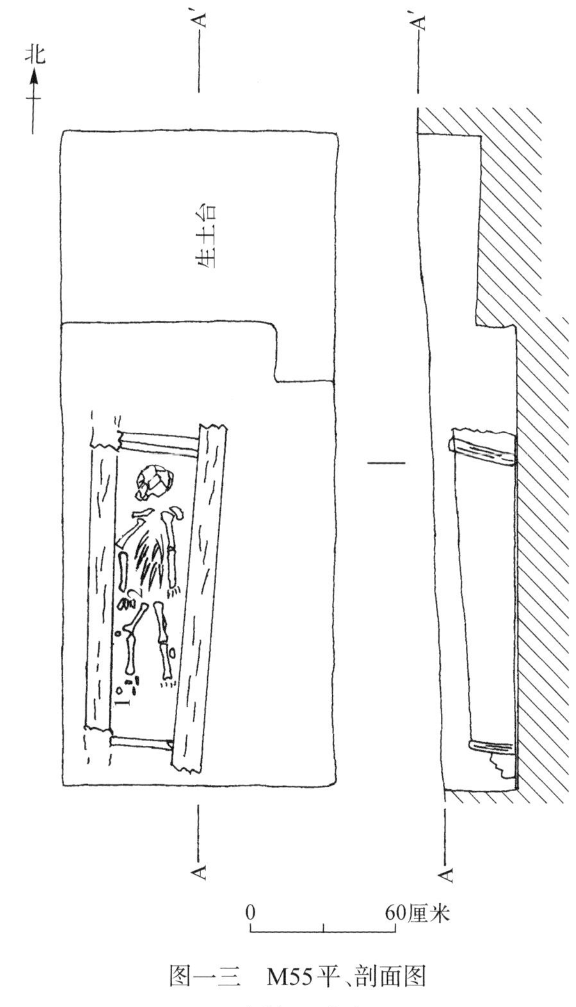

图一三　M55平、剖面图

1. 铜钱　2. 铜扣

图一四　M56平、剖面图

1. 瓷罐　2. 铜钱

M56　位于发掘区东部，距M25南部0.1米处。南北向，方向为1°。墓口距地表深0.3米，墓底距地表深0.52米。墓圹南北长1.7米、东西宽1.12米、深0.22米。墓圹边壁较直，底部较平坦（图一四；彩版六，3）。

内填较疏松的棕褐色五花黏土，含少量料礓石块。未发现棺具，仅存棺钉。骨架保存较差，墓主人头向南，性别不详。头下枕方砖1块。出土遗物有瓷罐、铜钱。

瓷罐1件。M56∶1，厚方唇、近盘口状，直领，折沿，鼓肩，弧腹内收，平底。内、外壁施青白釉，唇、底部露灰胎。外壁可见轮制旋纹，底部可见同心圆纹。口径7.6厘米、肩径12.7厘米、底径8.2厘米、高13.4厘米（图七，1；彩版三三，4）。

道光通宝1枚。M56∶2，圆形、方穿，正面有郭，铸“道光通宝”四字，楷书，对读；背面有郭，穿左右为满文“宝泉”二字，纪局名。直径2.2厘米、穿径0.6厘米、郭厚0.1厘米。

B型　平面呈梯形，共5座。

M2　位于发掘区西北部，距M1东部6.2米处，被M51打破。南北向，方向为9°。墓口距地表深0.4米，墓底距地表深1.05米。墓圹南北长2.9米、东西宽1.32—1.42米、深0.65米。墓圹四壁较直，底部较平坦（图一五；彩版七，1）。

内填较致密的黑色垃圾土，含现代生活垃圾。棺木已朽，仅存棺痕。棺痕长1.84米、宽0.54—0.64米。棺底铺白石灰，厚0.5米。仅余3根肢骨。出土遗物有铜钱。

铜钱2枚。均圆形、方穿，正面有郭。正、背两面皆锈蚀较甚，字迹模糊不清。标本：M2∶1-1，直径2.1厘米、穿径0.6厘米、郭厚0.1厘米。

M3　位于发掘区西部，距M1西南部51米处。南北向，方向为20°。墓口距地表深0.4米，墓底距地表深1.36米。墓圹南北长2.6—2.7米、东西宽1.17—1.6米、深0.96米。墓圹四壁较直，底部较平坦（图一六；彩版七，2、彩版八，1）。

内填较疏松黄色五花黏土。棺木保存较好，棺长1.9米、宽0.4—0.68米、残高0.38—0.63米、厚0.1米。棺底铺白灰，厚约0.04米。骨架保存较差，墓主人为老年女性，仰身直肢葬，头向北。出土遗物有金耳环、银簪、银扁方、铜簪、铜扣、铜元宝、铜饰、铜簪首、织物、

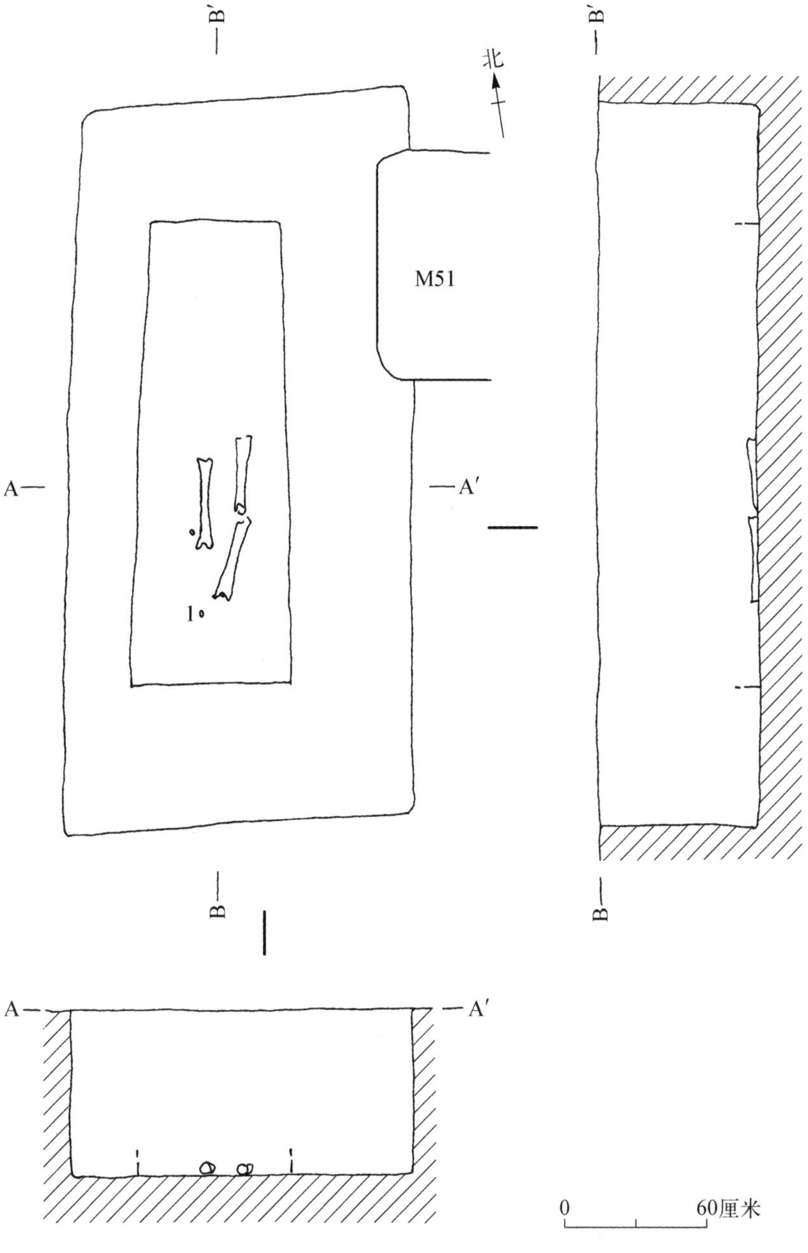

图一五　M2平、剖面图
1. 铜钱

木珠、铜钱。

金耳环2件。大小、形制基本相同。圆形，柱体，接口不齐。M3∶5-1，直径1.6厘米、厚0.15厘米，重1.52克（图一八，8；彩版三六，2，左）。M3∶5-2，直径1.5厘米、厚0.15厘米，重1.52克（图一八，9；彩版三六，2，右）。

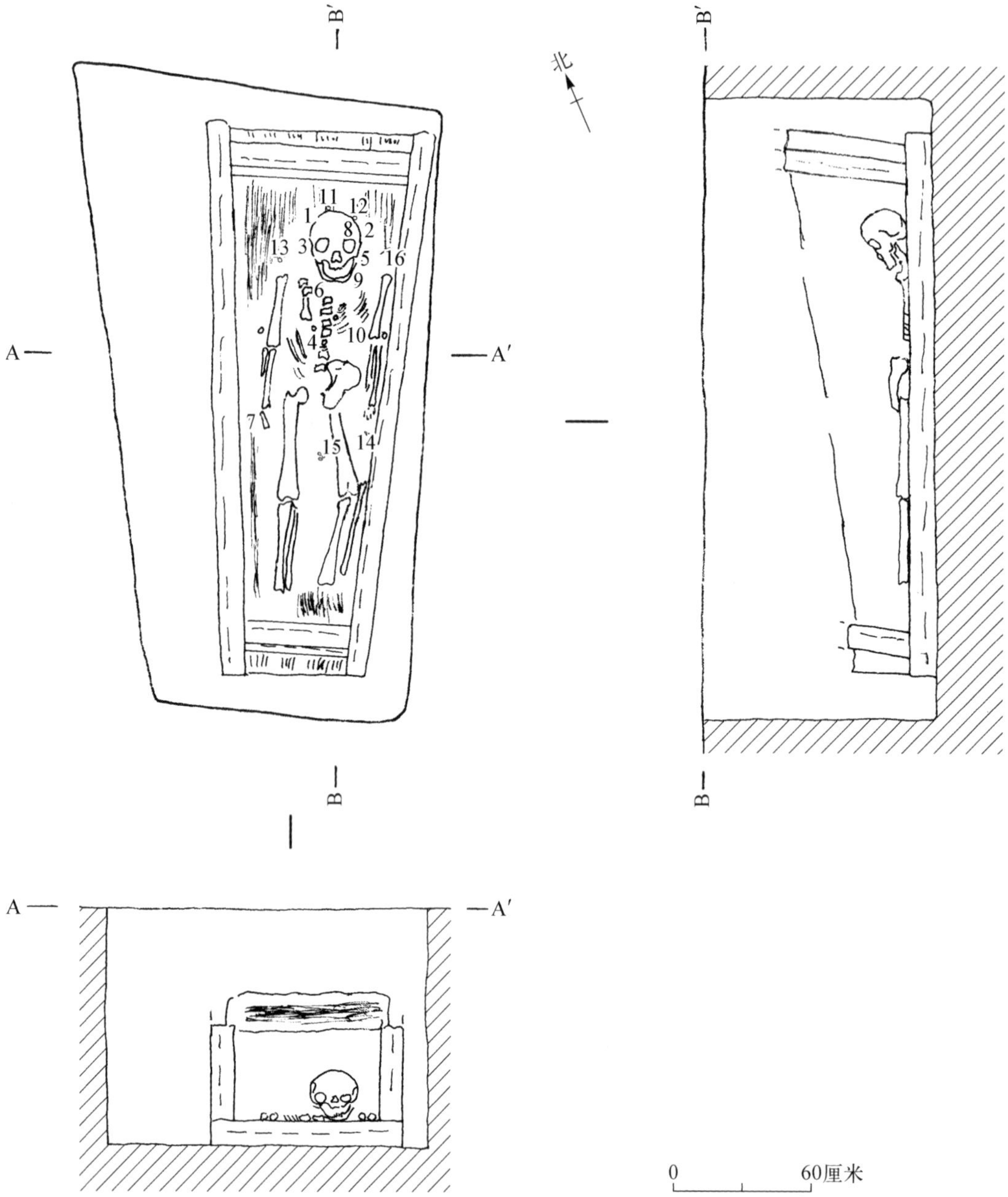

图一六　M3平、剖面图

1、3、4、10. 铜簪　2. 银簪　5. 金耳环　6. 铜扣　7. 织物　8. 铜元宝　9. 铜饰　11—13. 铜簪首　14. 木珠　15. 铜钱　16. 银扁方

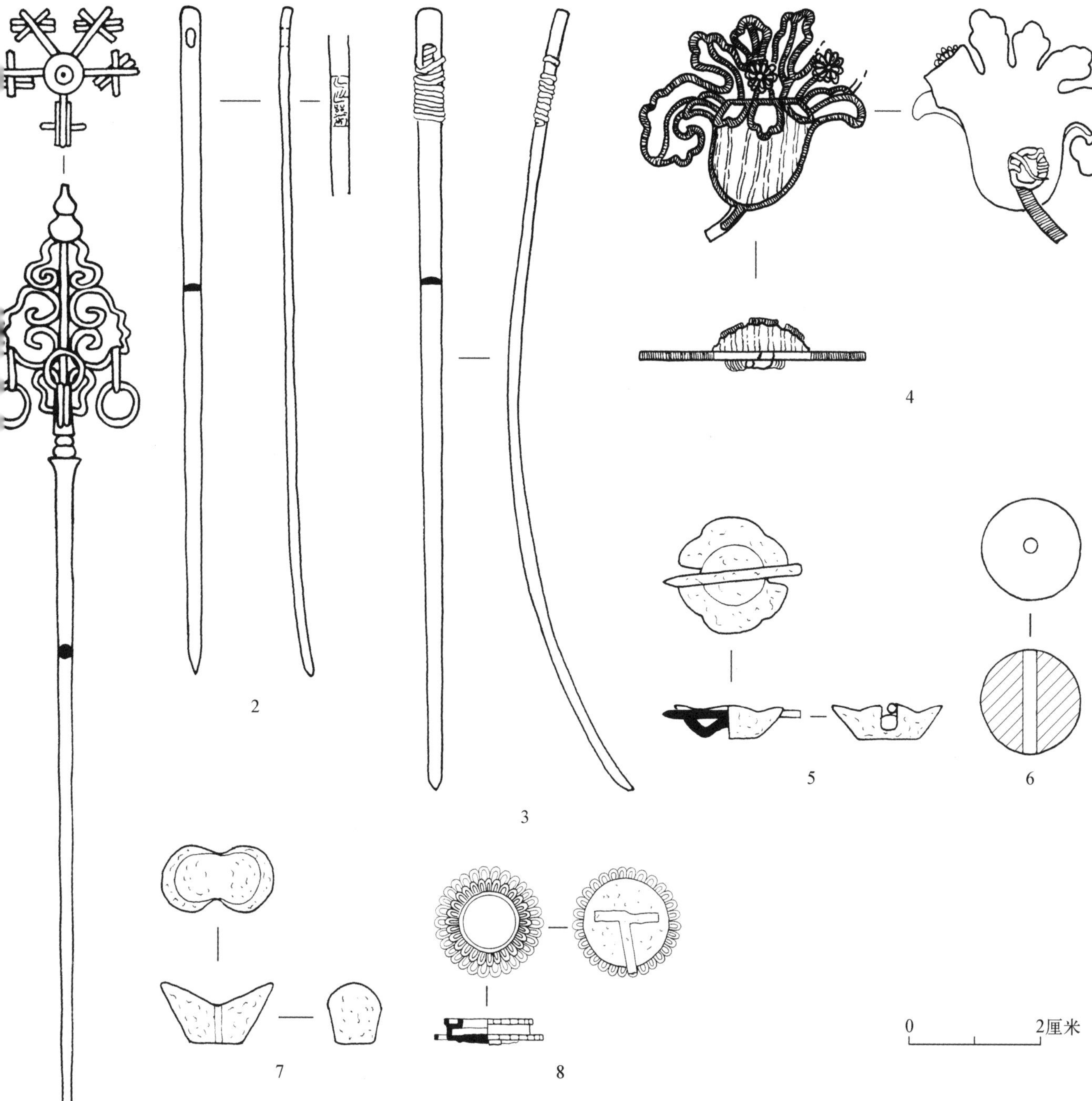

图一七　M3出土器物（一）

1—3. 铜簪（M3：1、M3：3-1、M3：3-2）　4、8. 铜簪首（M3：12、M3：11）　5. 铜饰（M3：9）6. 木珠（M3：14）　7. 铜元宝（M3：8）

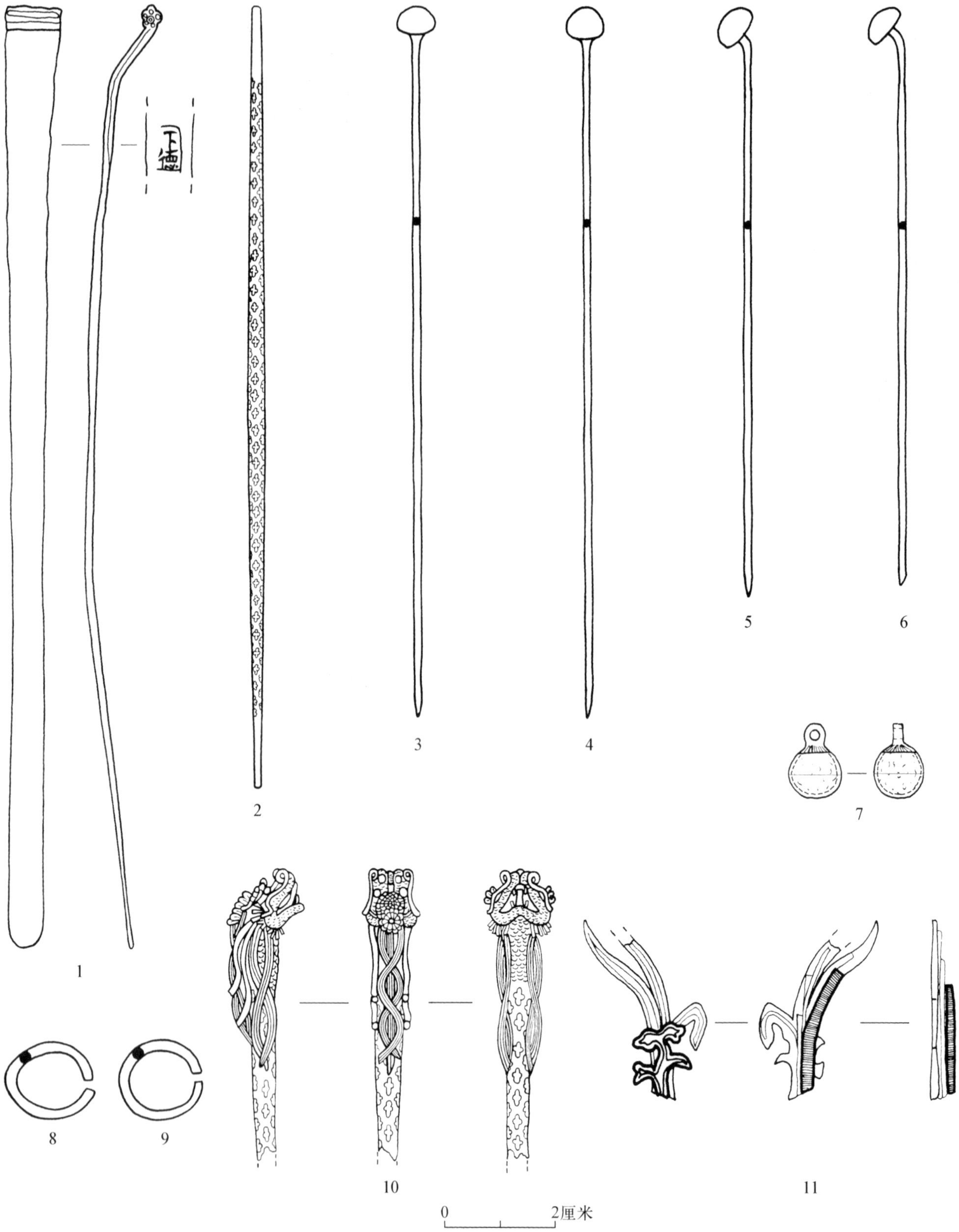

图一八　M3出土器物（二）

1. 银扁方（M3∶16）　2. 铜簪（M3∶4）　3—6. 银簪（M3∶2-1、M3∶2-2、M3∶2-3、M3∶2-4）　7. 铜扣（M3∶6）
8、9. 金耳环（M3∶5-1、M3∶5-2）　10. 龙首铜簪（M3∶10）　11. 铜簪首（M3∶13）

银簪4件。大小、形制基本相同。首为半球形，体为圆锥体，尾尖。M3：2-1，首高0.5厘米、首宽0.7厘米、通长12.3厘米（图一八，3；彩版三四，2）。M3：2-2，首高0.6厘米、首宽0.7厘米、通长12.3厘米（图一八，4；彩版三四，3）。M3：2-3，首高0.5厘米、首宽0.7厘米、通长10.2厘米（图一八，5；彩版三四，4）。M3：2-4，首高0.4厘米、首宽0.7厘米、通长10厘米（图一八，6；彩版三五，1）。

银扁方1件。M3：16，首卷曲，侧如五瓣梅花状，起棱。体扁平，上宽下窄，略弯，背面戳印“□德”。尾圆弧。首高0.4厘米、最宽1厘米、通长16.3厘米、厚0.15厘米，重11.54克（图一八，1；彩版三七，6）。

铜簪5件。两件大小、形制基本相同。首为方形，有穿孔，背面扁平，戳印“□□”，尾尖锐。M3：1，首为五面禅杖形，每面用铜丝卷成如意云纹状，每面下系铜环三个，两个系于一个之上。顶为葫芦顶。颈部螺旋纹，尾尖。体为圆柱体。首高3.5厘米、首宽2厘米、通长14.9厘米（图一七，1；彩版三四，1）。M3：3-1，通长9.7厘米、宽0.3厘米（图一七，2；彩版三五，2、3）。M3：3-2，从孔中缠绕铜丝八周，通长11.3厘米、宽0.4厘米（图一七，3；彩版三五，4）。M3：4，柱体，两端尖锐，中间镂空，十字形孔。通长13.5厘米、宽0.3厘米（图一八，2；彩版三六，1）。龙首铜簪1件。M3：10，首作龙首状，口微张，以铜丝缠成须，目、牙、鼻、鳞、鬃清晰可见；颈后以铜丝缠鬃，顶部有一圆托，镶嵌物缺失。体为圆柱体，上有十字形镂孔。首高2.9厘米、首宽1.5厘米、残长5厘米（图一八，10；彩版三七，1）。

铜扣1件。M3：6，圆球形，中空，顶部有环。素面。高1.3厘米、宽0.9厘米（图一八，7；彩版三六，3）。

铜元宝1件。M3：8，舟状，底平。中间有凹槽。长1.7厘米、宽1厘米、高0.9厘米（图一七，7；彩版三六，5）。

铜饰1件。M3：9，圆形，略鼓，内壁铸短柱。长2.1厘米、宽1.7厘米、高0.5厘米（图一七，5；彩版三六，6）。

铜簪首3件。M3：11，首为双层葵圆形，每瓣花瓣上镂空，中间镶嵌物缺失，背面磨平。残高0.4厘米、宽1.6厘米（图一七，8；彩版三七，2）。M3：12，首为花篮状，分为上下两层。上层为花篮状，背面磨平，下层为四朵花叶、两朵花朵。背面有扁管以插簪脚。首高3.2厘米、首宽3.4厘米、残高3.4厘米（图一七，4；彩版三七，3）。M3：13，首为花卉纹、叶纹，边缘有细密圆珠。残高3.1厘米、残宽2.2厘米（图一八，11；彩版三七，4）。

织物1件。M3：7，白色线状，双股缠绕（彩版三六，4）。

木珠3件。大小、形制基本相同。褐色，圆球形，有穿孔。素面。标本：M3：14-1，直径1.5厘米、孔径0.2厘米（图一七，6；彩版三七，5，左）。

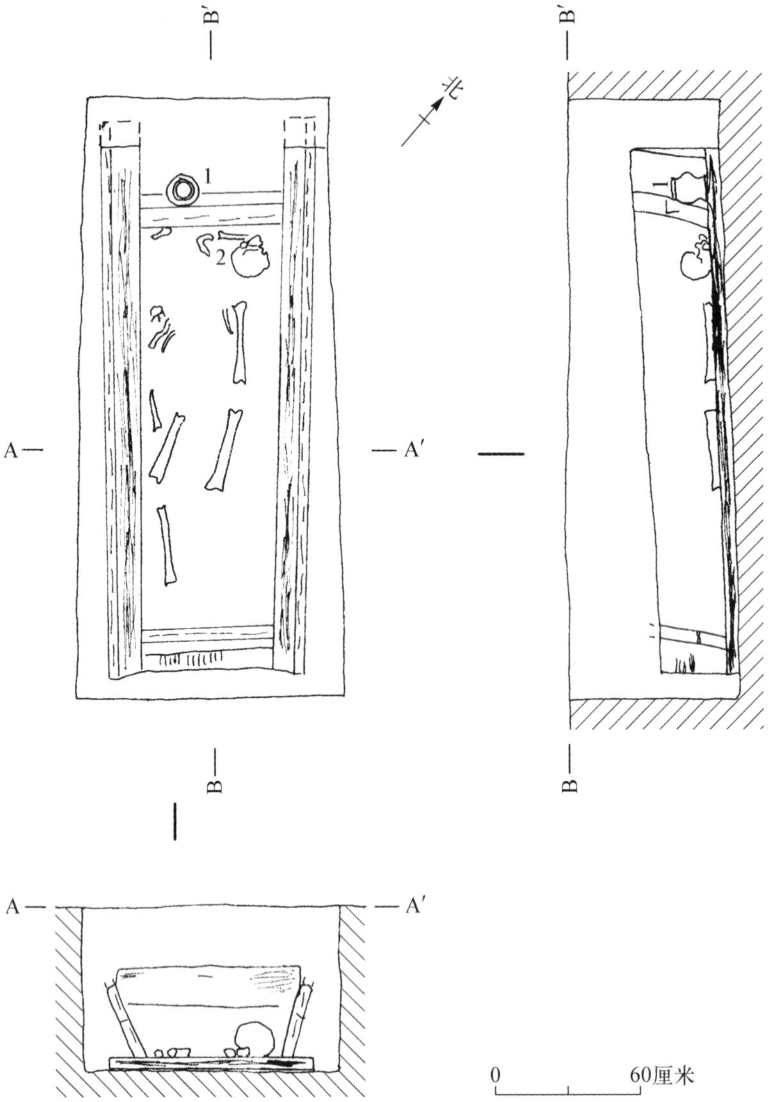

图一九　M7平、剖面图
1. 瓷罐　2. 银押发

铜钱4枚。均圆形、方穿。标本：M3∶15-1，正面有郭，铸“嘉庆通宝”四字，楷书，对读；背面有郭，穿左右为满文“宝泉”二字，纪局名。直径2.4厘米、穿径0.6厘米、郭厚0.1厘米。

M7　位于发掘区北部，距M6东南部约5.6米处。东西向，方向为315°。墓口距地表深0.3米，墓底距地表深0.96米。墓圹东西长2.4米、南北宽1—1.1米、深0.66米。墓圹南北两壁较直，底部较平坦（图一九；彩版八，2）。

内填较疏松的黄色五花黏土，含料礓石块。棺木保存一般，长2米、宽0.56—0.6米、厚0.05米、残高0.32—0.36米。骨架保存较差，墓主人为老年女性，头向西。出土遗物有瓷罐、银押发。

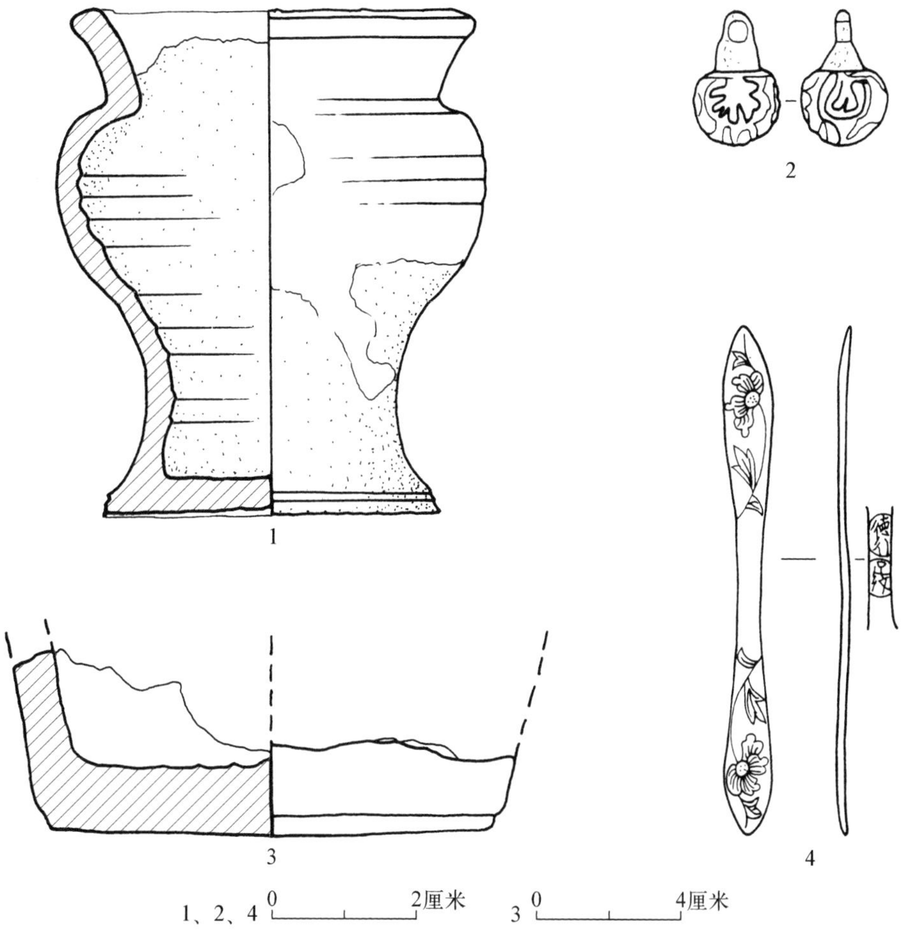

图二〇　单棺B型墓葬出土器物

1. 釉陶罐（M7∶1）　2. 铜扣（M35∶1-1）　3. 陶罐（M54∶1）　4. 银押发（M7∶2）

瓷罐1件。M7∶1，方唇、尖方口，卷沿，束颈，圆阔肩，腹部弧收，平底。通体施浅酱釉，局部露红褐胎。外壁有轮制抹痕，内壁可见轮制旋痕。火候较高，质地坚硬，器体厚重。口径10.8厘米、肩径11.8厘米、底径8.6厘米、高13.4厘米（图二〇，1；彩版三八，1）。

银押发1件。M7∶2，两端柳叶形，束腰，上刻对称的花草纹；背面扁平，戳印"德□足纹"。宽0.7厘米、通长6.8厘米，重3.32克（图二〇，4；彩版三八，2、3）。

M35　位于发掘区东南部，距M34西部约2.2米处。南北向，方向为175°。墓口距地表深0.3米，墓底距地表深0.7米。墓圹南北长2.26米、东西宽1—1.3米、深0.4米。墓圹边壁较直，底部较平坦（图二一；彩版九，1）。

内填较疏松的浅黄色五花黏土。棺木已朽，仅存棺痕。棺长1.92米、宽0.5—0.62米。骨架保存较好，墓主人为老年男性，仰身直肢葬，头向南，面向东。出土遗物有铜扣。

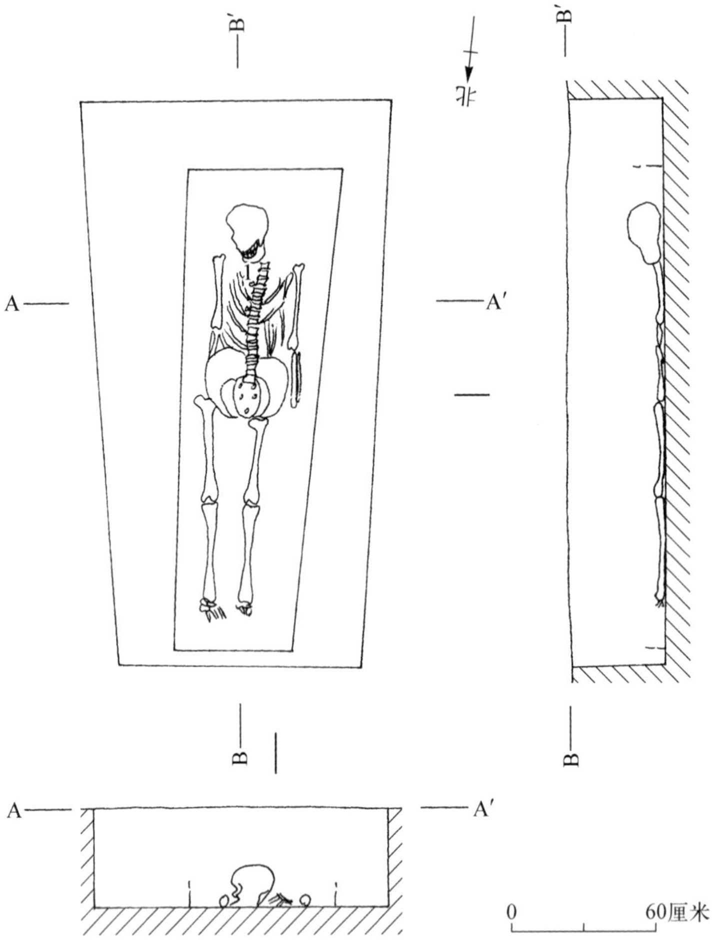

图二一 M35平、剖面图

1. 铜扣

铜扣4件。大小、形制基本相同。圆球形，中空，顶部有环。标本：M35∶1-1，腹部铸花纹，但不清。高1.8厘米、宽1.2厘米（图二〇，2；彩版三八，4，左2）。

M54 位于发掘区东部，距M25东部2米处。南北向，方向为182°。墓口距地表深0.3米，墓底距地表深0.43米。墓圹南北长2.8米、东西宽1.18—1.38米、深0.13米。墓圹边壁较直，底部较平坦（图二二；彩版九，2）。

内填较疏松的浅褐色五花黏土，含少量料礓石块。棺木已朽，仅存棺痕。棺长2.04米、宽0.66—0.68米，棺底铺白灰。骨架保存较好，墓主人为老年男性，仰身直肢葬，头向南。出土遗物有陶罐。

陶罐1件。M54∶1，仅剩余罐底。泥质红陶，轮制。底径6.1厘米、残高4.8厘米（图二〇，3）。

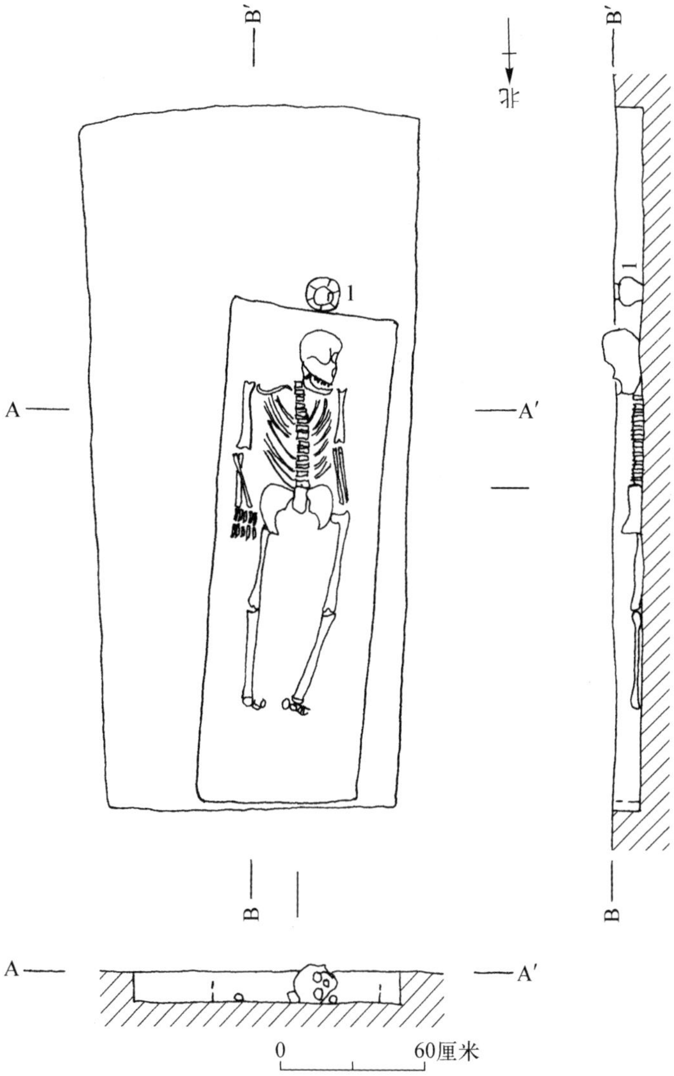

图二二　M54平、剖面图

1. 陶罐

第二节　双棺墓

共32座，由平面形制分为三种类型。

A型　平面呈长方形，13座。

M9　位于发掘区东北部，距M8北部1.4米处。南北向，方向为170°。墓口距地表深0.3米，墓底距地表深0.78米。墓圹南北长2.76米、东西宽2.2—2.28米、深0.48米。墓圹边壁较直，底部较平坦（图二三；彩版一〇，1）。

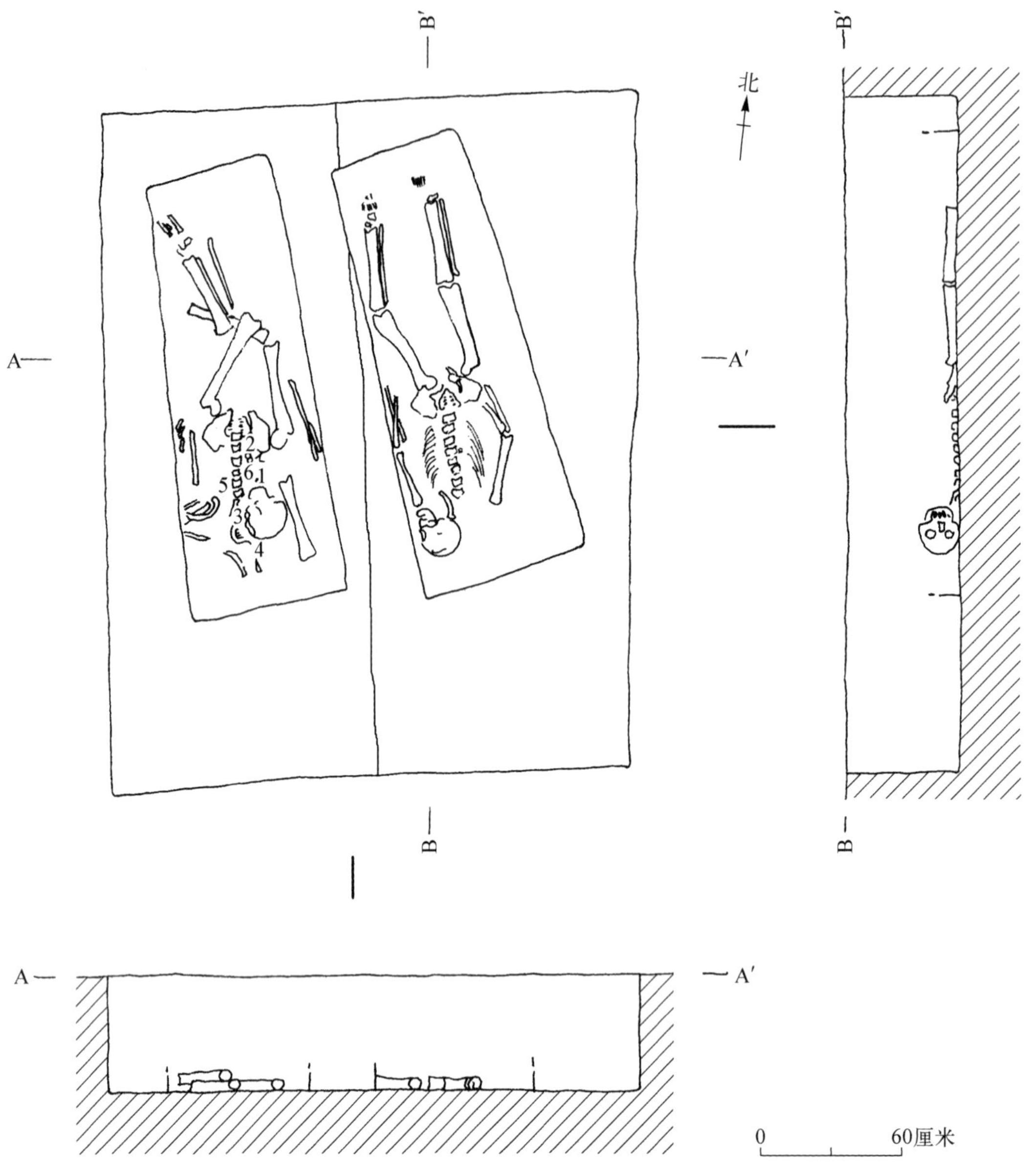

图二三 M9平、剖面图

1、6. 铜扣 2、5. 铜饰 3. 铜耳环 4. 铜扁方

内填较疏松的黄色五花黏土。棺木已朽，仅存棺痕。骨架保存较好，皆仰身直肢葬，头向南，面向不详。西棺平面呈梯形，棺痕长1.8米、宽0.54—0.7米。棺底铺黑色灰层，厚约0.05米。棺内人骨为老年女性。东棺平面呈梯形，棺痕长1.78米、宽0.53—0.65米。棺内人骨为老年男性。东棺打破西棺。西棺出土有铜扣、铜饰、铜耳环、铜扁方；东棺未发现随葬物。

铜扣3件。大小、形制基本相同。圆球形，空心，顶部系环。素面。M9∶1-1，高1.9厘米、宽1.2厘米（图二四，4；彩版三九，1，左）。M9∶1-2，高1.6厘米、宽1.2厘米（图二四，5；彩版三九，1，右）。M9∶6，圆球形，空心，顶残。素面。残高1.2厘米、宽1厘米（图二四，8；彩版四〇，1）。

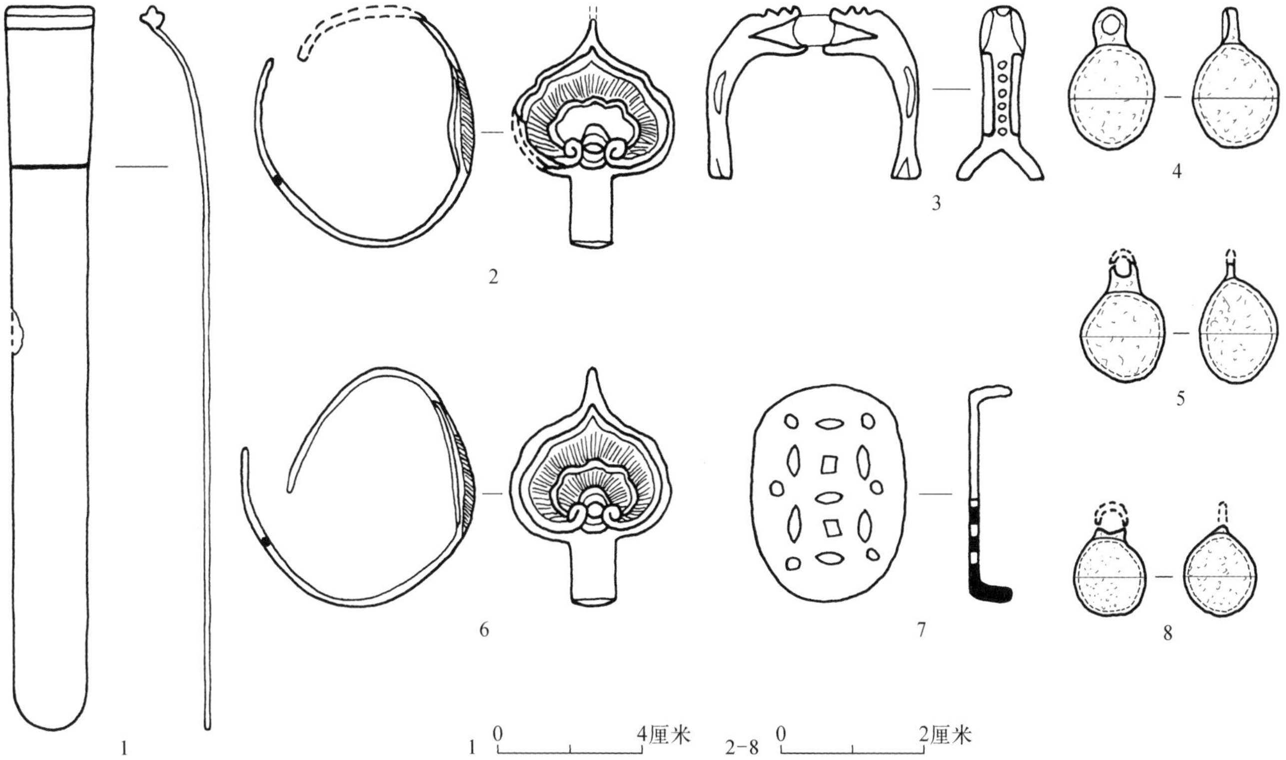

图二四 M9出土器物

1. 铜扁方（M9∶4） 2、6. 铜耳环（M9∶3-1、M9∶3-2） 3、7. 铜饰（M9∶5、M9∶2） 4、5、8. 铜扣（M9∶1-1、M9∶1-2、M9∶6）

铜饰2件。M9∶2，平面呈椭圆形，近钱币状，表面镂空，周边环以四个小圆圈，中空。长2.9厘米、宽2.1厘米、高0.6厘米（图二四，7；彩版三九，2）。M9∶5，双龙戏珠形，左右为对称两龙，龙口张开，含宝珠。目、鼻、牙、鳞皆清晰可见。宝珠中空。下端有两股站立。宽2.9厘米、高2.3厘米（图二四，3；彩版三九，6）。

铜耳环2件。大小、形制基本相同。正面为桃形，上刻兽面纹，一侧扁平，长方形，一侧圆柱体，接口不齐。锈蚀严重。M9∶3-1，直径3厘米、厚0.1厘米（图二四，2；彩版三九，3）。M9∶3-2，直径3.2厘米、厚0.1厘米（图二四，6；彩版三九，4）。

铜扁方1件。M9∶4，首卷曲，侧如四瓣梅花状，起棱。体扁平，长方形，略弯，尾圆弧。素面。首高0.5厘米、宽2.5厘米、厚0.1厘米、通长19.2厘米（图二四，1；彩版三九，5）。

M13 位于发掘区中部，距M12西部约6米处。南北向，方向为180°。墓口距地表深0.3米，墓底距地表深0.8—0.94米。墓圹南北长2.92米、东西宽2米、深0.5—0.64米。墓圹边壁较直，底部较平坦（图二五；彩版一〇，2）。

内填较疏松的浅黄色五花黏土。棺木已朽，仅存棺痕。人骨皆保存较差，皆仰身直肢葬，头向北，面向上。西棺棺痕长1.8米、宽0.56—0.6米。棺底铺有白灰层，厚约0.04米。棺内为老年女性。东棺棺痕长1.98米、宽0.5—0.72米。棺内为老年男性。东棺打破西棺。西棺出土银

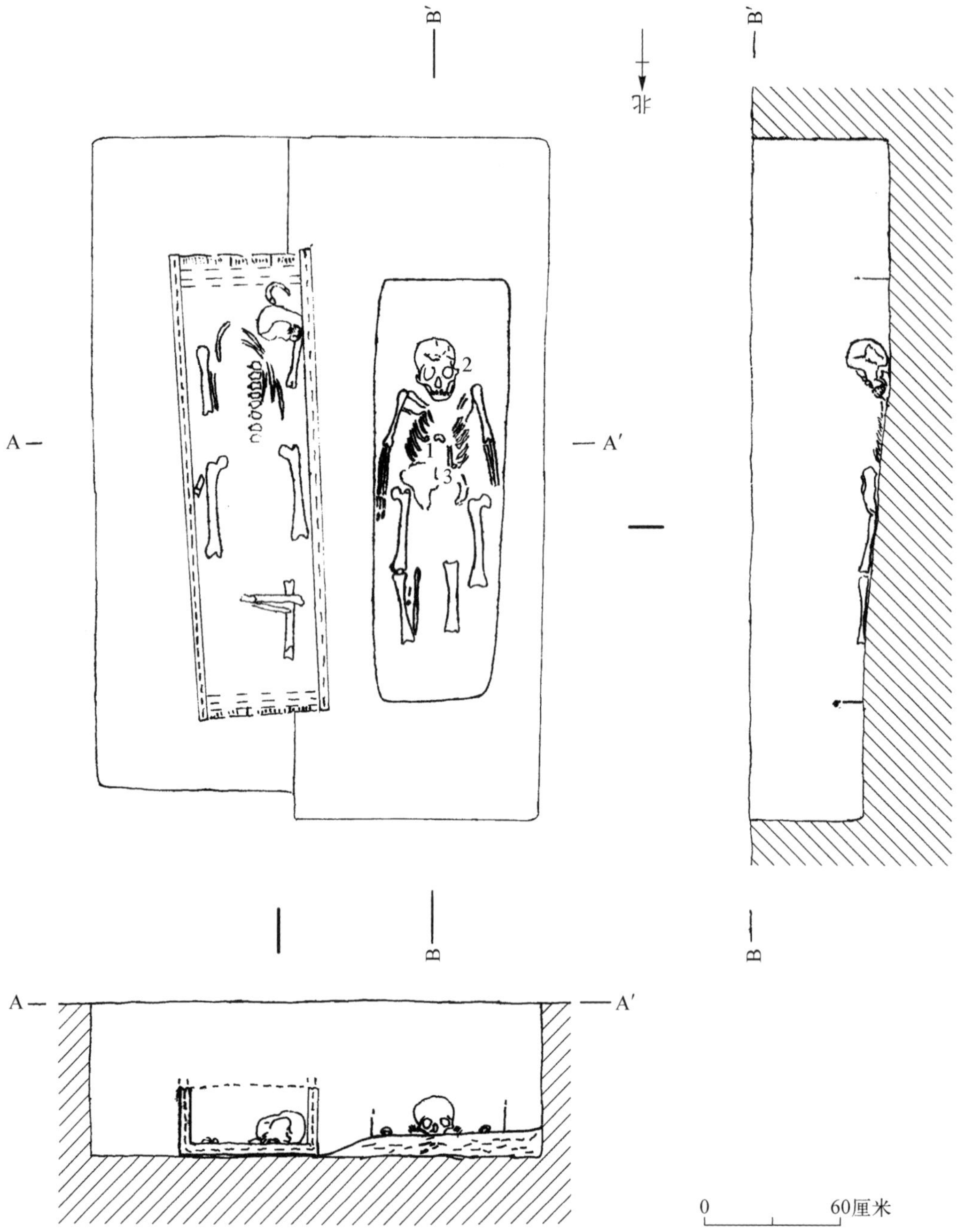

图二五　M13平、剖面图

1. 铜钱　2. 银耳钉　3. 铜扣

耳钉、铜扣、铜钱；东棺未发现随葬物。

银耳钉2件。大小、形制基本相同。整体近倒写的“5”字，钉面圆形，尾尖锐，略折。M13∶2-1，长3.2厘米、宽1.4厘米，重1.1克（图二六，5；彩版四〇，2，右）。M13∶2-2，长3.1厘米、宽1.3厘米，重1.2克（图二六，6；彩版四〇，2，左）。

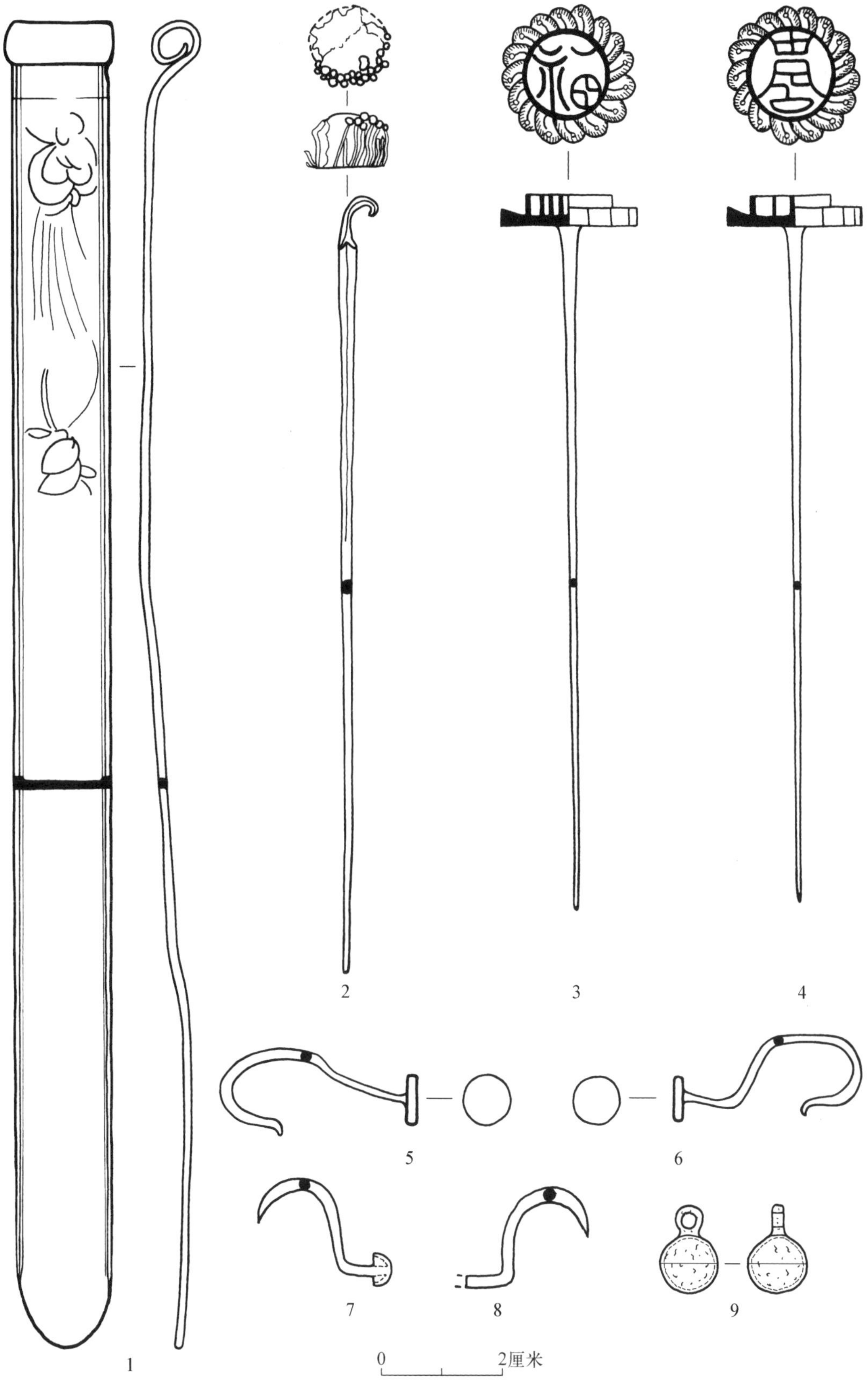

图二六　双棺A型墓葬出土器物（一）

1. 铜扁方（M14∶4）　2—4. 铜簪（M14∶5、M14∶3-1、M14∶3-2）　5—8. 银耳钉（M13∶2-1、M13∶2-2、M14∶2-1、M14∶2-2）　9. 铜扣（M13∶3）

铜扣1件。M13∶3，圆球形，空心，顶部有环。素面。高1.4厘米、宽1厘米（图二六，9；彩版四〇，3）。

乾隆通宝2枚。均圆形、方穿，正面有郭，铸“乾隆通宝”四字，楷书，对读；背面有郭，穿左右为满文“宝泉”二字，纪局名。M13∶1-1，直径2.2厘米、穿径0.6厘米、郭厚0.1厘米。

M14　位于发掘区中部，距M13南部约0.53米处。南北向，方向为175°。墓口距地表深0.3米，墓底距地表深1.04米。墓圹南北长2.8米、东西宽2米、深0.74米。墓圹边壁较直，底部较平坦（图二七；彩版一一，1）。

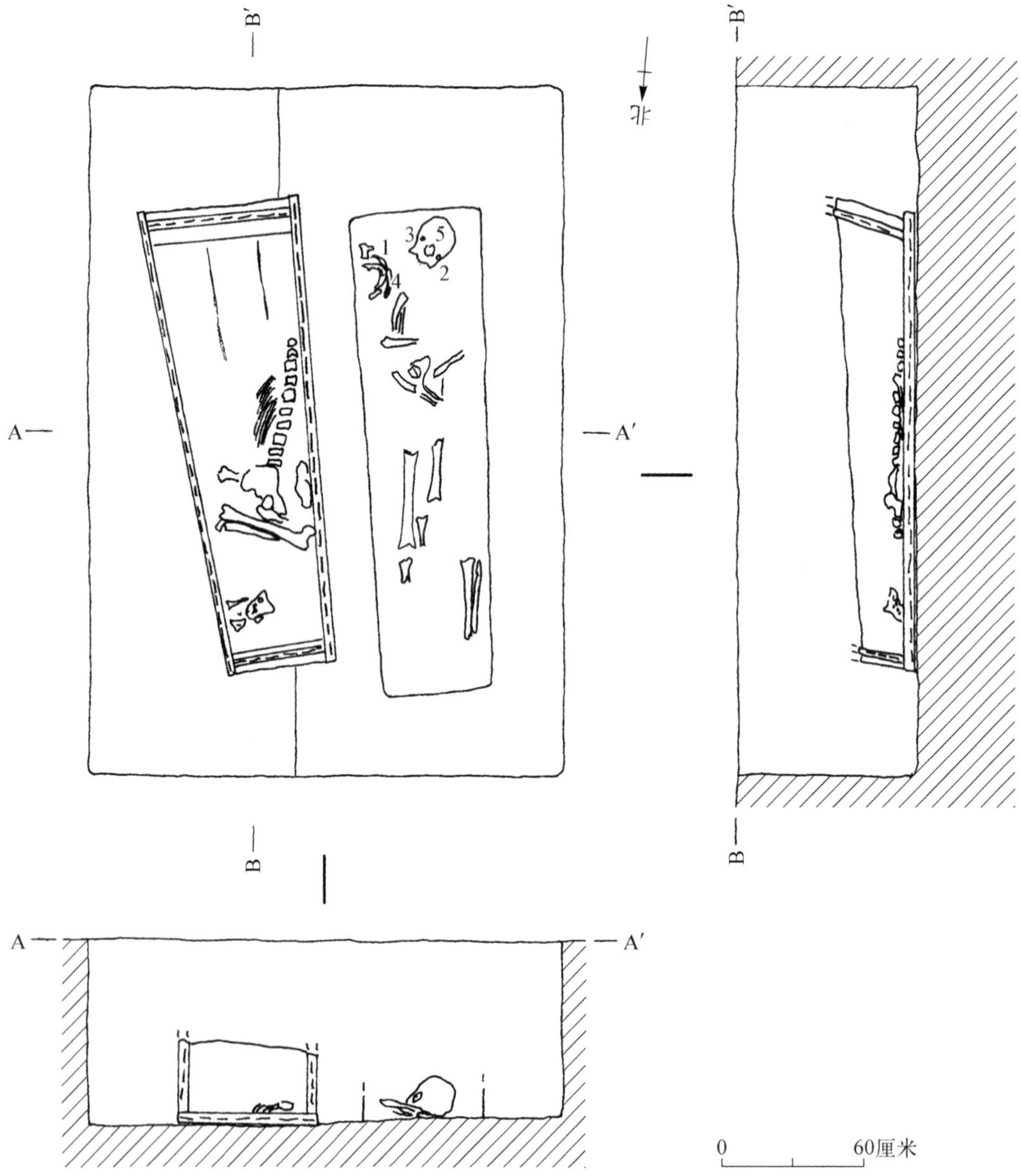

图二七　M14平、剖面图

1. 铜钱　2. 银耳钉　3、5. 铜簪　4. 铜扁方

内填较疏松的浅黄色五花黏土。棺木已朽，仅存棺痕。骨架皆保存较差。西棺平面呈梯形，棺痕长1.9米、宽0.46—0.54米。棺内为老年女性，头向南，葬式、面向不清。东棺平面呈梯形，长1.9米、宽0.5—0.6米、残高0.23—0.34米。棺内为老年男性。东棺打破西棺。西棺出土银耳环、铜簪、铜扁方、铜钱；东棺未发现随葬物。

银耳钉2件。大小、形制基本相同。整体近倒写的"5"字，首为蘑菇状，中空，尾尖锐。M14∶2-1，长2.2厘米、宽1.75厘米、重0.79克（图二六，7；彩版四〇，4，左）。M14∶2-2，长2厘米、宽1.6厘米、重0.69克（图二六，8；彩版四〇，4，右）。

铜簪3件。大小、形制基本相同。首为葵圆形，由逆时针旋转的花瓣组成，瓣上刻叶脉纹。体为圆柱体，中间为圆形突起，尾尖。M14∶3-1，内铸一"福"字，首高0.5厘米、首宽2.2厘米、通长11.3厘米（图二六，3；彩版四〇，5）。M14∶3-2，内铸一"寿"字，首高0.5厘米、首宽2.2厘米、通长11.2厘米（图二六，4；彩版四〇，6）。M14∶5，首为花蕊状，顶端有圆珠，内镶嵌物为骨质。体为圆锥体，尾尖。首高0.8厘米、首宽1.3厘米、通长12.3厘米（图二六，2；彩版四一，2）。

铜扁方1件。M14∶4，首卷曲，体呈长方形，扁平，两侧刻凹弦纹，正面刻花卉纹，但不清。略弯，尾圆弧。首高0.7厘米、宽1.6厘米、通长21厘米（图二六，1；彩版四一，1）。

铜钱1枚。M14∶1，圆形、方穿，正背面有郭。锈蚀较甚，字迹模糊不清。直径2.1厘米、穿径0.6厘米、郭厚0.1厘米。

M17　位于发掘区北部，距M16东北约13米处。东西向，方向为280°。墓口距地表深0.4米，墓底距地表深1.24米。墓圹东西长2.84米、南北宽2米、深0.84米。墓圹边壁较平整，底部较平坦（图二八；彩版一一，2）。

内填较致密的黑色垃圾土。棺木保存一般。北棺长2.23米、宽0.71—0.65米、厚0.06米、残高0.24米。棺内仅余数根肢骨。南棺长2.32米、宽0.72—0.65米、厚0.05米、残高0.23米。棺内无遗骨。南棺打破北棺。北棺出土银簪、铜簪首、铜扁方；南棺出土瓷罐。

银簪1件。M17∶3，首作两层莲花座托状，中镶嵌物缺失，底作反莲花座托状，颈部铸螺旋纹。体为圆锥体。首宽1.4厘米、残长8.5厘米（图二九，8；彩版四一，6）。

铜簪首2件。大小、形制基本相同。首呈葵圆形，由逆时针旋转的花瓣组成，瓣上刻叶脉纹。中间圆形突起，表面铸花卉纹，背面磨平。M17∶1-1，首宽2.1厘米、残高0.5厘米（图二九，1；彩版四一，3）。M17∶1-2，首宽2.1厘米、残高0.5厘米（图二九，2；彩版四一，4）。

铜扁方1件。M17∶4，首卷曲，起棱，侧如五瓣梅花状。体扁平，尾尖锐。首高0.4厘米、宽0.8厘米、通长7.5厘米（图二九，7；彩版四二，1）。

瓷罐1件。M17∶2，方唇、侈口，卷沿，斜领，圆鼓肩，腹部弧收，平底。内壁施褐釉，外壁施黄褐釉，底部露红胎。釉面光亮，开片。外壁有轮制抹痕。口径9.6厘米、肩径11.8厘米、底径10.1厘米、高13.6厘米（图三〇，2；彩版四一，5）。

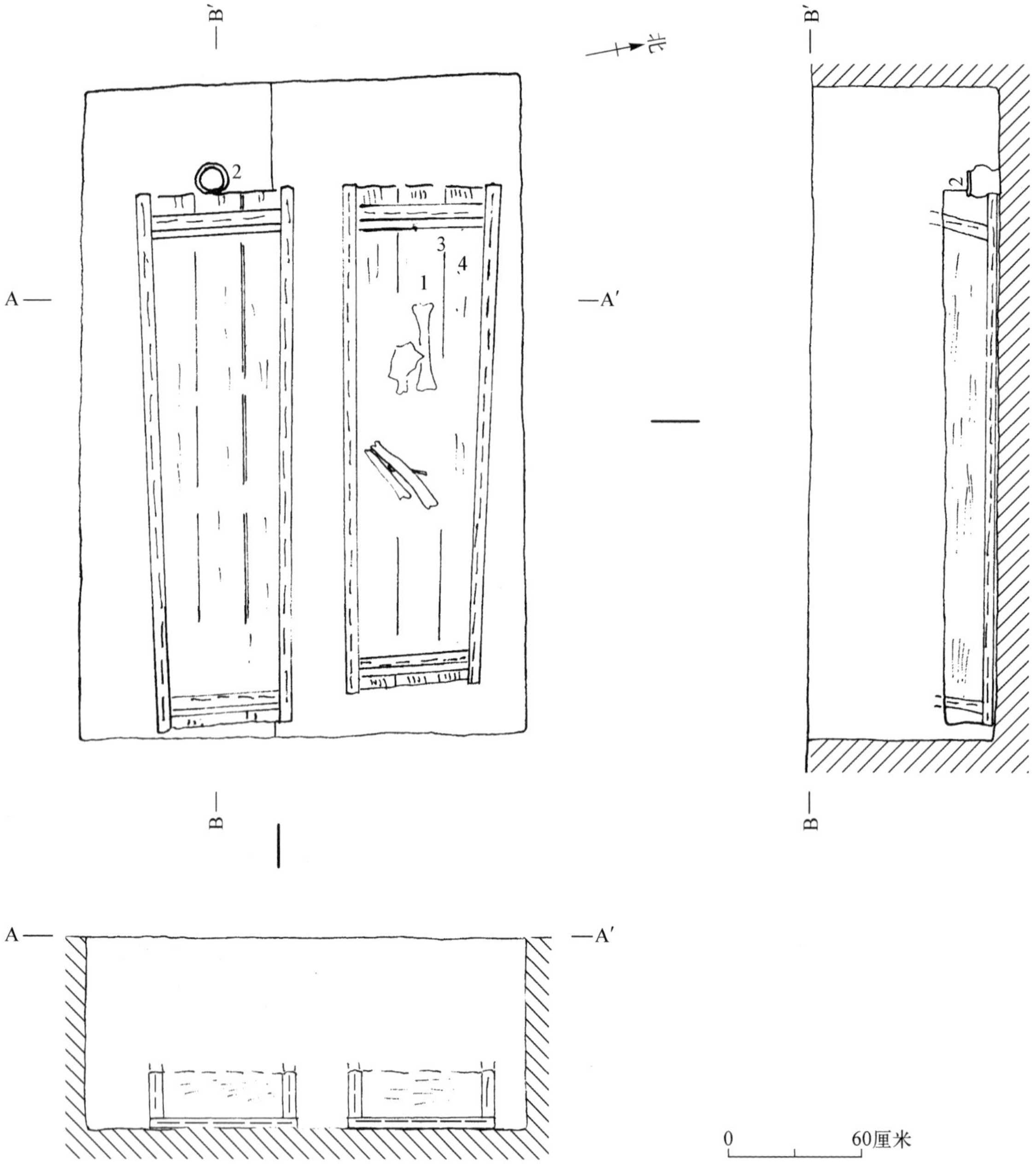

图二八　M17平、剖面图

1. 铜簪首　2. 瓷罐　3. 银簪　4. 铜扁方

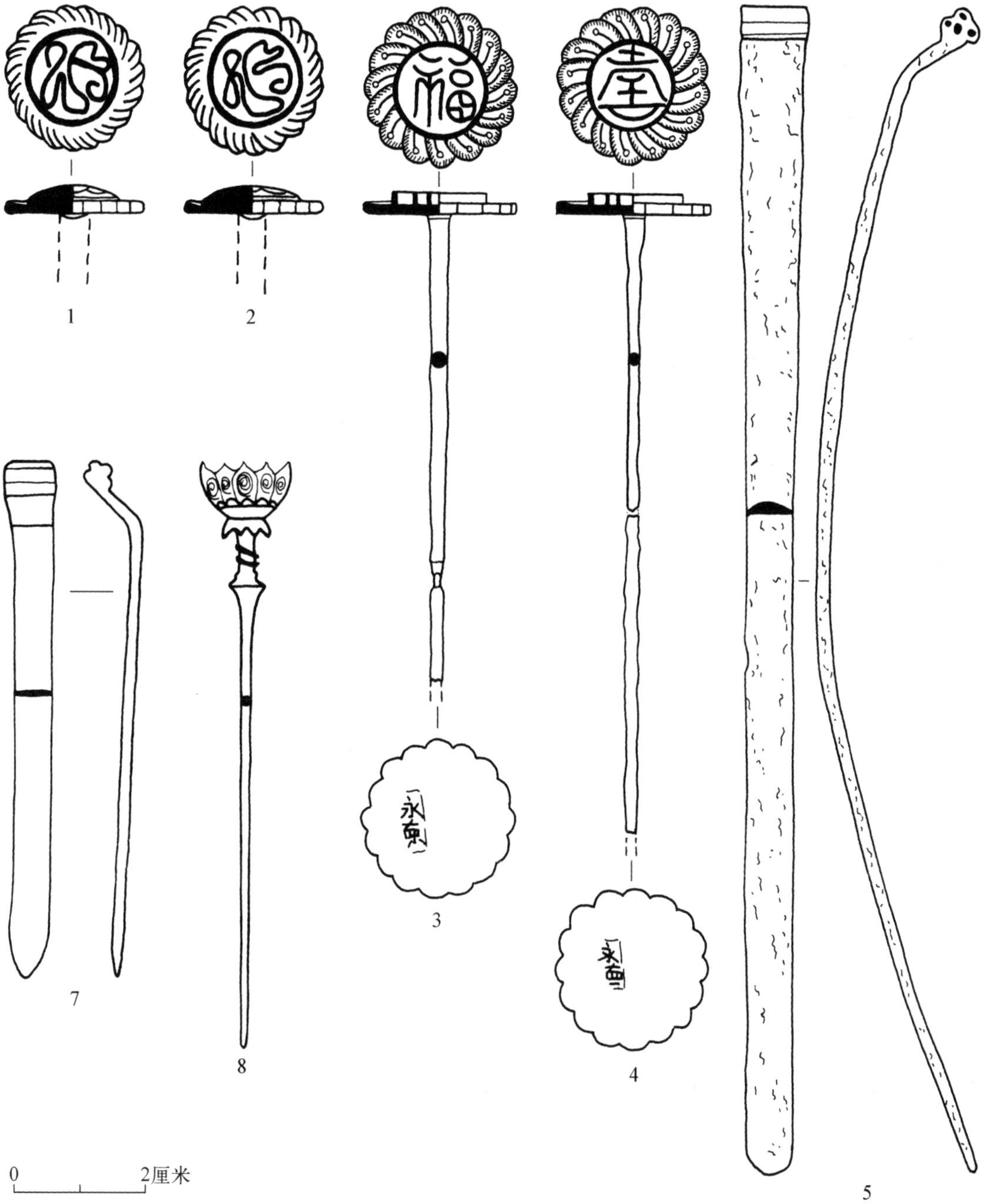

图二九 双棺A型墓葬出土器物（二）

1、2. 铜簪首（M17∶1-1、M17∶1-2） 3、4. 铜簪（M26∶4-1、M26∶4-2） 5、6、8. 银簪（M26∶5、M26∶6、M17∶3） 7. 铜扁方（M17∶4） 9. 料珠（M24∶2）

图三〇　双棺A型墓葬出土器物（三）

1、2. 瓷罐（M26∶7、M17∶2）　3. 陶罐（M31∶2）

M24　位于发掘区东部，距M23东部约0.04米处。东西向，方向为95°。墓口距地表深0.3米，墓底距地表深1.13米。墓圹东西长2.86米、南北宽2.2米、深0.83米。墓圹四壁较直，底部较平坦（图三一；彩版一二，1）。

内填较疏松的棕褐色五花黏土，含少量料礓石块。棺木皆已朽，棺底铺黑灰。骨架皆保存较好，均仰身直肢葬，头向东，面向南。北棺棺内为老年女性。南棺棺内为老年男性。南棺打破北棺。北棺出土铜钱；南棺出土料珠、铜钱。

料珠1件。M24∶2，湖蓝色，圆球形，中空。高1.1厘米、宽1厘米（图二九，9；彩版四二，2）。

咸丰通宝1枚。M24∶3，圆形、方穿，正面有郭，铸“咸丰通宝”四字，楷书，对读；背面有

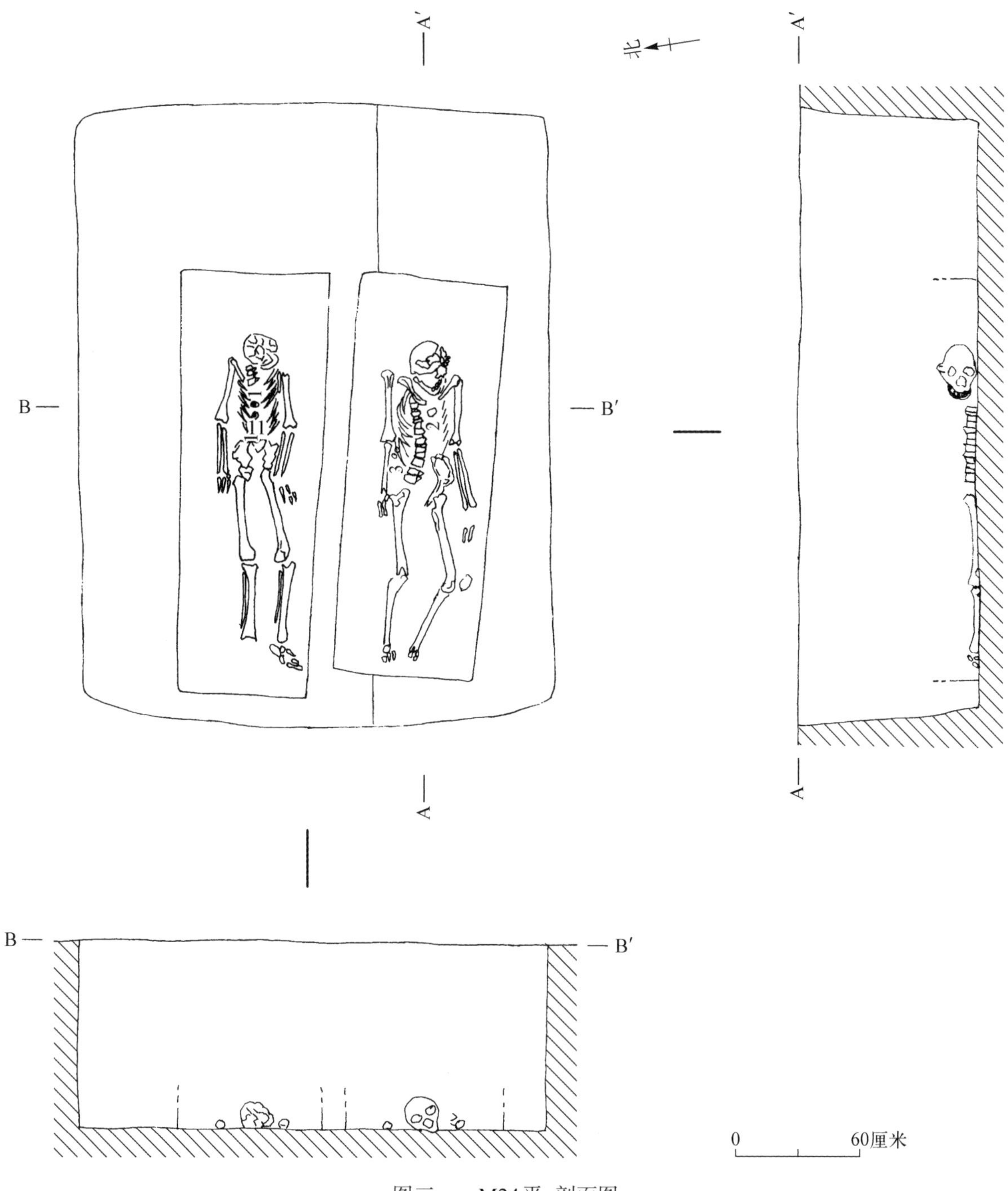

图三一　M24平、剖面图
1、3. 铜钱　2. 料珠

郭，穿左右为满文“宝泉”二字，纪局名。直径1.9厘米、穿径0.6厘米、郭厚0.1厘米（图三二，17）。

道光通宝4枚。均圆形、方穿，正面有郭，铸“道光通宝”四字，楷书，对读；背面有郭，穿左右为满文“宝泉”二字，纪局名。标本：M24∶1-1，直径2.2厘米、穿径0.6厘米、郭厚0.1厘米。其余3枚皆锈蚀较甚，字迹模糊不清。

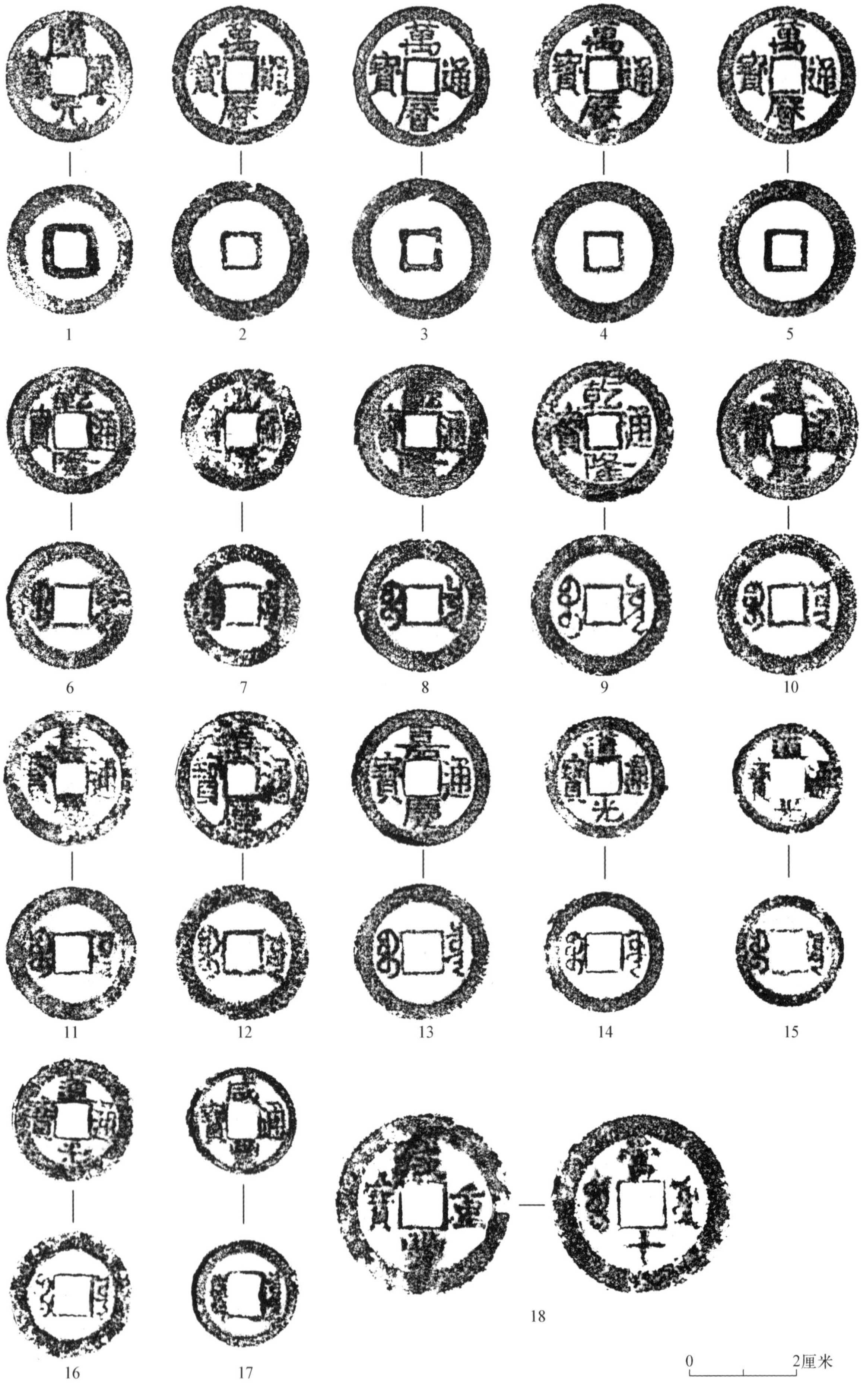

图三二　双棺墓葬出土铜钱

1. 开元通宝（M16：2-1）　2—5. 万历通宝（M39：1-1、M39：1-2、M39：1-3、M39：1-4）　6—9. 乾隆通宝（M32：9-1、M44：2-1、M32：9-2、M39：1-5）　10—13. 嘉庆通宝（M32：9-3、M28：7-1、M38：13-1、M27：1-1）　14—16. 道光通宝（M29：1-1、M30：2-1、M27：1-2）　17. 咸丰通宝（M24：3）　18. 咸丰重宝（M44：2-2）

M26 位于发掘区东部，距M25西部约17米。南北向，方向为180°。墓口距地表深0.3米，墓底距地表深1.46米。墓圹南北长2.78米、东西宽2.3—2.34米、深1.16米。墓圹四壁较直，底部较平坦（图三三；彩版一二，2）。

内填较疏松的浅黄色五花黏土。棺木保存一般。人骨皆保存较好，均为仰身直肢葬，头向南。西棺长2.2米、宽0.58—0.7米、厚0.06米、残高0.39米。棺内人骨为老年男性。东棺长2.16

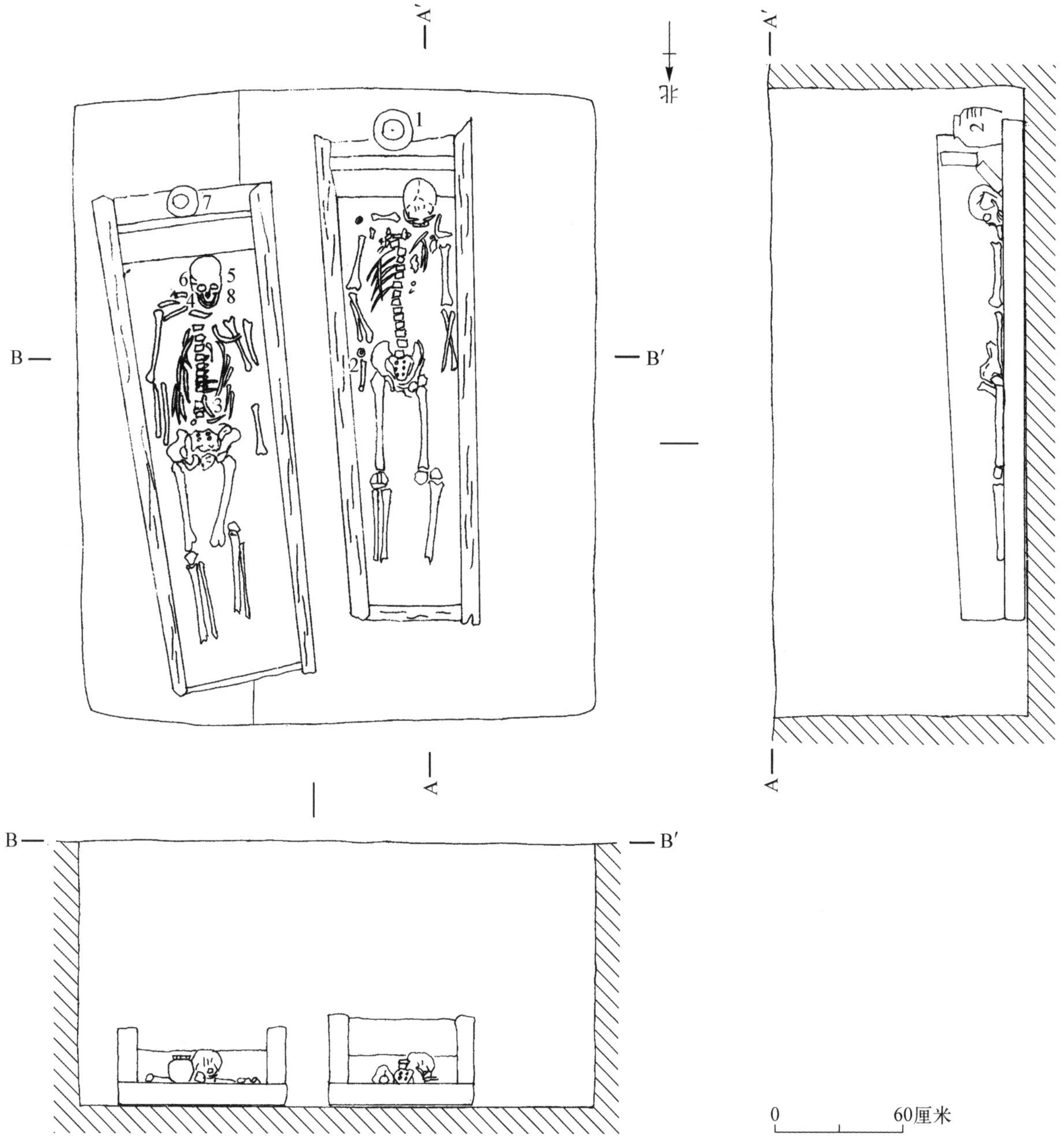

图三三 M26平、剖面图

1、7. 瓷罐 2、3. 铜钱 4. 铜簪 5、6. 银簪 8. 银耳环

米、宽0.65—0.8米、厚0.06米、残高0.32米。棺内人骨为老年女性。东棺打破西棺。西棺出土瓷罐、铜钱；东棺出土银簪、银耳环、铜簪、瓷罐、铜钱。

银簪2件。M26∶5，首卷曲，侧如五瓣梅花状，起棱。体扁平，略弯，上宽下窄。尾圆弧。素面。首高0.5厘米、最宽1.05厘米、厚0.2厘米、通长16.9厘米、重15.14克（图二九，5；彩版四二，6）。M26∶6，首残，体为圆锥体。残长8.5厘米、重1.4克（图二九，6；彩版四三，1）。

银耳环2件。大小、形制基本相同。首平面近椭圆形，为云纹状，边缘由小圆珠缀连而成，内部镶嵌白色珍珠。体呈"S"状，首端为如意纹状。尾尖锐。M26∶8-1，长2.3厘米、首宽0.9厘米（图三五，2；彩版四三，3，左）。M26∶8-2，长2.35厘米、首宽0.9厘米（图三五，4；彩版四三，3，右）。

铜簪2件。大小、形制基本相同。首为葵圆形，由逆时针旋转的花瓣组成，瓣上刻叶脉纹，中间为圆形突起，背戳印"永兴"。体为圆柱体。M26∶4-1，内铸一"福"字，首高0.3厘米、首宽2.3厘米、残长7.1厘米（图二九，3；彩版四二，4）。M26∶4-2，内铸一"寿"字，首高0.3厘米、首宽2.3厘米、残长9.3厘米（图二九，4；彩版四二，5）。

瓷罐2件。M26∶1，厚圆唇、直口，直领，折沿，圆肩，弧腹，平底内凹。内壁施白釉，外壁绘青花图案，颈上部绘两道弦纹，颈下部绘一周三角纹，下接一周绳索纹，其下再接如意云头纹，腹部绘五组缠枝花卉纹，花卉为六瓣花朵，下腹部为一周连续的变形莲瓣纹。釉面光亮、釉色较深，画工精湛。器体厚重，制作精美。此器物为康熙朝风格。口径9.4厘米、腹径19.3厘米、底径13.2厘米、高20.7厘米（图三四；彩版四二，3）。M26∶7，厚方唇、近盘口状，直领，折沿，鼓肩，弧腹内收，平底。内、外壁施青白釉，唇、底部露灰胎。外壁可见轮制旋痕，底部可见同心圆纹。口径7.6厘米、肩径12.4厘米、底径7.5厘米、高13.1厘米（图三〇，1；彩版四三，2）。

铜钱2枚。均圆形、方穿，正面有郭。锈蚀较甚，字迹模糊不清。M26∶2，直径2.2厘米、穿径0.6厘米、郭厚0.1厘米。M26∶3，直径2.1厘米、穿径0.6厘米、郭厚0.1厘米。

M30　位于发掘区东部，距M29西北约1.6米。南北向，方向为185°。墓口距地表深0.3米，墓底距地表深1.2米。墓圹南北长2.63米、东西宽1.84—1.93米、深0.9米。墓圹边壁较直，底部较平坦（图三六；彩版一三，1）。

内填较疏松的浅黄色五花黏土。棺木已朽，仅存棺痕。人骨皆保存较好。均为仰身直肢葬，头向南。西棺棺内人骨为中年男性。东棺棺内人骨为中年女性。西棺打破东棺。西棺出土铜钱；东棺出土银簪、铜耳环、铜扣、铜钱。

银簪1件。M30∶3，首残，颈部鼓凸。体圆锥体。残长10.7厘米（图三五，1；彩版四三，4）。

铜耳环2件。大小、形制基本相同。正面为桃形，上刻兽面纹，一侧扁平，长方形，一侧圆柱体，接口不齐。锈蚀严重。M30∶4-1，直径2.5厘米、厚0.1厘米（图三五，3；彩版四三，5）。M30∶4-2，直径2.4厘米、厚0.1厘米（图三五，5；彩版四三，6）。

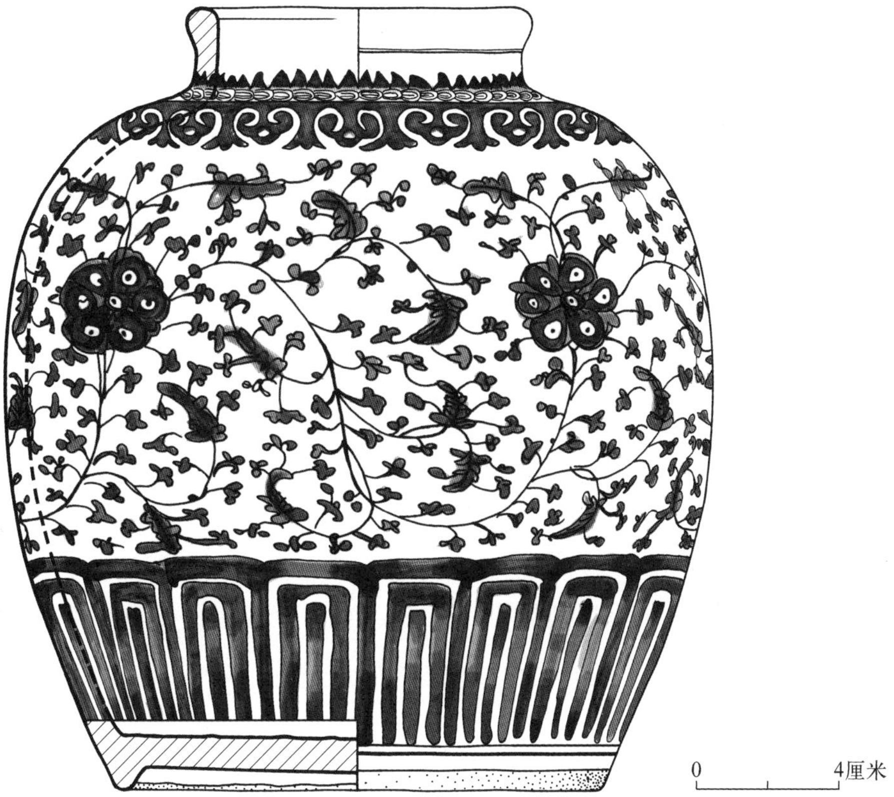

图三四　M26出土瓷罐（M26：1）

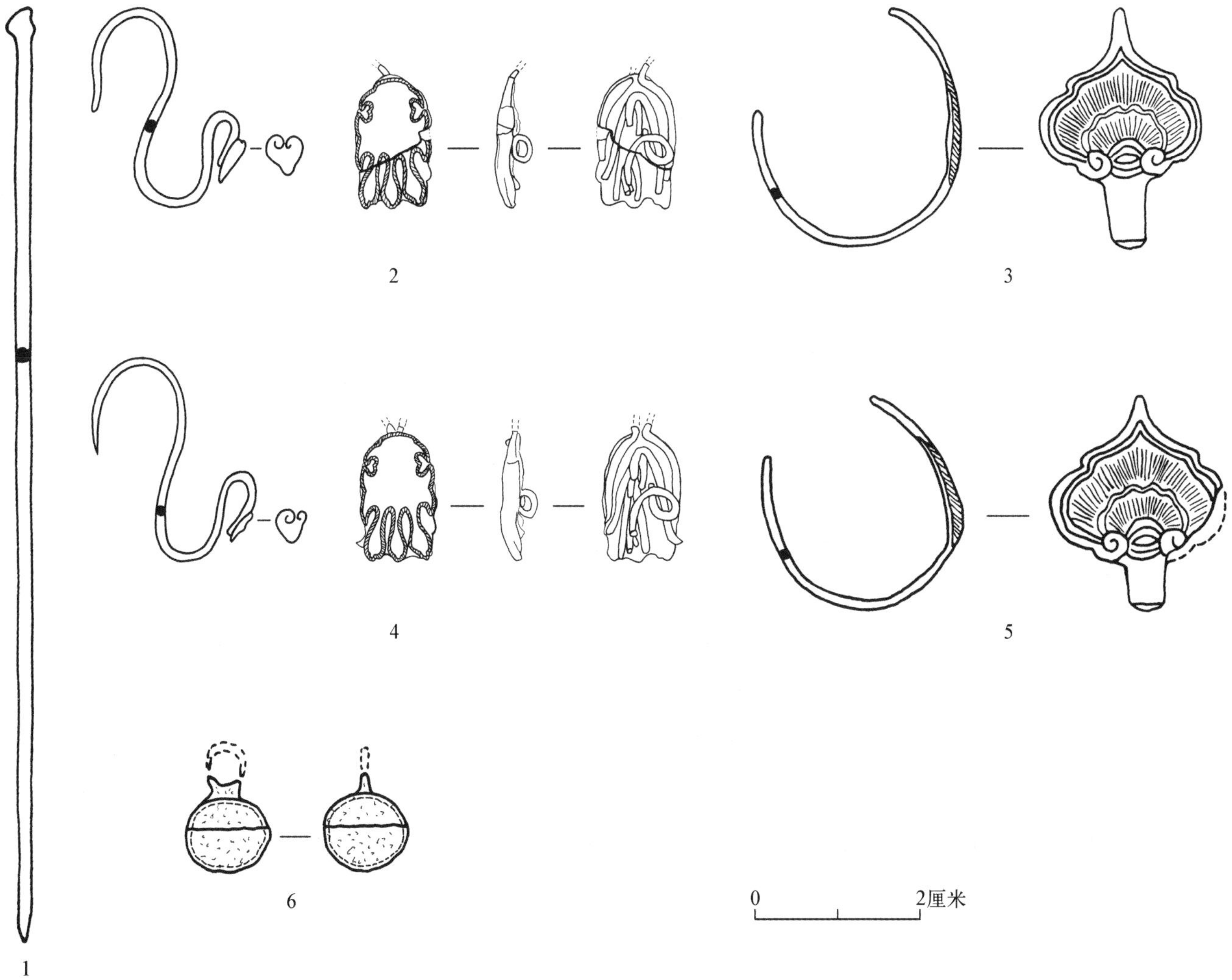

图三五　双棺A型墓葬出土器物（四）

1. 银簪（M30：3）　2—5. 银耳环（M26：8-1、M30：4-1、M26：8-2、M30：4-2）　6. 铜扣（M30：5）

图三六　M30平、剖面图

1、2. 铜钱　3. 银簪　4. 铜耳环　5. 铜扣

铜扣1件。M30∶5，圆球形，中空，顶残。素面。残高1.1厘米、宽1厘米（图三五，6；彩版四四，1）。

铜钱8枚。圆形、方穿，正面有郭。标本：M30∶2-1，铸“道光通宝”四字，楷书，对读；背面有郭，穿左右为满文“宝源”二字，纪局名。直径1.9厘米、穿径0.7厘米、郭厚0.1厘米（图三二，15）。其余7枚皆锈蚀较甚，字迹模糊不清。

M31　位于发掘区东部，距M30北部约4.5米处。东西向，方向为290°。墓口距地表深0.3米，墓底距地表深0.7米。墓圹东西长2.76米、南北宽1.72—1.76米、深0.4米。墓圹边壁较直，底部较平坦（图三七；彩版一三，2）。

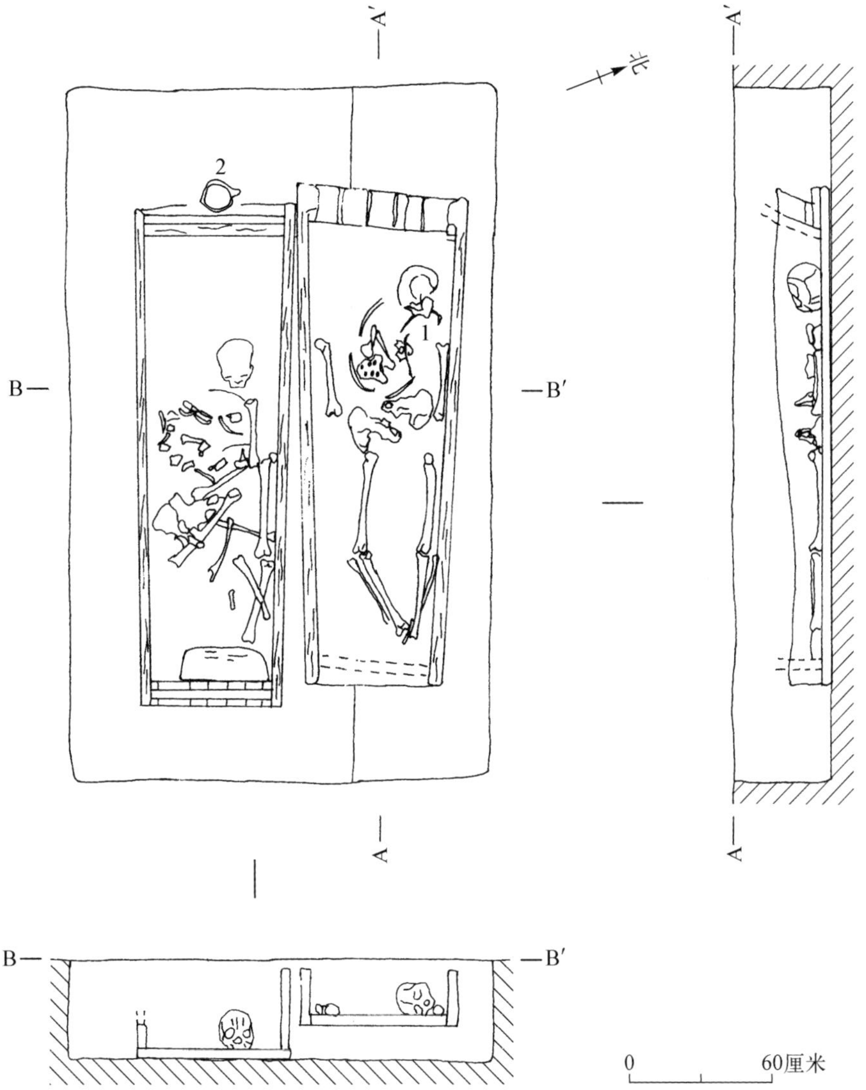

图三七　M31平、剖面图

1. 铜板　2. 陶罐

内填较疏松的浅黄色五花黏土。棺木保存一般。人骨皆保存较差，摆放较凌乱。皆为仰身直肢葬，头向西，面向不详。北棺长2米、宽0.64米、残高0.23米、厚0.05米。棺内人骨为老年男性。南棺长1.97米、宽0.62米、残高0.36米、厚0.04米。棺内人骨为老年女性。北棺打破南棺。北棺出土铜板，南棺出土陶罐。

铜板1枚。M31∶1，圆形，正、背两面皆锈蚀较甚，字迹模糊不清。直径2.5厘米、郭厚0.15厘米。

陶罐1件。M31∶2，圆唇、直口，沿面内凹，斜领，圆肩，斜腹，平底。肩、腹部附一实心把手，与之相对的一侧有浅流。泥质红陶。素面。外壁可见轮制抹痕，内壁可见同心圆纹。器体厚重。口径10.9-11.4厘米、肩径12.3厘米、底径9.5厘米、残高12.6厘米（图三〇，3；彩版四四，2）。

M36　位于发掘区东南部，距M35南部约5米处。南北向，方向为8°。墓口距地表深0.3米，墓底距地表深1.4米。墓圹南北长2.72米、东西宽2.7—2.72米、深1.1米。墓圹边壁较直，底部较平坦（图三八；彩版一四，1）。

内填较疏松的棕褐色五花黏土，含少量料礓石块。棺木已朽，仅存残棺板，平面呈梯形。皆为仰身直肢葬，头向北。西棺长1.88米、宽0.58—0.66米、残高0.25米、厚0.07米，棺底铺红褐

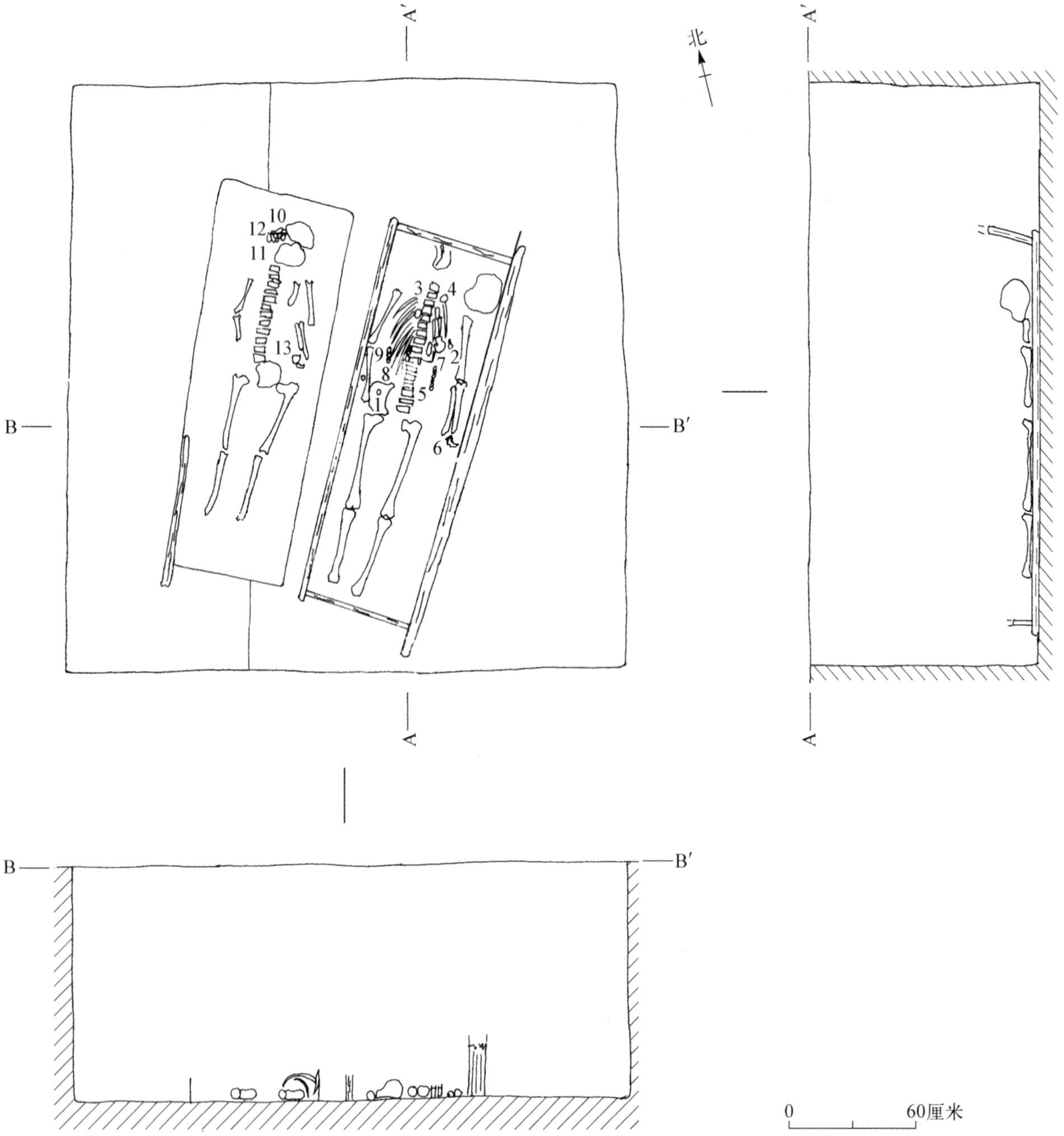

图三八　M36平、剖面图

1. 铜钱　2. 翡翠翎管　3. 水晶坠　4. 玻璃顶戴　5. 铜扣　6、13. 铜烟锅　7. 护心镜　8. 鼻烟壶　9. 串饰　10. 金耳环　11. 铜簪　12. 银簪

色沙层。棺内人骨为老年女性，保存较差。东棺长1.98米、宽0.6—0.66米、残高0.3米，棺底铺黑灰。棺内人骨为老年男性，保存较好。东棺出土翡翠翎管、水晶坠、玻璃顶戴、铜扣、铜烟锅、护心镜、鼻烟壶、串饰、铜钱；西棺出土金耳环、银簪、铜簪、铜烟锅。

金耳环4件。大小、形制基本相同。圆形，柱体，接口不齐。M36：10-1，直径1.7厘米、厚0.2厘米，重1.83克（图三九，3；彩版四六，4，左1）。M36：10-2，直径1.7厘米、厚0.2厘米，重1.92克（图三九，4；彩版四六，4，左2）。M36：10-3，直径1.7厘米、厚0.2厘米，重2.02克（图三九，6；彩版四六，4，左3）。M36：10-4，直径1.65厘米、厚0.2厘米，重1.88克（图三九，7；彩版四六，4，左4）。

银簪1件。M36：12，首残，体扁平，尾圆弧。表面刻花卉纹、圆珠纹，背面戳印“天德”。残长20厘米、宽0.6厘米，重5.4克（图四〇，2；彩版四七，1-3）。

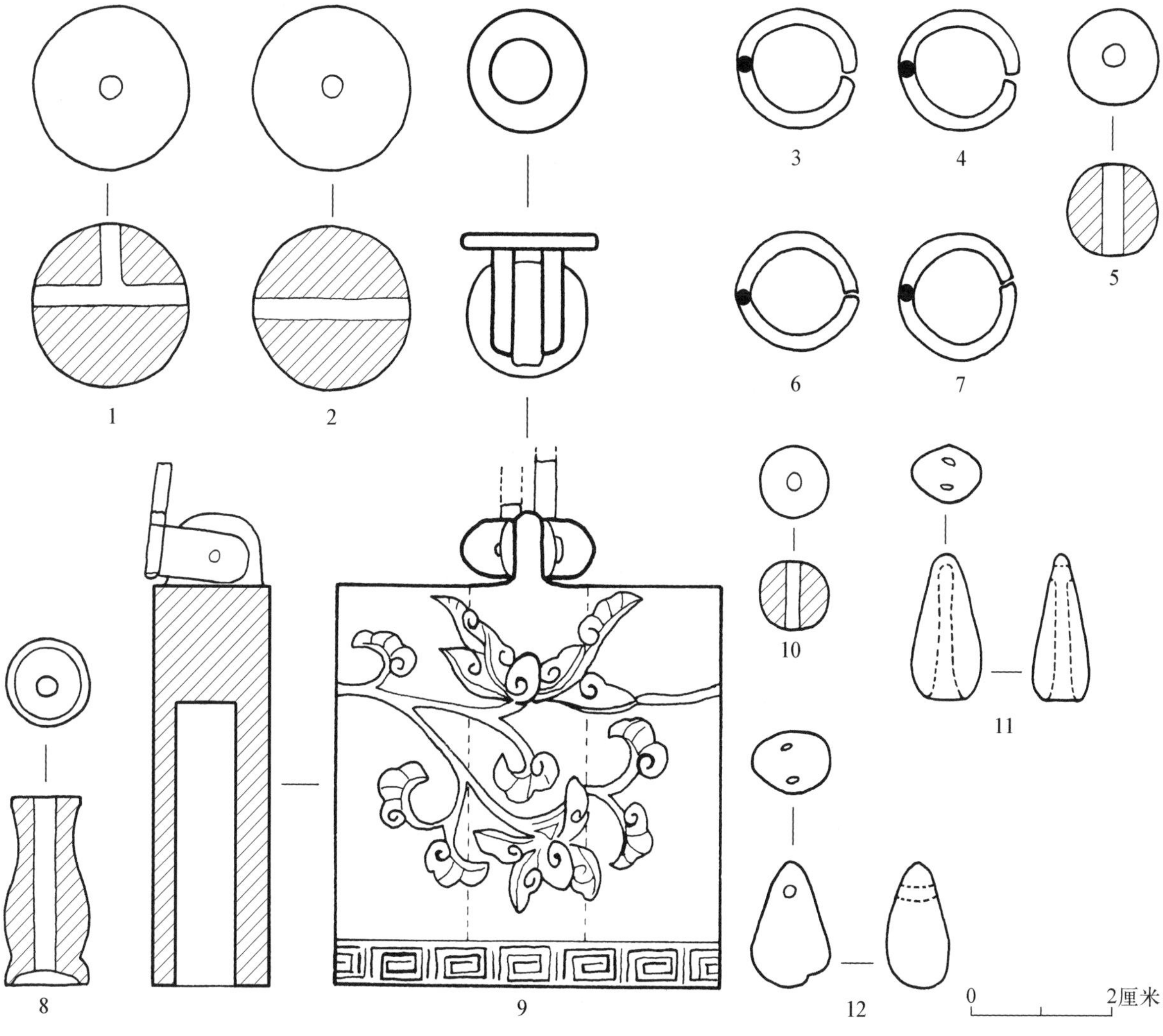

图三九　M36出土器物（一）

1、2. 白色玉珠（M36：9-3-1、M36：9-3-2）　3、4、6、7. 金耳环（M36：10-1、M36：10-2、M36：10-3、M36：10-4）　5. 木珠（M36：9-2-1）　9. 翡翠翎管（M36：2）　10. 玻璃串饰（M36：9-1-1）　8、11、12. 料饰（M36：9-5、M36：9-4-1、M36：9-6）

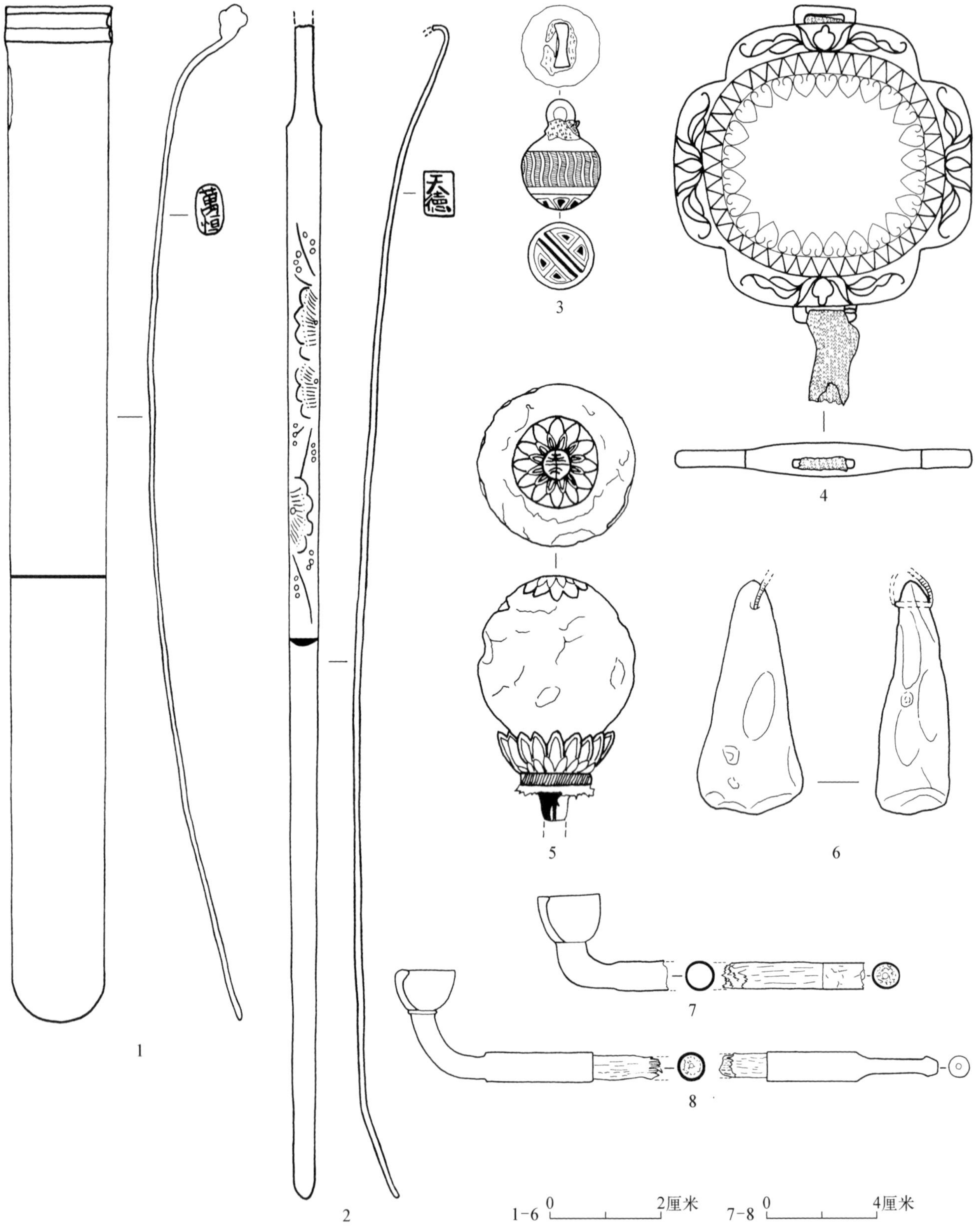

图四〇　M36出土器物（二）

1. 铜簪（M36∶11） 2. 银簪（M36∶12） 3. 铜扣（M36∶5-1） 4. 护心镜（M36∶7） 5. 玻璃顶戴（M36∶4）
6. 水晶坠（M36∶3） 7、8. 铜烟锅（M36∶13、M36∶6）

翡翠翎管1件。M36∶2，绿色，呈管状，顶端未凿空。表面刻花卉纹，底部刻一周连续的回形纹，表面磨光。顶部为环系，嵌以铜饰，残断。制作精美。残高7厘米、宽1.9厘米、重33.72克（图三九，9；彩版四四，3）。

水晶坠1件。M36∶3，紫色，近三角形，底部略平，器身起棱。通体磨光，较粗糙。顶部有穿孔，中有残铜丝。高4厘米、宽1.9厘米、厚1.3厘米（图四〇，6；彩版四四，4）。

玻璃顶戴1件。M36∶4，蓝色，圆球形，顶贴三层铜质葵圆形。底部为两层莲花座托，花瓣之间有镂空，下端残，顶、底之间以实心铜柱相连。残高4.2厘米、宽2.8厘米（图四〇，5；彩版四四，5）。

铜簪1件。M36∶11，首卷曲，侧如五瓣梅花状，起棱。体扁平，长方形，略弯。尾圆弧。素面。背面戳印“万恒”。首高0.6厘米、宽1.9厘米、厚0.1厘米、通长17.3厘米（图四〇，1；彩版四六，5、6）。

铜扣7件。大小、形制基本相同。圆球形，中空，顶部有环。标本：M36∶5-1，顶部有丝织品残留，腹部刻莲瓣纹。高1.9厘米、宽1.4厘米（图四〇，3；彩版四四，6，下排左1）。

铜烟锅2件。M36∶6，由锅、杆、嘴组成。锅为半圆形，中空。杆弯弧与锅相接，尾端为木杆，中空。后接铜质小嘴，平顶，束颈，中空。残长17.2厘米、高3.8厘米（图四〇，8；彩版四五，1）。M36∶13，由锅、杆组成。锅为半圆形，中空。杆弯弧与锅相接。杆尾部塞以木杆，中空。残长9.7厘米、高3.3厘米（图四〇，7；彩版四七，4）。

护心镜1件。M36∶7，铜质，圆形、四瓣花瓣状，中间磨平略鼓，中空，由两道凸弦纹分为三区，里区铸云纹如意头，中区铸折线纹，外区铸花卉纹。顶部有方形系，系上有丝织品系带残留。正、反两面纹饰相同。长5.3厘米、宽6.8厘米、厚0.6厘米（图四〇，4；彩版四五，2）。

鼻烟壶1件。M36∶8，玻璃质，紫红色，直颈、壶身扁平，底为椭圆形，假圈足。正面浮雕房子、云纹、蝙蝠、乌龟、海浪、鱼、假山、花草纹，鱼、龟隐于海浪之间，房子隐于云间。盖为铜铸，蘑菇状，盖顶镶红色玛瑙，盖身镂孔。高6.5厘米、宽4.6厘米、厚2.7厘米（图四一；彩版四五，3）。

串饰1件。M36∶9，共分六种，大小、颜色、形状各不相同。M36∶9-1，26颗（彩版四五，4）。玻璃质，粉色，圆形，中有穿孔。标本：M36∶9-1-1，直径0.95厘米（图三九，10）。M36∶9-2，9颗（彩版四五，5）。木珠，呈黑色，圆形，中有穿孔。标本：M36∶9-2-1，直径1.25厘米（图三九，5）。M36∶9-3，3颗（彩版四五，6）。玉珠，白色，圆形，中有穿孔。标本：M36∶9-3-1，三通，直径2.2厘米（图三九，1）。标本：M36∶9-3-2，直径2.2厘米（图三九，2）。M36∶9-4，2颗（彩版四六，1）。料饰，白色，鸡心形，顶部有穿孔，底部有孔。标本：M36∶9-4-1，高1.95厘米、宽1厘米、厚0.8厘米（图三九，11）。M36∶9-5，1颗（彩版四六，2）。玛瑙质，褐色，宝瓶形，平顶，束颈，圆腹，圈足，中间有穿孔。高2.5厘米、宽1.2厘米（图三九，8）。M36∶9-6，1颗（彩版四六，3）。石质，浅绿色，鸡心形，顶部有穿孔。高1.7厘米、底宽1.1厘米、厚0.85厘米（图三九，12）。

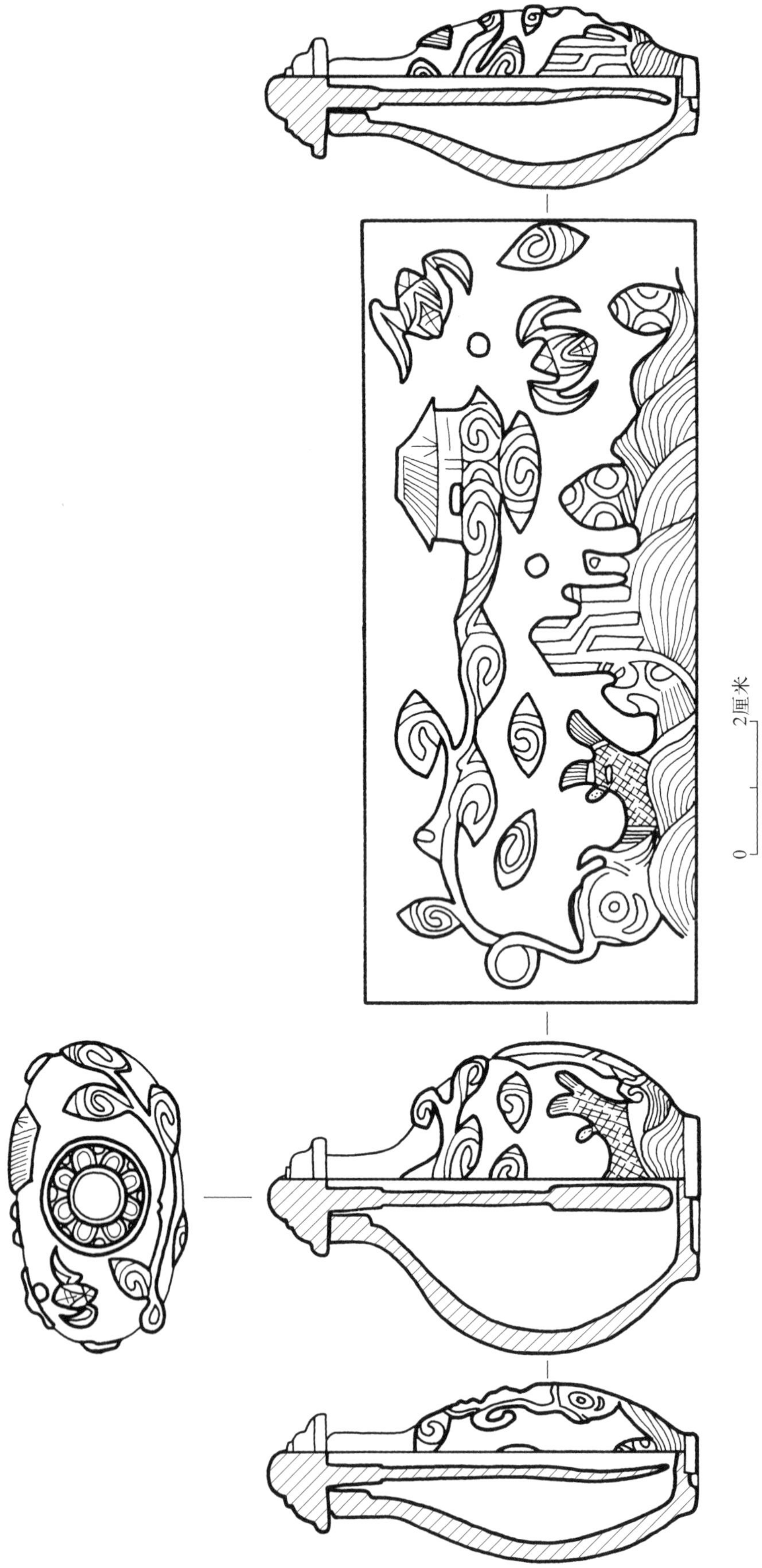

图四一 M36出土鼻烟壶（M36：8）

铜钱8枚。均圆形、方穿，正面有郭。锈蚀较甚，字迹模糊不清。依稀可辨认为乾隆通宝2枚、嘉庆通宝4枚、道光通宝2枚。标本：M36∶1-1，乾隆通宝。直径2.3厘米、穿径0.6厘米、郭厚0.1厘米。

M37　位于发掘区东南部，距M36东部约3.4米处。南北向，方向为0°。墓口距地表深0.3米，墓底距地表深1.14米。墓圹南北长2.49米、东西宽1.53—1.6米、深0.84米。墓圹边壁较直，底部较平坦（图四二；彩版一四，2）。

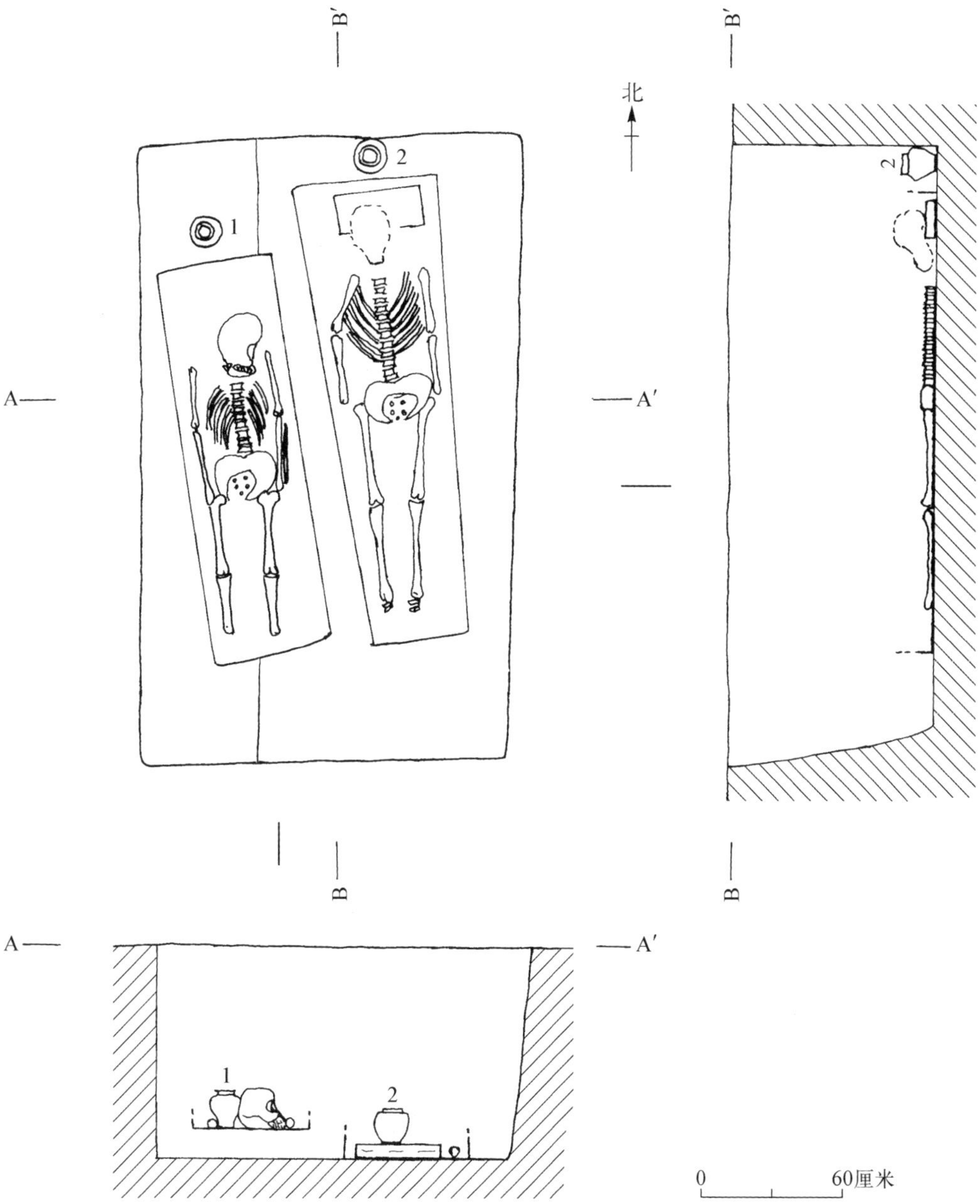

图四二　M37平、剖面图

1、2. 半釉罐

内填较疏松的灰褐色五花黏土，含少量料礓石块。棺木已朽，仅存棺痕，平面呈梯形。棺内人骨皆保存较好，均为仰身直肢葬，头向北，面向上。西棺长1.6米、宽0.48—0.5米，棺底铺黑灰层，厚0.04米。棺内人骨为老年女性。东棺长1.86米、宽0.42—0.6米，棺底铺黑灰层，厚0.04米。棺内人骨为老年男性，头下枕方砖1块。西棺打破东棺。东棺出土半釉罐1件；西棺出土半釉罐1件。

半釉罐2件。M37∶1，方唇、侈口，卷沿，圆折肩，斜腹，平底略内凹。肩部以上外壁施薄绿釉，釉面脱落，其余部位露红胎。外壁有轮制抹痕，底部有偏心圆纹。口径9.3厘米、肩径11.4厘米、底径7.4厘米、高11.9厘米（图四三，1；彩版四七，5）。M37∶2，方唇、直口，直领，圆折肩，斜腹，平底。口沿内壁及肩部以上施酱釉，有脱釉现象，其余部位露红褐胎。外壁有轮制旋痕，底部有同心圆纹。口径8.7厘米、肩径12.6厘米、底径6.8厘米、高12.8厘米（图四三，2；彩版四七，6）。

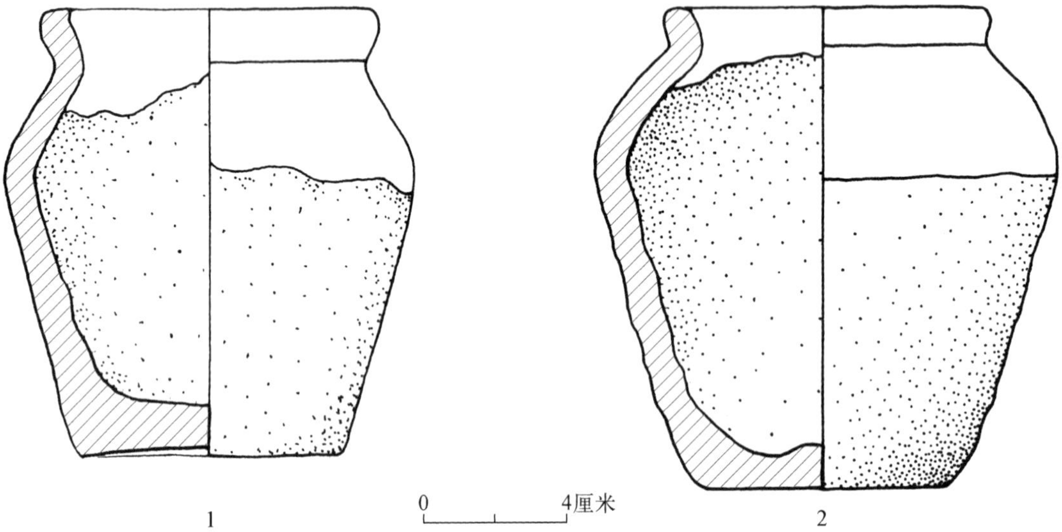

图四三　M37出土半釉罐

1. M37∶1　2. M37∶2

M38　位于发掘区东南部，距M37南部约0.4米处。东西向，方向为91°。墓口距地表深0.4米，墓底距地表深1.81米。墓圹东西长3.24米、南北宽2.6—2.64米、深1.41米。墓圹边壁较直，底部较平坦（图四四；彩版一四，3）。

内填较疏松的深褐色五花黏土，含少量料礓石块。棺木保存一般，平面呈梯形。人骨皆保存较好，均为仰身直肢葬，头向东，面向上。北棺长2.3米、宽0.74—0.84米、残高0.44米、厚0.09米。棺底铺黑灰。棺内人骨为老年女性。南棺长2.25米、宽0.7—0.8米、残高0.48米、厚0.08米。棺底铺黑灰、白色颗粒。棺内人骨为老年男性。北棺打破南棺。北棺出土银簪1件、铜簪5件、铜钱5枚；南棺出土铜簪2件、铜扣7件、石顶戴1件、帽饰1件、串饰1件、铜钱2枚。

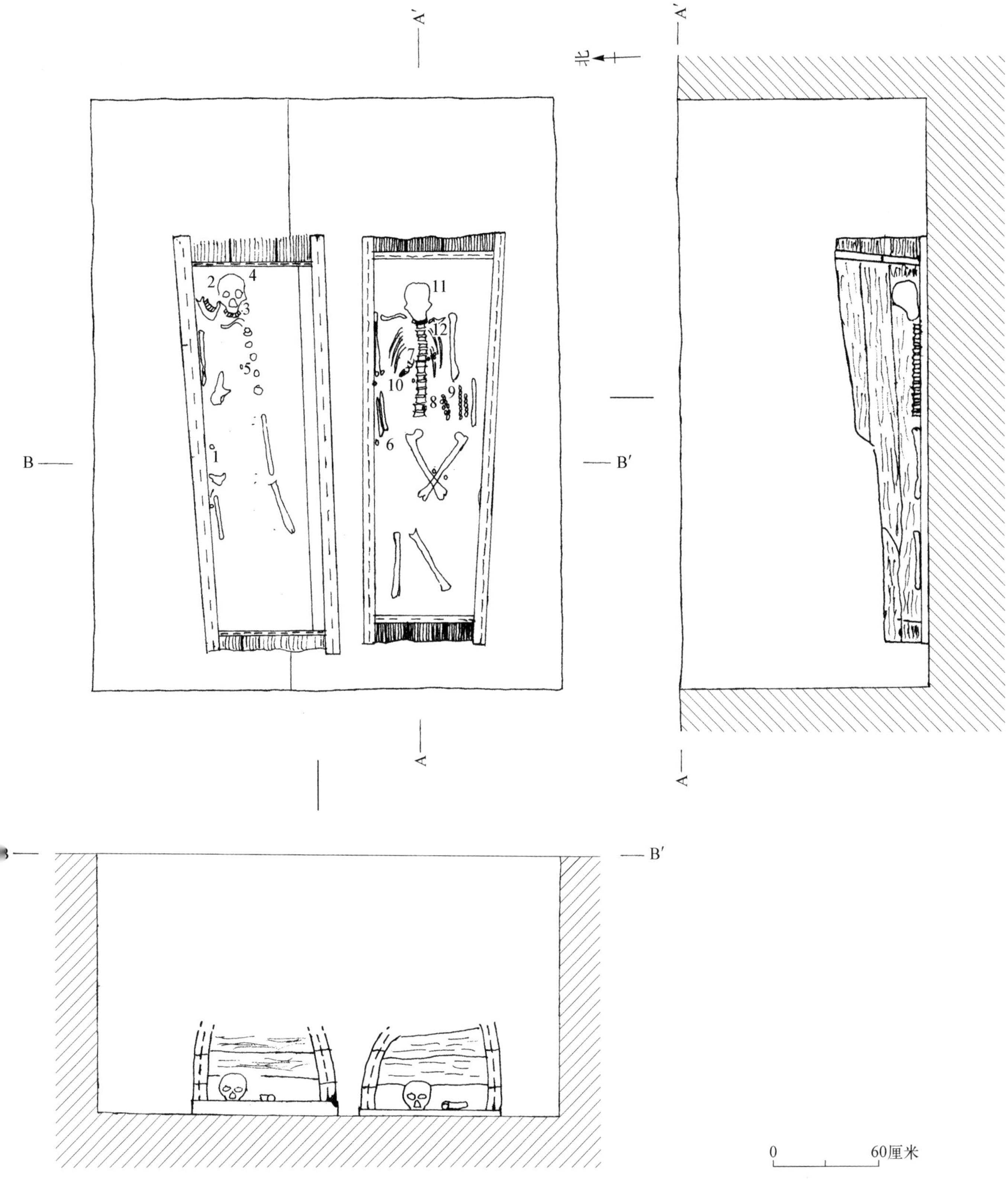

图四四　M38平、剖面图

1、13. 铜钱　2、4—6、8. 铜簪　3. 银簪　7. 石顶戴　9、10. 铜扣　11. 帽饰　12. 串饰

银簪1件。M38∶3，首卷曲，侧如五瓣梅花状，起棱。体扁平，上宽下窄，略弯，尾圆弧。首高0.5厘米、最宽0.9厘米、厚0.2厘米、通长16厘米、重14.41克（图四六，1；彩版四八，3）。

铜簪7件。M38∶2，大小、形制基本相同。首为双重如意云纹状，内铸两条左右对称的小蟠龙，中为红色镶嵌物，呈双龙戏珠状。底衬填以摞丝制成的细密旋涡纹，轮廓由麻绳纹结成。体扁平，尾尖锐。M38∶2-1，首宽4.5厘米、首高3.4厘米、通长12.2厘米（图四五，1；彩版四八，1）。M38∶2-2，首宽4.7厘米、首高3.3厘米、通长12厘米（图四五，2；彩版四八，2）。M38∶4大小、形制基本相同。首为针鼻状，颈部有镂孔，缠以铜丝。体扁平，上宽下窄。尾尖锐。背面戳印"□华"。M38∶4-1，首高1.1厘米、首宽0.5厘米、通长11.1厘米（图四六，2；彩版四八，4、5）。M38∶4-2，首高1.6厘米、首宽0.5厘米、通长11.2厘米（图四六，3；彩版四八，6、彩版四九，1）。M38∶5，首近蘑菇状，颈部刻弦纹。体圆锥体，尾尖。首高0.9厘米、首宽0.5厘米、通长

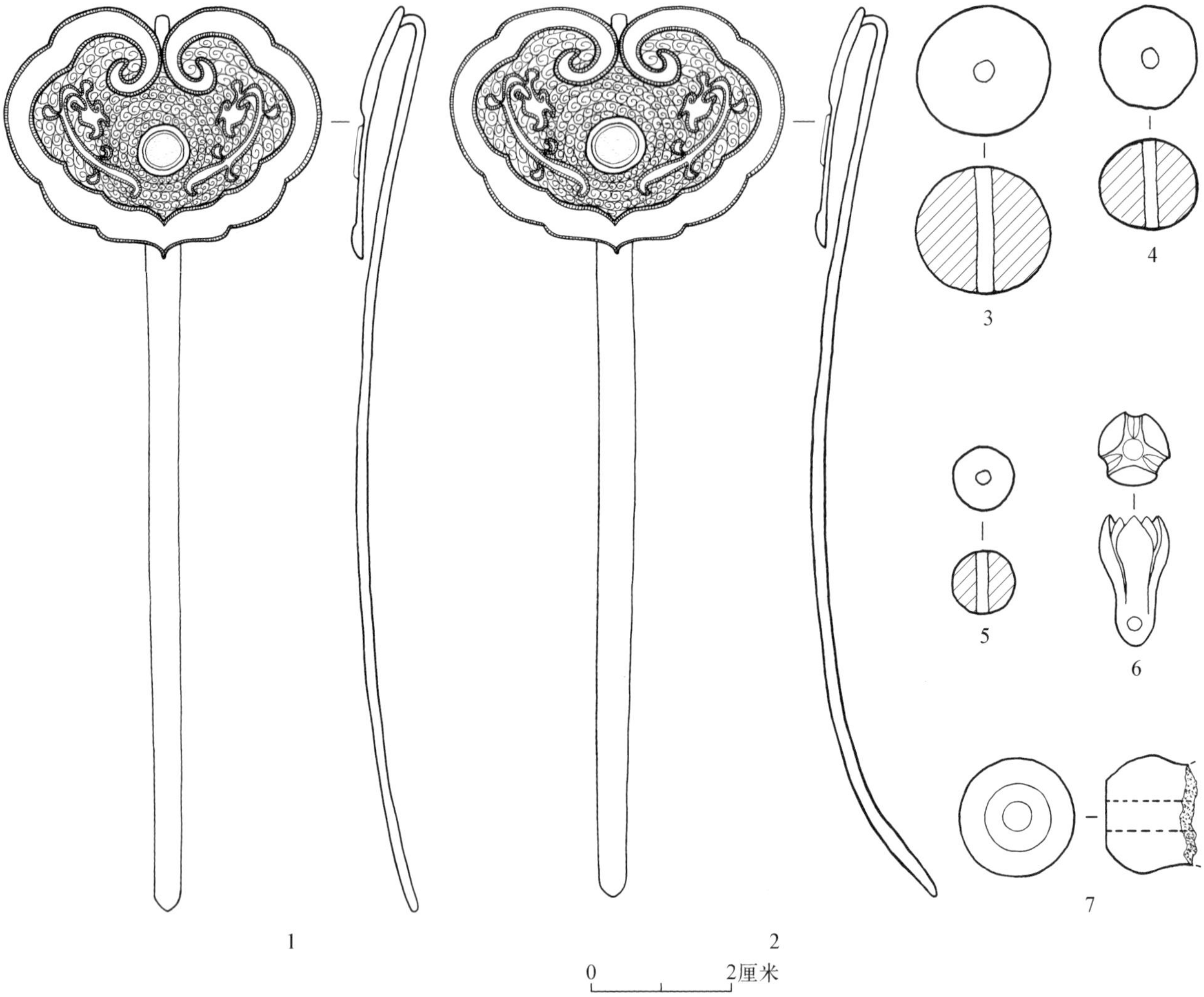

图四五　M38出土器物（一）

1、2. 铜簪（M38∶2-1、M38∶2-2）　3—7. 串饰（M38∶12-2-1、M38∶12-1-1、M38∶12-2-2、M38∶12-3-1、M38∶12-4）

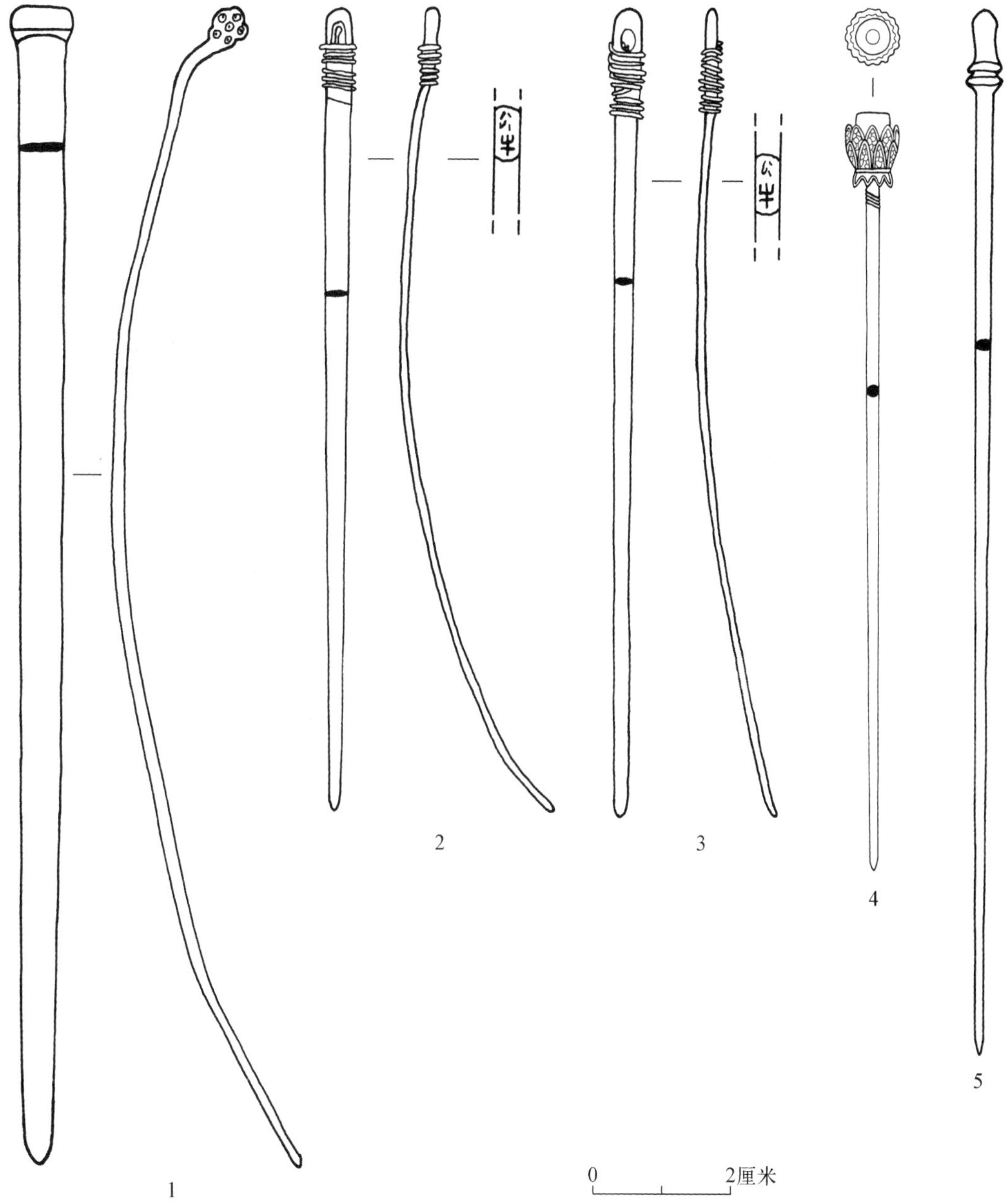

图四六　M38出土器物（二）

1. 银簪（M38∶3）　2、3、4、5. 铜簪（M38∶4-1、M38∶4-2、M38∶6、M38∶5）

14.4厘米（图四六，5；彩版四九，2）。M38∶6，首为双层莲花座托，底为反莲花座托，内镶嵌白色珍珠，莲瓣上有镂孔。体圆锥体，颈部铸弦纹，尾尖锐。首高0.9厘米、首宽0.8厘米、通长10.5厘米（图四六，4；彩版四九，3）。M38∶8，首为花枝状，以铜丝分出支脉，有花卉三朵，花朵为五瓣形，间隔以五片花叶，瓣上填以搡丝制成的细密旋涡纹，花叶边缘及叶脉为细密麻绳纹，中镶嵌白色圆水晶，围以一圈由圆珠铸成的花蕊。左侧花枝为花叶，以搡丝缠绕，做工较细。残高6.3厘米、宽4.8厘米（图四七，4；彩版四九，5）。

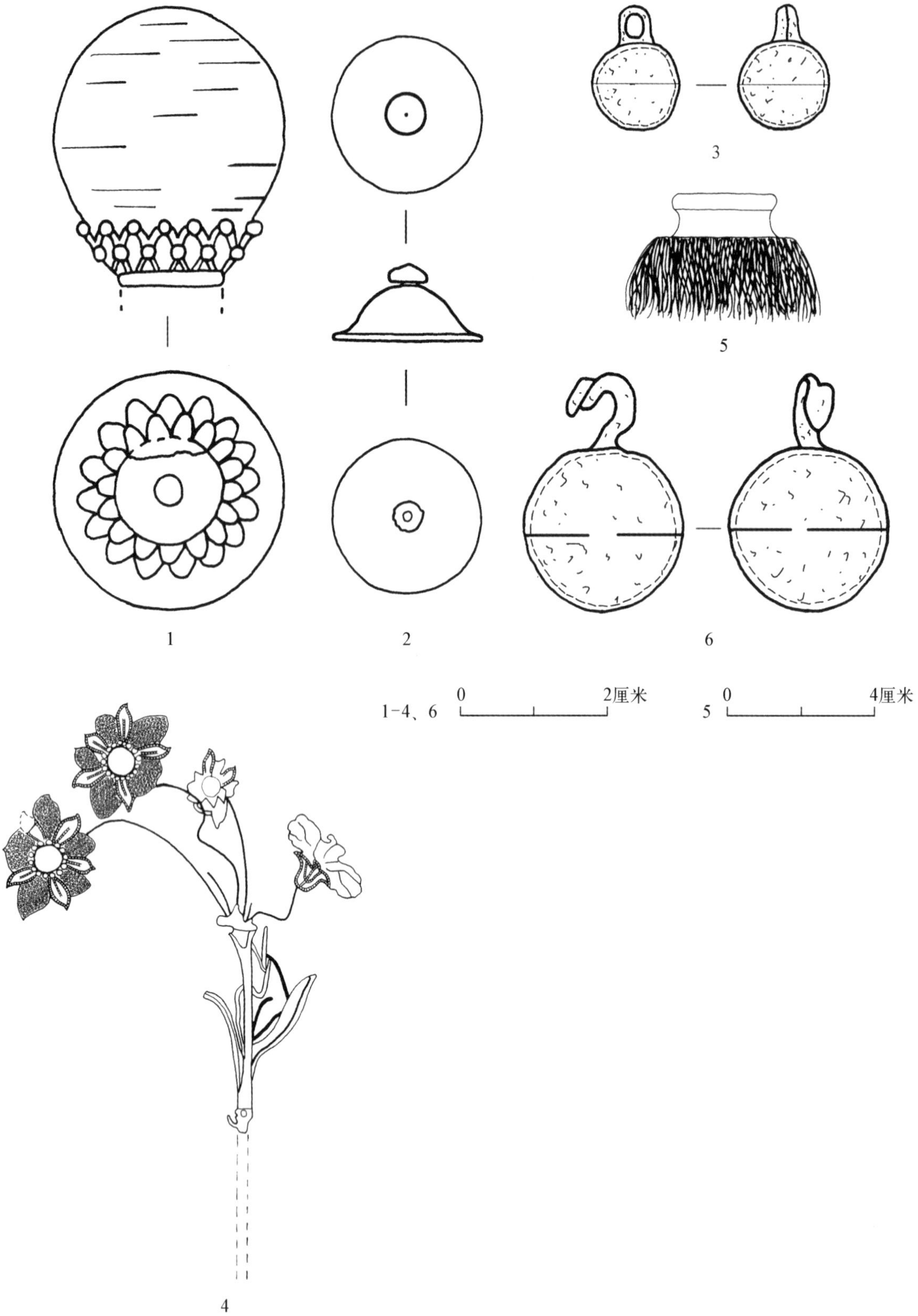

图四七 M38出土器物（三）

1. 石顶戴（M38：7） 2. 串饰（M38：12-5） 3、6. 铜扣（M38：9-1、M38：10-1） 4. 铜簪（M38：8） 5. 帽饰（M38：11）

铜扣7件。三件大小、形制基本相同。圆球形，空心，顶部有环。素面。标本：M38∶9-1，高1.6厘米、宽1.2厘米（图四七，3；彩版四九，6，左1）。四件大小、形制基本相同。圆球形，顶部有如意状弯别。标本：M38∶10-1，高3.1厘米、宽2.2厘米（图四七，6；彩版五〇，1，左1）。

石顶戴1件。M38∶7，蓝紫色，磨光。顶残，底为两层莲花座托，花瓣之间有镂孔。顶、底之间以实心铜柱相连。残高3.6厘米（图四七，1；彩版四九，4）。

帽饰1件。M38∶11，布料，平顶，短捉手，上有残织物。残高3.1厘米、宽5.3厘米（图四七，5；彩版五〇，2）。

串饰1件。M38∶12，共分五种，大小、颜色、形状各不相同。M38∶12-1，83颗（彩版五〇，3）。料珠，黄色，圆形，中有穿孔。标本：M38∶12-1-1，直径1.4厘米（图四五，4）。M38∶12-2，27颗（彩版五〇，4）。料珠，酱红色，圆形，有大小两种，中有穿孔。标本：M38∶12-2-1，直径1.9厘米（图四五，3）。标本：M38∶12-2-2，直径0.9厘米（图四五，5）。M38∶12-3，3颗（彩版五〇，5）。大小、形制基本相同。料饰，白色，腹部为三瓣花瓣，顶部、底部有穿孔。标本：M38∶12-3-1，直径1厘米，高1.8厘米（图四五，6）。M38∶12-4，1颗，石质，白色，球形，中有穿孔。残高1.3厘米（图四五，7；彩版五〇，6）。M38∶12-5，1颗，石质，褐色，帽状，顶部为蘑菇状捉手，平底，中有穿孔。高1厘米、宽2厘米（图四七，2；彩版五一，1）。

铜钱7枚。均圆形、方穿，正面有郭。其中1枚背面残见“宝泉”局名。标本：M38∶1-1，直径1.9厘米、穿径0.7厘米、郭厚0.1厘米。4枚皆锈蚀较甚，部分破碎，字迹模糊不清。剩余2枚铸“嘉庆通宝”四字，楷书，对读；背面有郭，穿左右为满文“宝泉”二字，纪局名。标本：M38∶13-1，直径2.4厘米、穿径0.6厘米、郭厚0.1厘米（图三二，12）。

M46　位于发掘区东部，距M45西北部9米处。南北向，方向为180°。墓口距地表深0.4米，墓底距地表深1.35米。墓圹南北长2.74米、东西宽2.18—2.26米、深0.95米。墓圹边壁较直，底部较平坦（图四八；彩版一五，1）。

内填较疏松的深褐色五花黏土。棺木保存一般，平面呈梯形。人骨皆保存较好，均为仰身直肢葬，头向南，面向东。东棺长2.06米、宽0.52—0.6米、残高0.29米，厚0.07米。棺内人骨为老年男性。西棺长2.02米、宽0.6—0.66米、残高0.43米，厚0.07米。棺内人骨为老年女性。西棺打破东棺。东棺出土铜扣3枚、铜钱2枚；西棺出土鎏金银扁方1件、铜簪1件、铜钱1枚。

鎏金银扁方1件。M46∶4，首卷曲，侧如六瓣花朵状，花瓣镂空，花蕊突起，上铸圆点纹，首正面铸蝙蝠纹。体扁平，长方形，素面。边缘有一周凹旋纹，背面戳印“□华足金”。首高0.9厘米、宽2.5厘米、通长13.6厘米、重27.05克（图四九，2；彩版五一，3、4）。

铜扣3件。大小、形制基本相同。圆球形，空心，顶部有环。素面。标本：M46∶2-1，顶部有破损，高1.4厘米、宽1.1厘米（图四九，5；彩版五一，2，左1）。

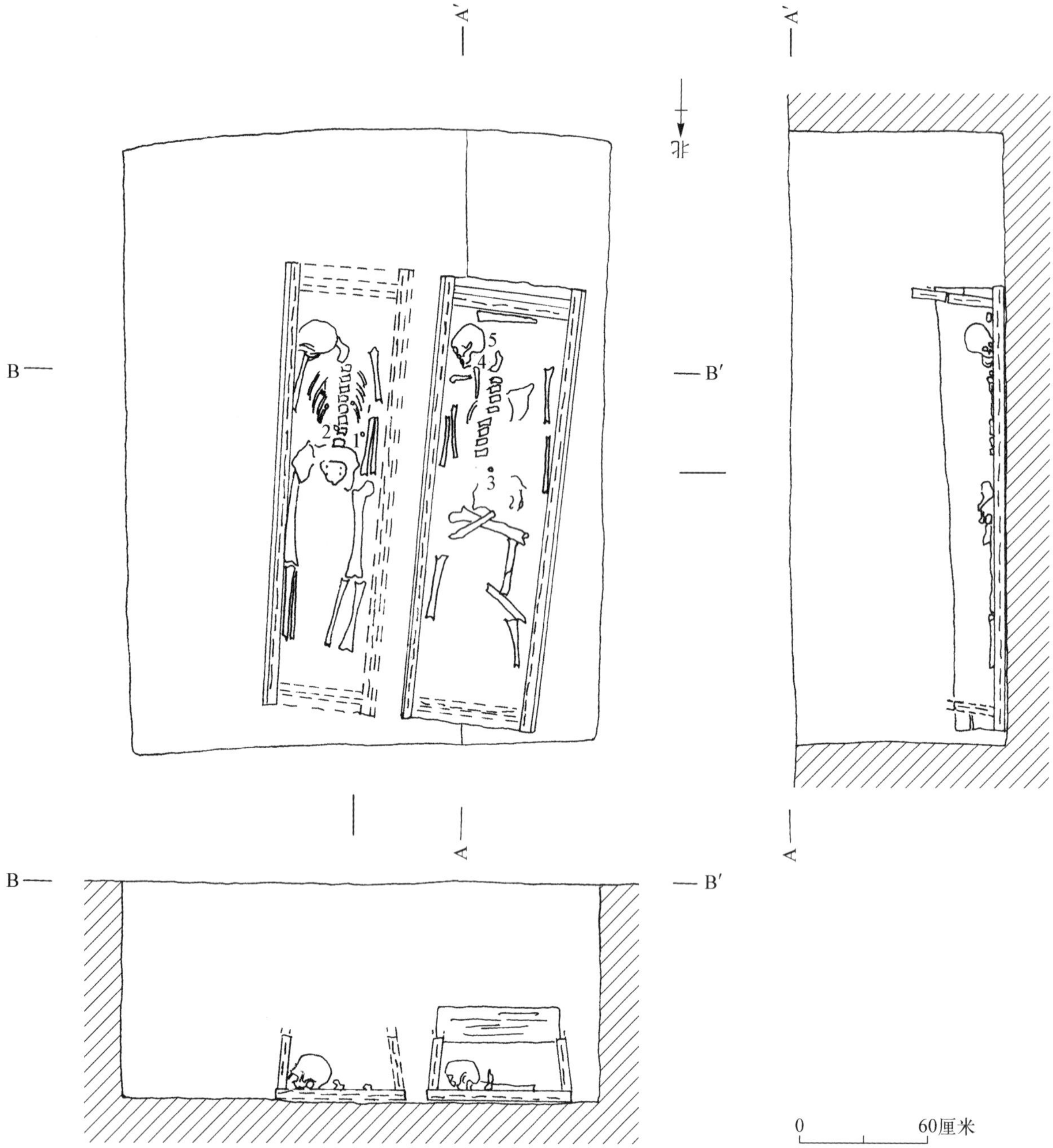

图四八　M46平、剖面图

1、3. 铜钱　2. 铜扣　4. 鎏金银扁方　5. 铜簪

铜簪1件。M46：5，首残，体圆锥体，尾尖。上部铸螺旋纹。残长17厘米（图四九，1；彩版五二，1）。

铜钱3枚。均圆形、方穿，正面有郭。锈蚀较甚，字迹模糊不清。标本：M46：1-1，直径2.1厘米、穿径0.6厘米、郭厚0.1厘米。M46：3，直径2.2厘米、穿径0.6厘米、郭厚0.1厘米。

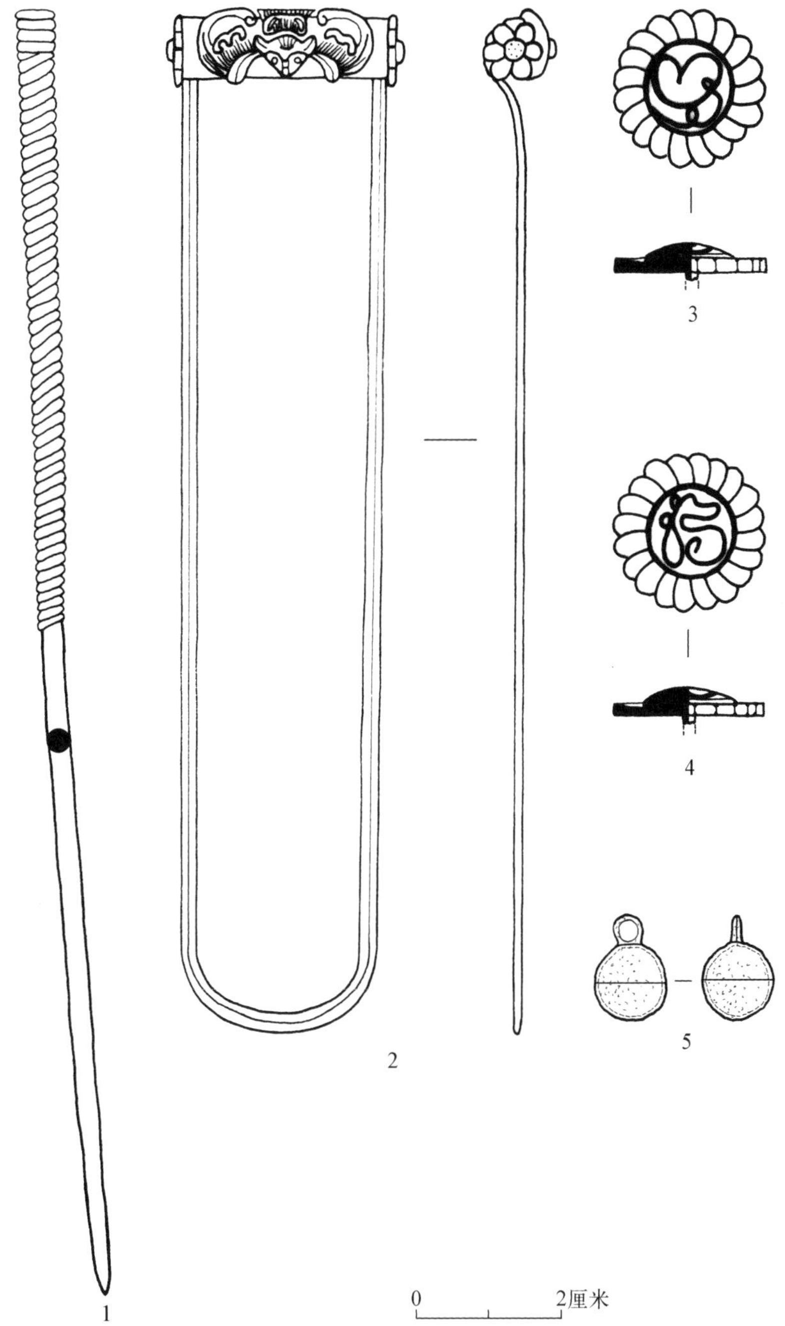

图四九　双棺A型墓葬出土器物（五）

1. 铜簪（M46：5）　2. 鎏金银扁方（M46：4）　3、4. 铜簪首（M53：4-1、M53：4-2）　5. 铜扣（M46：2-1）

M53　位于发掘区东北部，南部被M52打破（图五〇）。南北向，方向为185°。墓口距地表深0.4米，墓底距地表深1.79米。墓圹南北长2.67米、东西宽2.34—2.43米、深1.39米。墓圹边壁较直，底部较平（图五一；彩版一五，2）。

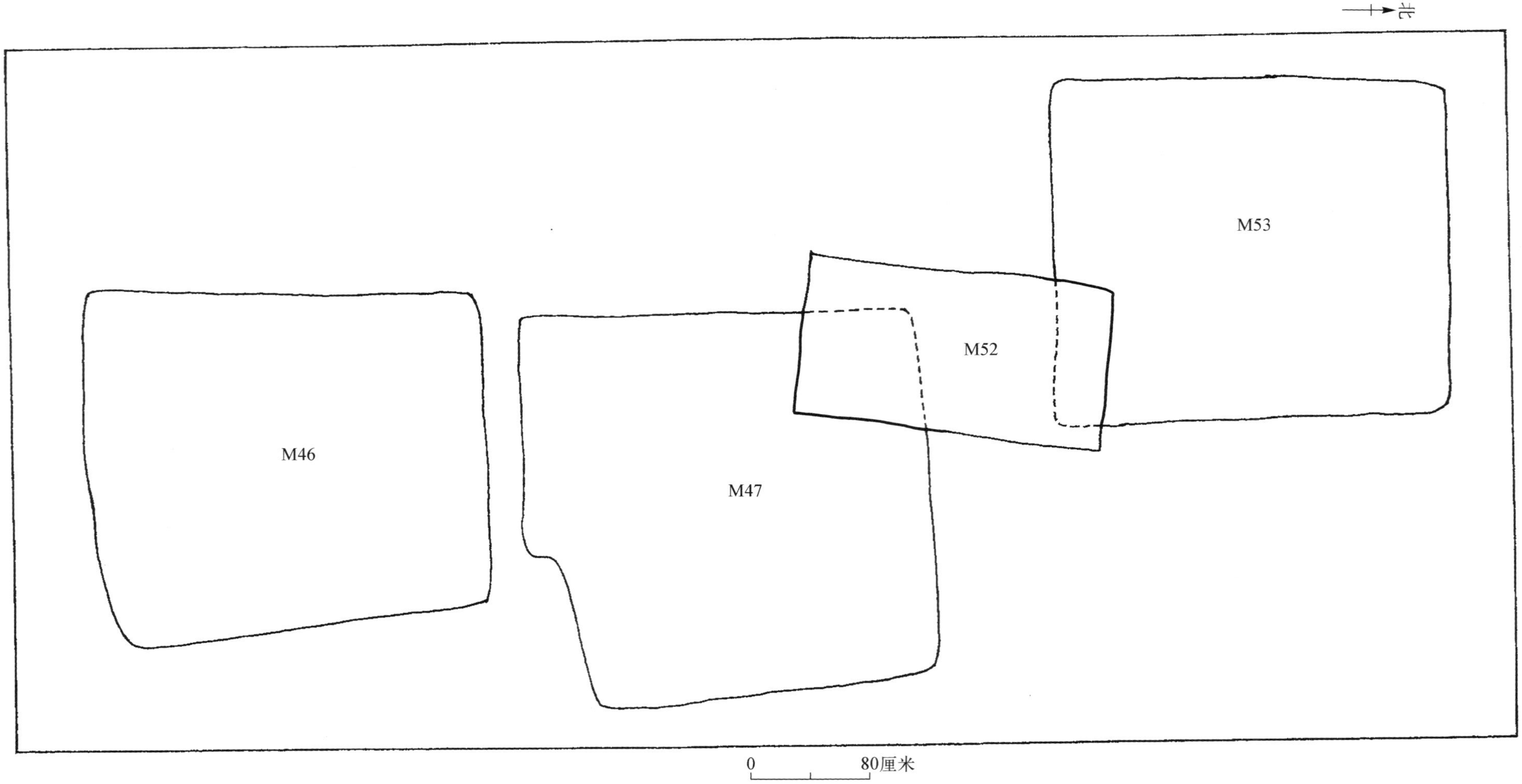

图五〇　M46、M47、M52、M53平面关系图

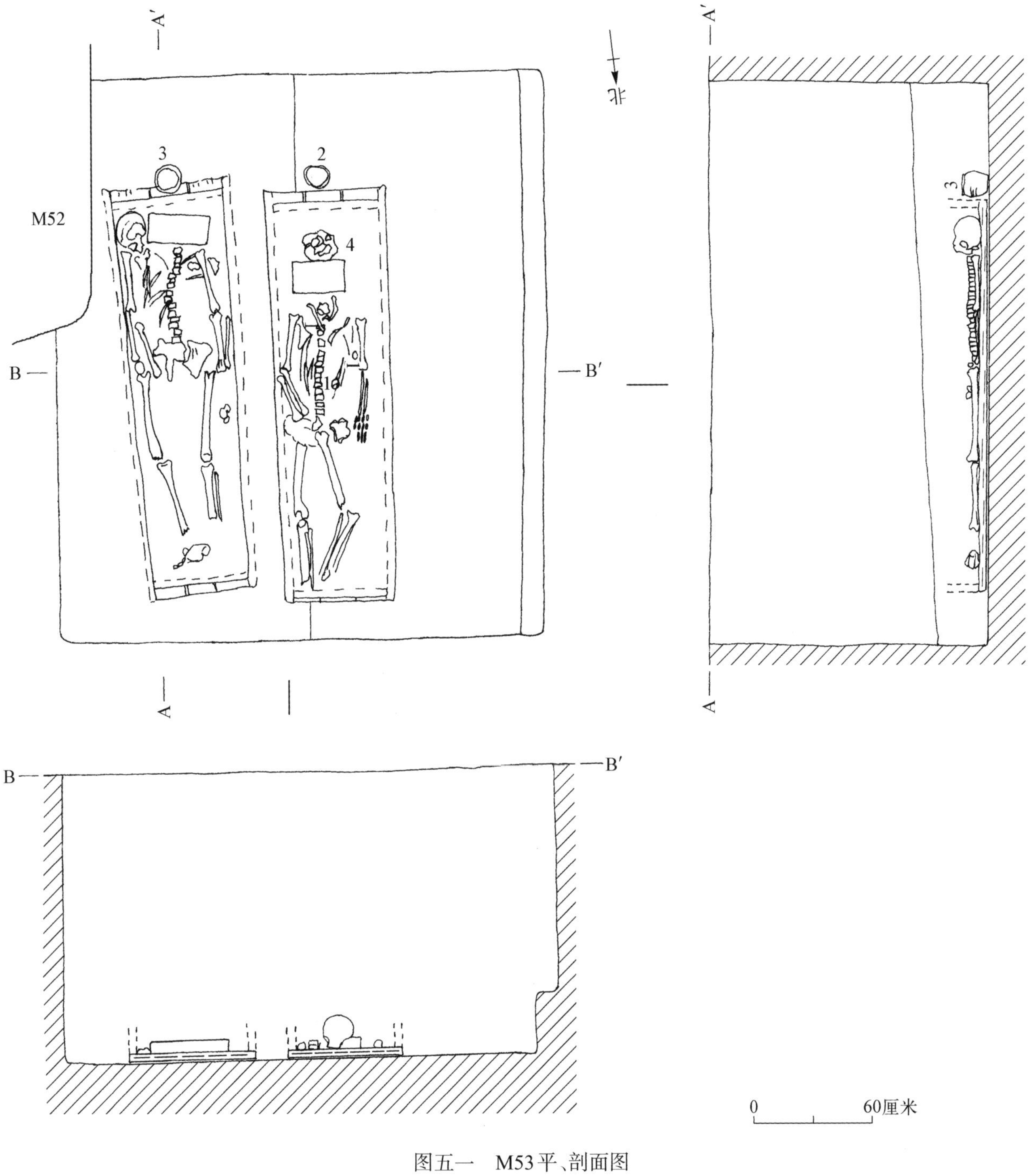

图五一　M53平、剖面图
1. 铜钱　2、3陶罐　4. 铜簪首

内填较疏松的棕褐色五花黏土。棺木已朽，仅存棺痕。人骨保存较好，皆为仰身直肢葬，头向南，面向不详。西棺棺内人骨为老年女性。东棺棺内人骨为老年男性。西棺打破东棺。西棺出土铜簪首2件、陶罐1件、铜钱2枚；东棺出土陶罐1件。

铜簪首2件。大小、形制基本相同。首为葵圆形，由逆时针旋转的花瓣组成，顶部为圆形突起，表面铸花卉纹，背面磨平。M53∶4-1，首宽2.1厘米、残高0.5厘米（图四九，3；彩版五二，4，左）。M53∶4-2，首宽2.1厘米、残高0.5厘米（图四九，4；彩版五二，4，右）。

陶罐2件。M53∶2，圆唇、敞口，卷沿，束颈，圆折肩，斜腹，平底。泥质红陶。素面。外壁可见轮制抹痕，底部可见同心圆纹。口径9.6厘米、肩径9.8厘米、底径6.2厘米、高9厘米（图五二，1；彩版五二，2）。M53∶3，圆唇、敞口，卷沿，圆肩，斜腹，平底。泥质红陶。素面。内壁可见同心圆纹。口径10.2厘米、肩径11.5厘米、底径7.6厘米、高10.7厘米（图五二，2；彩版五二，3）。

铜钱2枚。均圆形、方穿，正面有郭。锈蚀较甚，字迹模糊不清。标本：M53∶1-1，直径2.2厘米、穿径0.6厘米、郭厚0.1厘米。

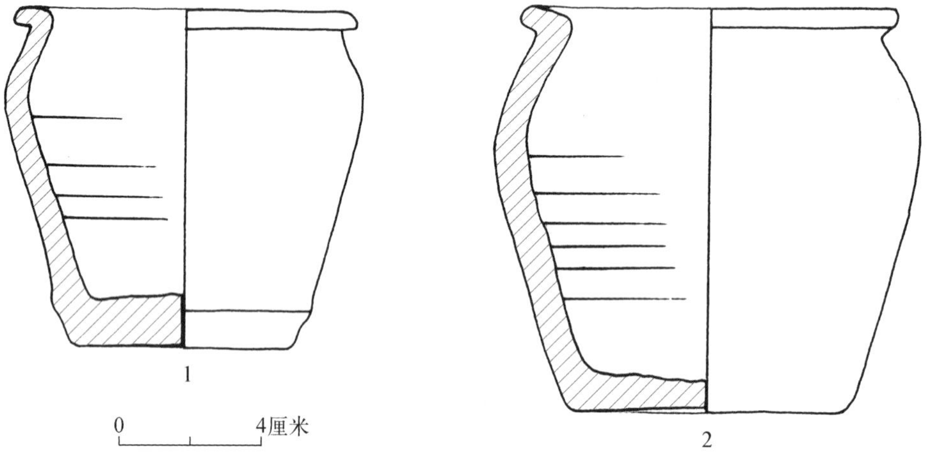

图五二　M53出土陶罐

1. M53∶2　2. M53∶3

B型　平面呈梯形，9座。

M1　位于发掘区西北部。南北向，方向为10°。墓口距地表深0.4米，墓底距地表深1.46—1.57米。墓圹南北长2.64米、东西宽2.6—2.7米、深1.06—1.17米。墓圹四壁较直，底部较平坦（图五三；彩版一六，1）。

内填较疏松的浅黄色五花黏土，含石块。棺木已朽，仅存棺痕。人骨皆保存较差，均葬式不详，头向北，面向不详。西棺长2.1米、宽0.8—0.98米。棺内仅余数根肢骨。东棺长1.9米、宽0.6—0.8米。棺底铺白灰，厚约0.05米。棺内人骨为老年男性。西棺打破东棺。西棺出土半釉罐1件，东棺出土铜帽饰1件、铜饰1件、半釉罐1件、铜钱1枚。

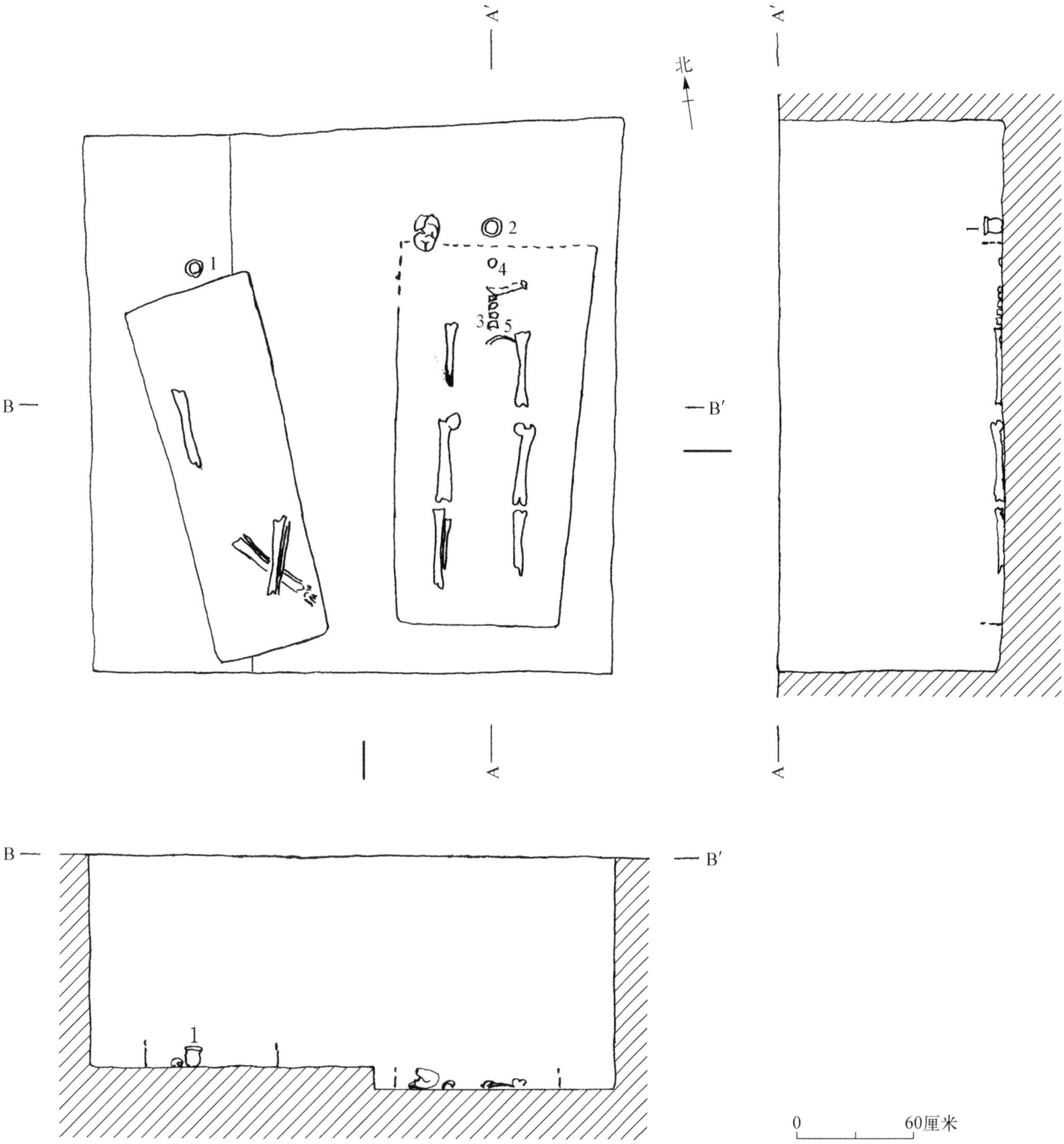

图五三　M1平、剖面图

1、2. 半釉罐　3. 铜钱　4. 铜帽饰　5. 铜饰

铜帽饰1件。M1∶4，圆球形，素面。锈蚀严重，上下有穿孔。直径2.8厘米、孔径0.4厘米（图五五，7；彩版五三，3）。

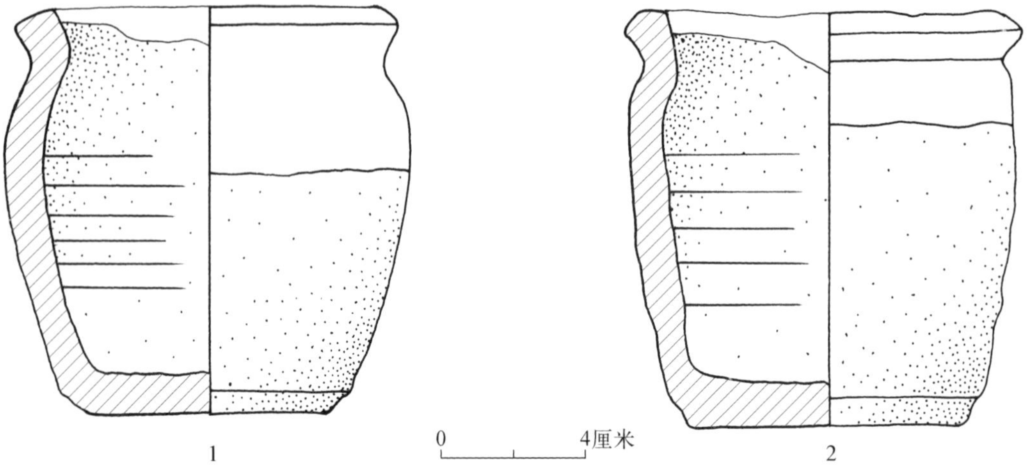

图五四　M1出土半釉罐

1. M1∶1　2. M1∶2

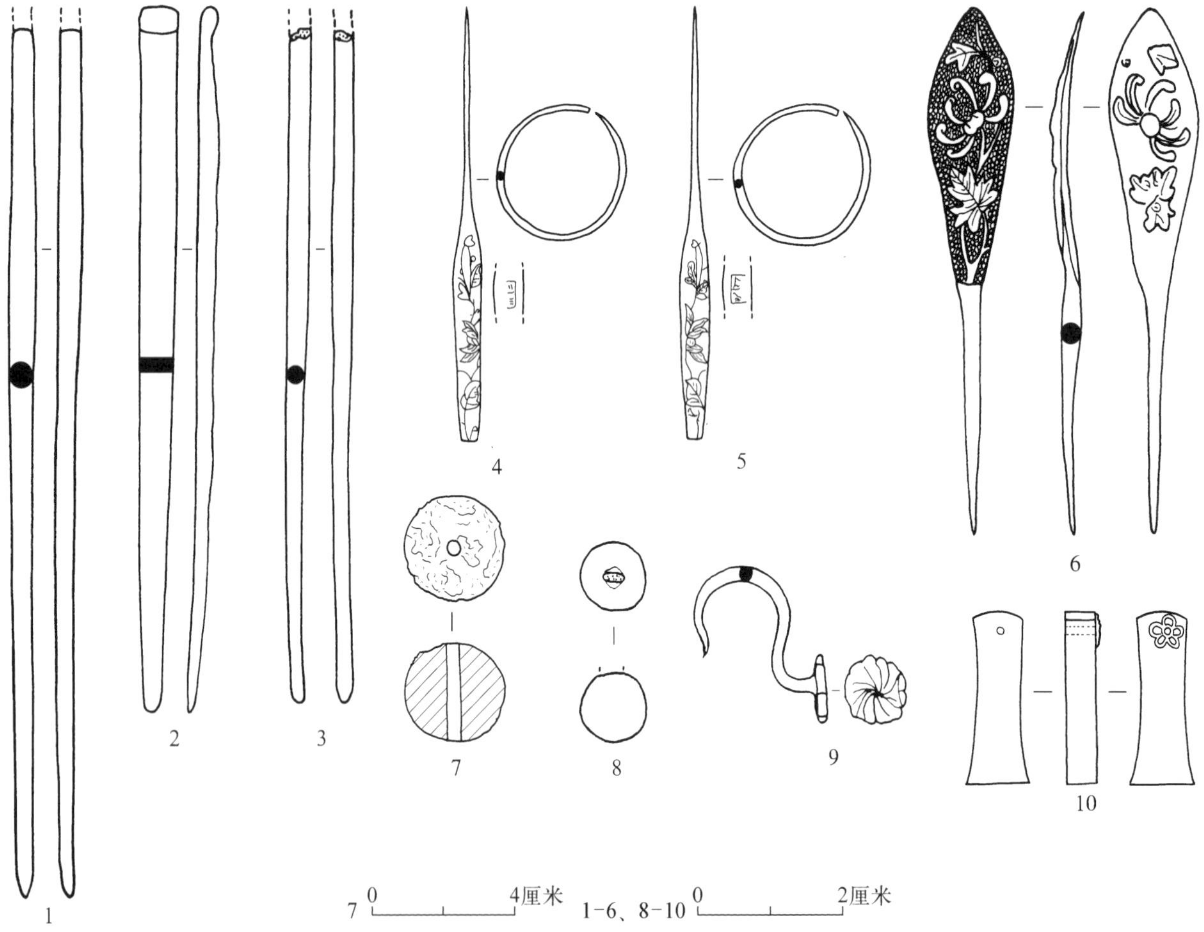

图五五　双棺B型墓葬出土器物

1—3. 骨簪（M16∶3-2、M16∶3-1、M16∶3-3）　4、5、9. 银耳环（钉）（M6∶3-1、M6∶3-2、M16∶4）　6. 银簪（M5∶1）
7. 铜帽饰（M1∶4）　8. 料珠（M16∶7）　10. 铜饰（M1∶5）

铜饰1件。M1∶5，近梯形，扁平。残长2.3厘米、宽0.9厘米、厚0.5厘米（图五五，10；彩版五三，4）。

半釉罐2件。M1∶1，厚方唇、侈口，斜领，溜肩、直腹，平底略内凹。口沿内壁及肩部以上施酱釉，其余部位露红褐胎。外壁有轮制抹痕，底部有偏心圆纹。口径10.5厘米、肩径10.6厘米、底径7厘米、高10.8厘米（图五四，1；彩版五三，1）。M1∶2，厚方唇、侈口，斜领，直腹，平底略内凹。口沿内壁及肩部以上施酱釉，其余部位露红褐胎。外壁有轮制抹痕，底部有偏心圆纹。口径10.6厘米、肩径10.4厘米、底径7.8厘米、高11厘米（图五四，2；彩版五三，2）。

乾隆通宝1枚。M1∶3，圆形、方穿，正面有郭，铸“乾隆通宝”四字，楷书，对读；背面有郭，穿左右为满文“宝泉”二字，纪局名。直径2.3厘米、穿径0.6厘米、郭厚0.1厘米。

M5　位于发掘区中北部，距M3东部约87.2米。南北向，方向为10°。墓口距地表深0.3米，墓底距地表深1.25米。墓圹南北长2.53米、东西宽1.95—2.26米、深0.95米。墓圹边壁较平整，底部较平坦（图五六；彩版一六，2）。

内填较致密的黑色土。棺木保存较好，平面呈梯形。人骨皆保存较差，均葬式、面向不清，头向北。东棺长2.2米、宽0.6—0.9米、残高0.45—0.58米、厚0.1米。棺内仅余数根肢骨。西棺长2.2米、宽0.6—0.9米、残高0.37—0.63米、厚0.1米。棺内为老年女性。东棺打破西棺。西棺出土银簪；东棺未发现随葬物。

银簪1件。M5∶1，首呈柳叶形，上铸菊花纹、草叶纹，底衬錾刻细密圆窝。背面纹饰凹陷。体圆锥体，尾尖。制作精美。首高3.7厘米、首宽1.15厘米、通长6.95厘米，重3.59克（图五五，6；彩版五三，5）。

M6　位于发掘区中北部，距M5东北部31米。南北向，方向为20°。墓口距地表深0.4米，墓底距地表深1.19—1.33米。墓圹南北长2.5米、东西宽1.6—1.7米、残高0.79—0.93米。墓圹四壁较直，底部较平坦（图五七；彩版一七，1）。

内填较疏松的黄色五花黏土，含红土块等。棺木保存一般。人骨皆保存较好，均为仰身直肢葬，头向北，面向上。西棺长1.7米、宽0.6—0.7米、残高0.36米、厚0.04米。棺内人骨为老年男性。东棺长1.7米、宽0.4—0.6米、残高0.19米、厚0.04米。棺内人骨为老年女性。西棺打破东棺。西棺出土釉陶罐1件、铜板2枚；东棺出土银耳环2件。

银耳环2件。大小、形制基本相同。圆形，一侧扁平，上刻花卉、草叶纹，另一侧尖锐，背面戳印“□□”，接口不齐。标本：M6∶3-1，直径1.8厘米、厚1厘米，重1.02克（图五五，4；彩版五四，1、2，左）。标本：M6∶3-2，直径1.8厘米、厚1厘米，重0.93克（图五五，5；彩版五四，1、2，右）。

釉陶罐1件。M6∶1，尖方唇、侈口，卷沿，束颈，圆肩，弧腹内收，平底。口沿内壁及外壁施薄绿釉，有流釉现象，底部露红胎。外壁可见轮制抹痕，底部可见偏心圆纹。口径9厘米、肩径12.4厘米、底径9.6厘米、高13.7厘米（图五八，3；彩版五三，6）。

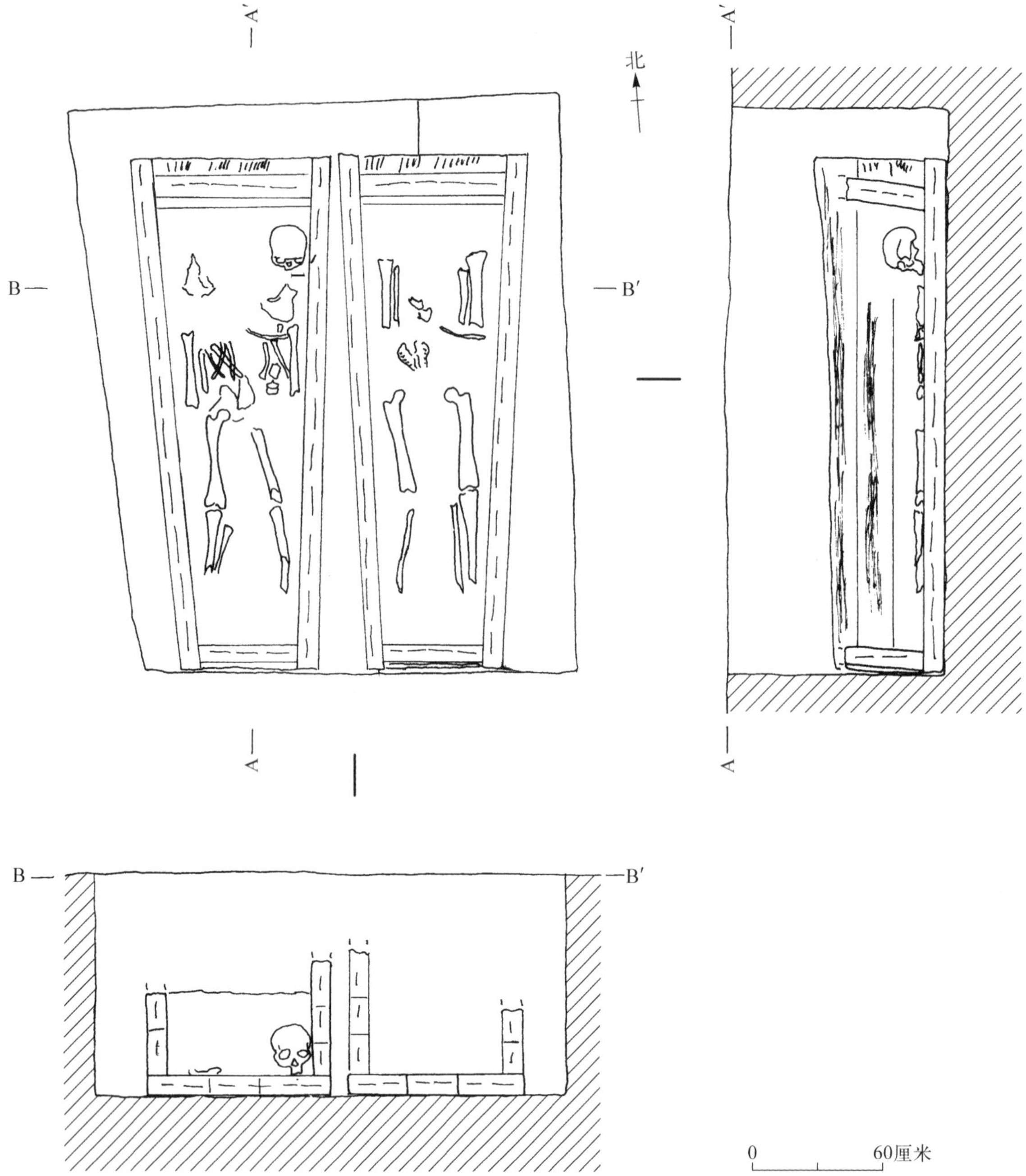

图五六　M5平、剖面图

1. 银簪

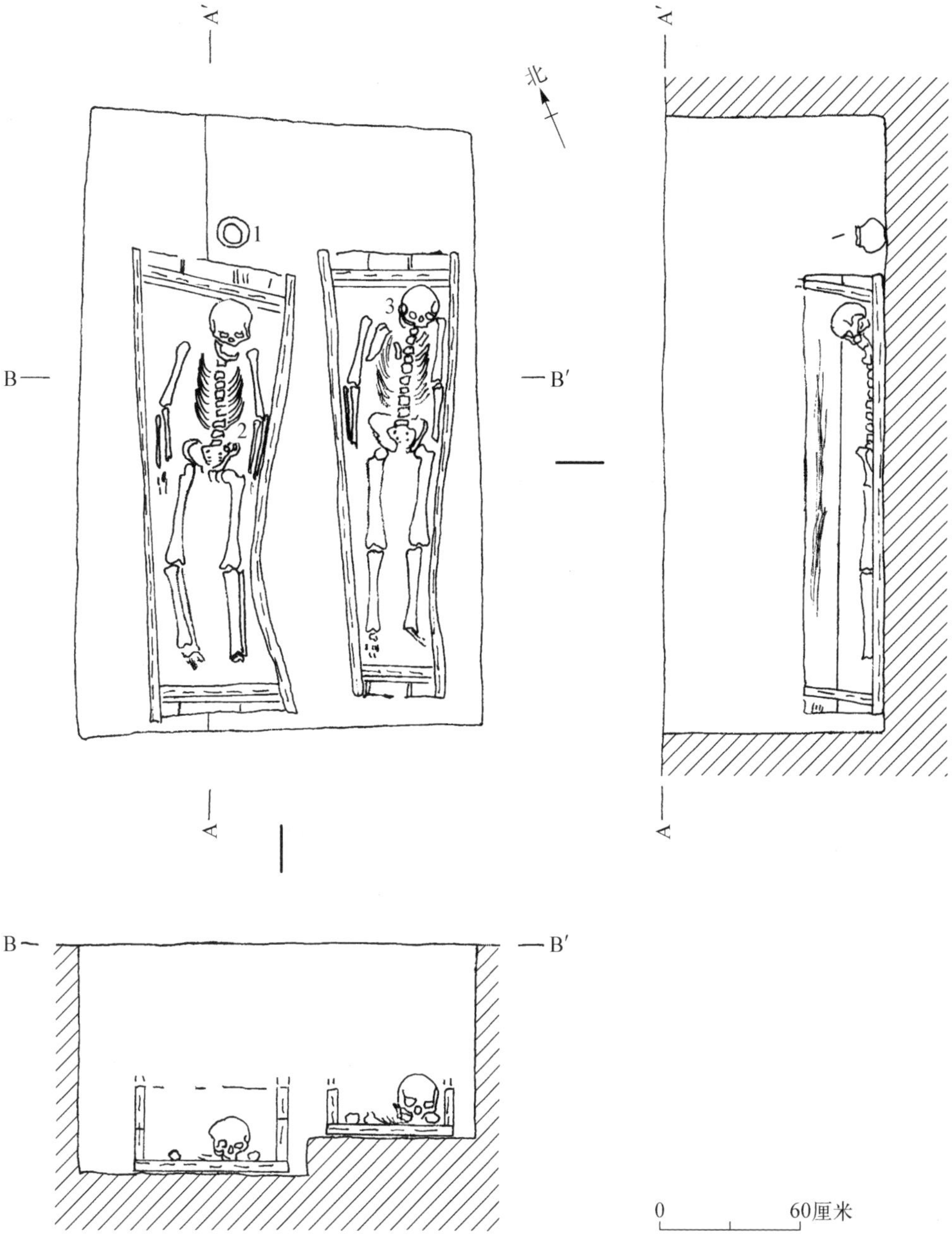

图五七　M6平、剖面图

1. 釉陶罐　2. 铜板　3. 银耳环

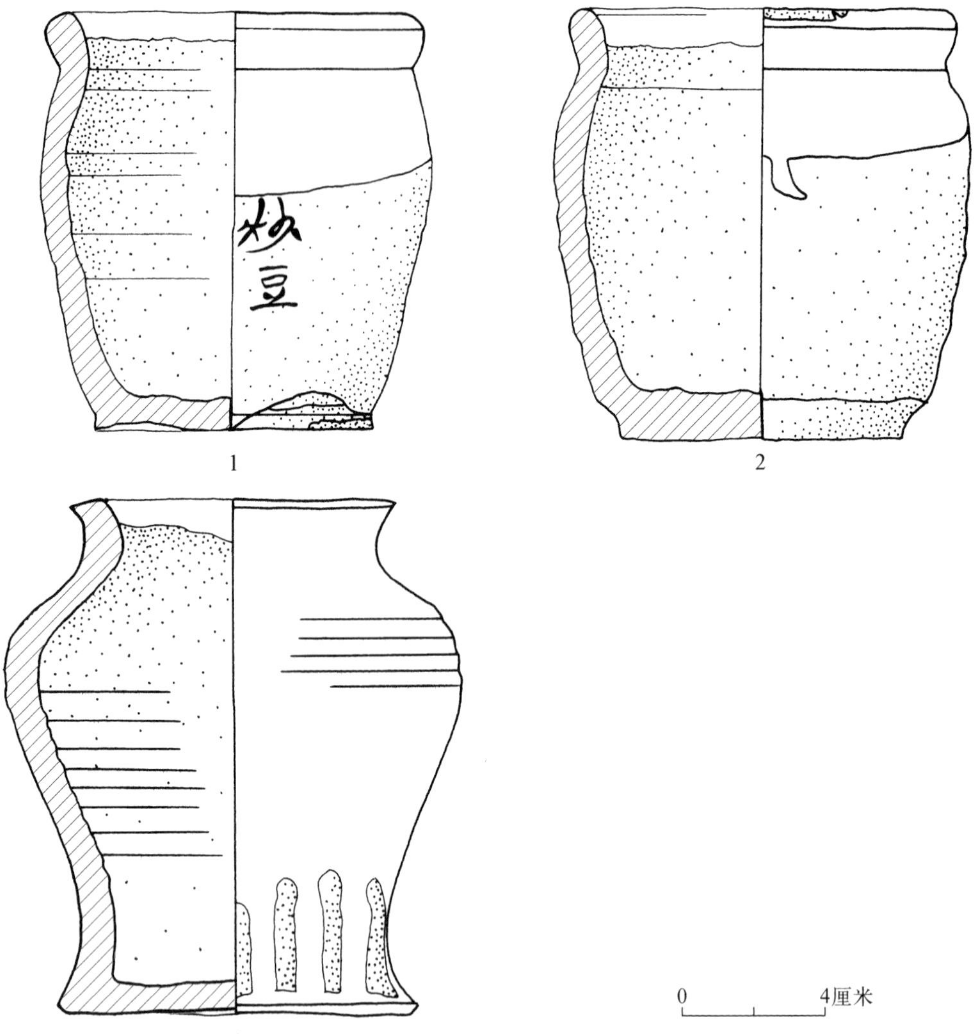

图五八　双棺B型墓葬出土半釉罐、釉陶罐

1、2. 半釉罐（M16∶1、M16∶6）　3. 釉陶罐（M6∶1）

铜板2枚。圆形，锈蚀较甚，字迹模糊不清。M6∶2-1，直径3.9厘米、厚0.2厘米。M6∶2-2，直径3.1厘米、厚0.15厘米。

M12　位于发掘区中部，距M5南部35.6米处。南北向，方向为170°。墓口距地表深0.3米，墓底距地表深0.81米。墓圹南北长2.78米、东西宽1.9—2.4米、深0.51米。墓圹边壁较直，底部较平坦（图五九；彩版一七，2）。

内填较疏松的黄沙土。人骨头皆向南，面向上。东棺保存一般。棺长2.18米、宽0.71米、残高0.24米、厚0.06米。棺内人骨保存较差，摆放较零散，为老年男性。西棺已朽。棺痕长2.21米、宽0.58米。棺底铺黑色灰层，厚约0.04米。棺内人骨保存较好，为老年女性，仰身直肢葬。西棺打破东棺。未发现随葬物。

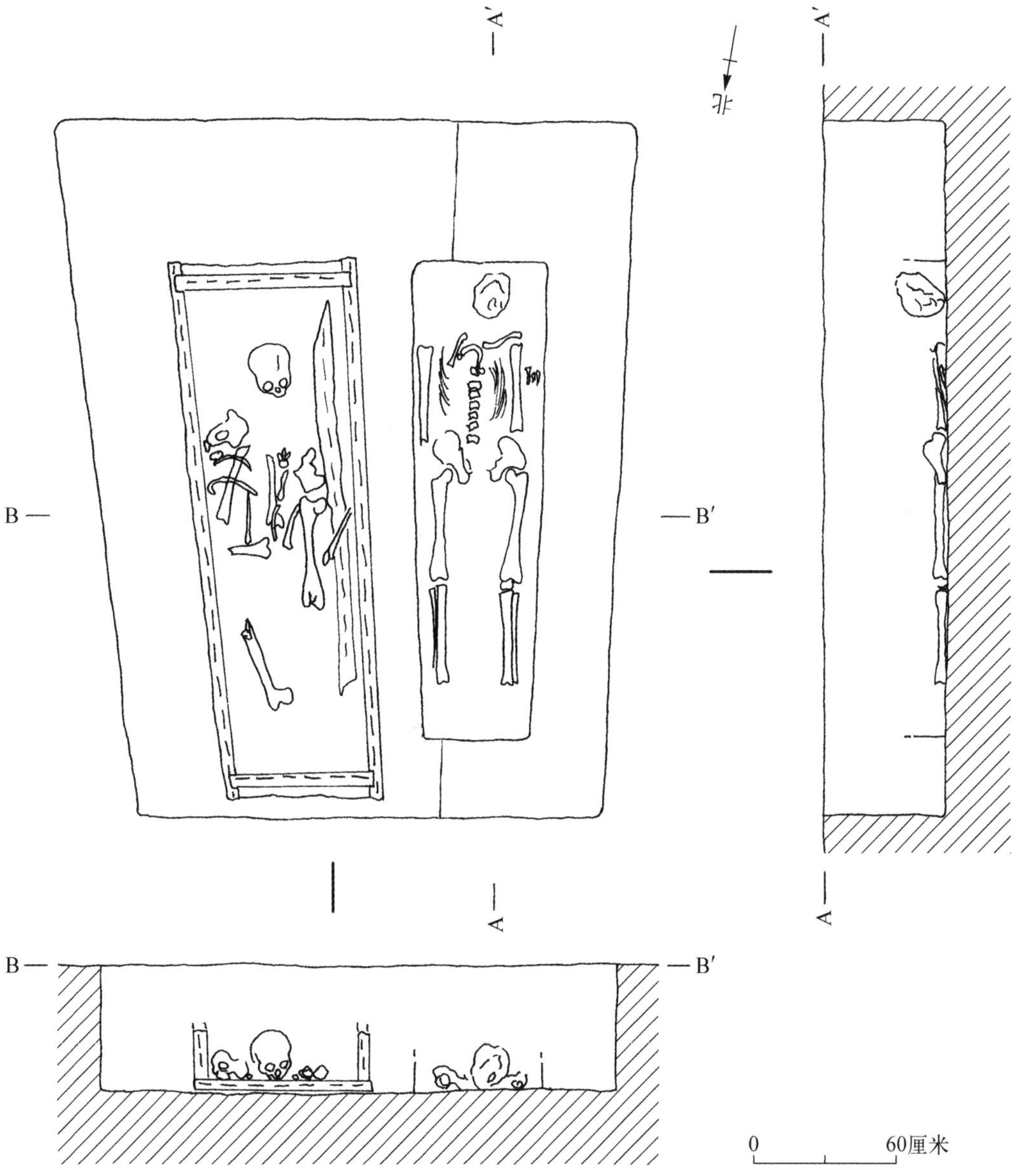

图五九　M12平、剖面图

M16　位于发掘区北部，距M5东北约10.5米处。南北向，方向为20°。墓口距地表深0.4米，墓底距地表深1.56米。墓圹南北长3米、东西宽2.24米、深1.16米。墓圹边壁较直，底部较平坦（图六〇；彩版一八，1）。

内填较疏松的浅黄色五花黏土，含料礓石。棺木保存一般。平面呈梯形。人骨皆保存较好，均为仰身直肢葬，头向北，面向上。西棺长2.2米、宽0.4—0.6米、残高0.26米、厚0.07米。棺内人骨为中年男性。东棺长2.36米、宽0.5—0.6米、残高0.37米、厚0.05米。棺底铺有黑灰层，厚约0.04米。棺内人骨为中年女性。西棺出土半釉罐1件、铜钱3枚；东棺出土银耳钉1件、骨簪3件、半釉罐1件、料珠1件、铜钱3枚。

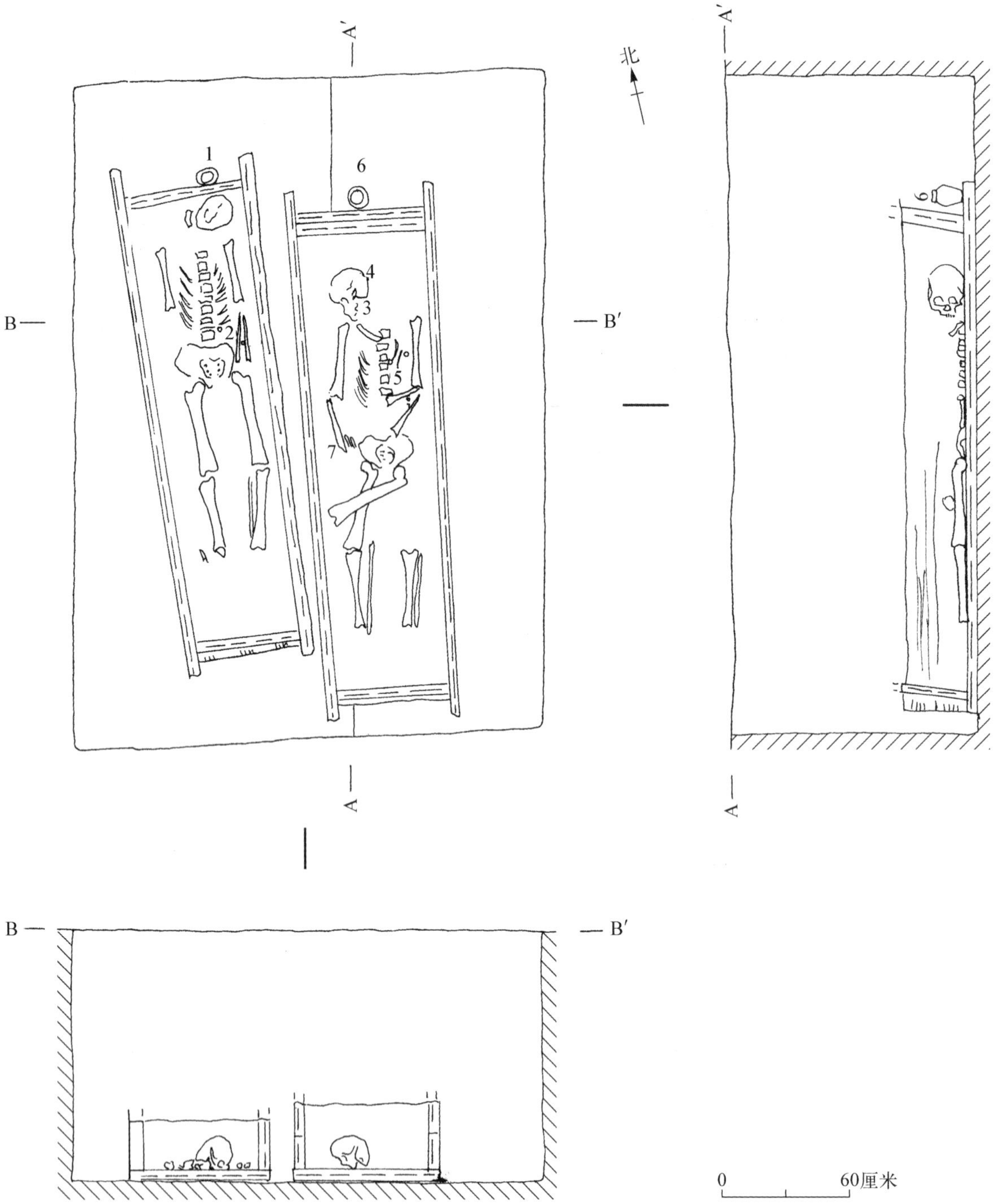

图六〇 M16平、剖面图

1、6. 半釉罐 2、5. 铜钱 3. 骨簪 4. 银耳钉 7. 料珠

银耳钉1件。M16∶4，整体近倒写的“5”字。钉面为葵圆形，上刻浅线呈花朵形。尾尖锐，略折。长1.8厘米、宽2.1厘米，重1.38克（图五五，9；彩版五五，3）。

骨簪3件。M16∶3-1，首方形，体扁平，尾圆弧。通体磨光。宽0.5厘米、通长9.4厘米（图五五，2；彩版五四，4）。M16∶3-2，首残，体为圆柱体，尾尖。通体磨光。宽0.35厘米、残长11.5厘米（图五五，1；彩版五五，1）。M16∶3-3，首残，体为圆柱体，尾尖。通体磨光。宽0.3厘米、残长8.9厘米（图五五，3；彩版五五，2）。

半釉罐2件。M16∶1，厚方唇、侈口，斜领，溜肩，斜腹，平底略内凹。口沿内壁及肩部以上施酱釉，其余部位露红褐胎。釉面光亮，釉色不均。腹部用墨竖写“炒豆”二字，两组。外壁有轮制抹痕，底部有偏心圆纹。口径10.6厘米、肩径10.9厘米、底径7.8厘米、高11.1厘米（图五八，1；彩版五四，3）。M16∶6，方唇、侈口，卷沿，斜领，溜肩，斜腹，平底略内凹。肩部以上及口沿内壁施绿釉，有流釉现象，其余部位露红褐胎。外壁有轮制抹痕，底部有偏心圆纹。口径10.8厘米、肩径11.6厘米、底径7.8厘米、高11.4厘米（图五八，2；彩版五五，4）。

料珠1件。M16∶7，蓝色，上有紫色斑点，圆球形，一面有穿孔。高0.9厘米、宽0.95厘米（图五五，8；彩版五六，1）。

铜钱6枚。均圆形、方穿，正面有郭。标本：M16∶2-1，铸“开元通宝”四字，楷书，对读；背面有郭。直径2.3厘米、穿径0.6厘米、郭厚0.1厘米（图三二，1）。其余皆锈蚀较甚，字迹模糊不清。

M18　位于发掘区西南部，距M14西南约64.5米处。西南部有一宽1.5米，深0.1米的近圆形盗洞。南北向，方向为185°。墓口距地表深0.3米，墓底距地表深1.44米。墓圹南北长3.6米、东西宽2—2.2米、深1.14米。墓圹边壁较直，底部较平坦（图六一；彩版一八，2）。

内填较致密的黑色土。双棺并排存放。棺木保存一般，均呈梯形，长2.5米、宽0.5—0.7米、残高0.4米、厚0.06米。人骨保存较差，头向南，仅余数根肢骨，葬式、面向、性别不清。未发现随葬品。

M27　位于发掘区中部，距M26北部约6.6米处。南北向，方向为210°。墓口距地表深0.3米，墓底距地表深0.93米。墓圹南北长2.7米、东西宽2.06—2.16米、深0.63米。墓圹四壁较直，底部较平坦（图六二；彩版一八，3）。

内填较疏松的浅黄色五花黏土。棺木已朽，平面呈梯形。人骨皆保存较好，均为仰身直肢葬，头向南，面向上。西棺长1.8米、宽0.62—0.64米、残高0.12米、厚0.04米。棺底铺黑灰。棺内人骨为老年男性。东棺长1.82米、宽0.68—0.74米、残高0.1米、厚0.05米。棺内人骨为老年女性。西棺打破东棺。东棺出土鎏金银簪2件、银簪1件、铜簪1件、铜扣5件、铜耳钉2件、铜钱6枚；西棺未发现随葬品。

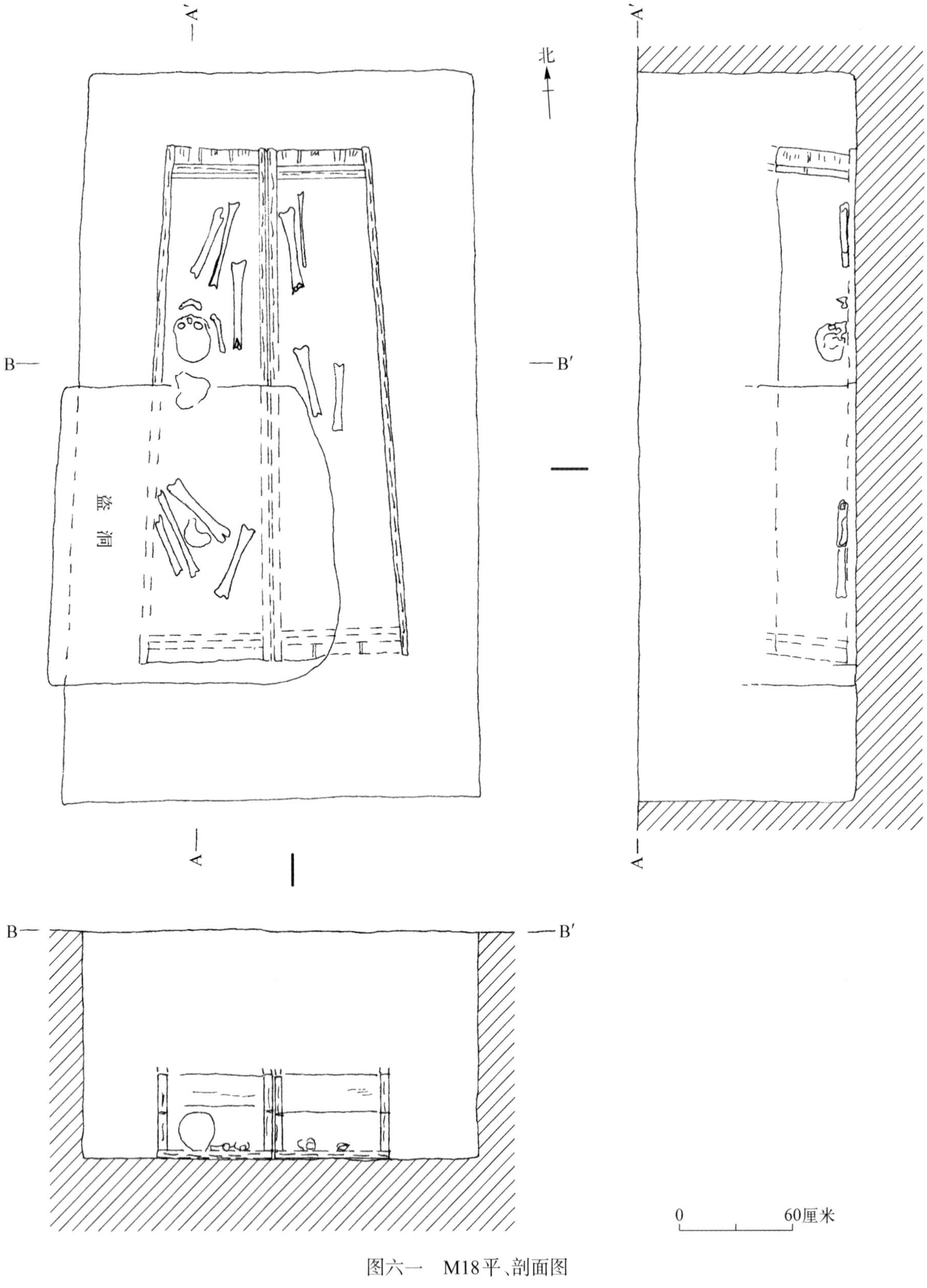

图六一　M18平、剖面图

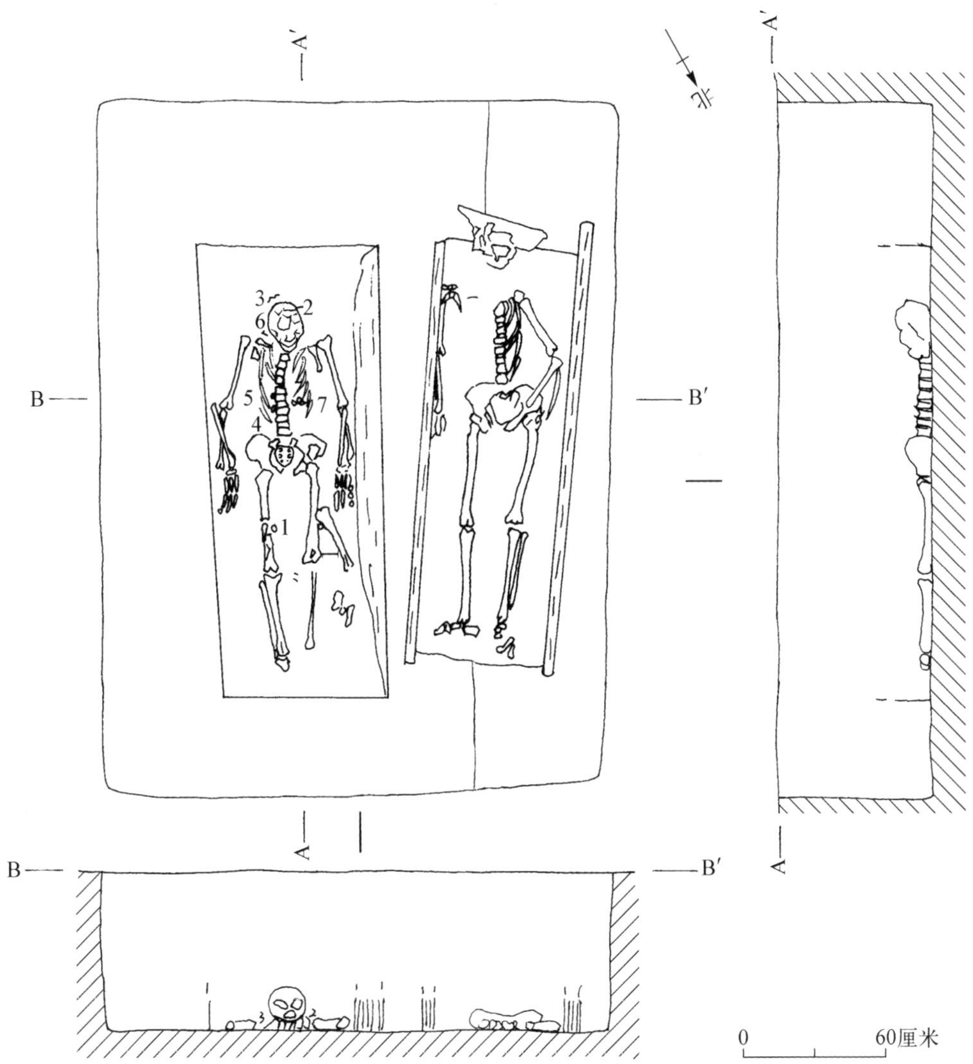

图六二　M27平、剖面图

1. 铜钱　2. 鎏金银簪　3. 银簪　4. 铜簪　5、7. 铜扣　6. 铜耳钉

鎏金银簪2件。大小、形制基本相同。首为葵圆形，由逆时针旋转的花瓣组成，瓣上刻叶脉纹，中间为圆形突起。背面戳印“宝源足纹”。体为圆锥体，尾圆钝。M27∶2-1，内铸一“福”字。首宽2.6厘米、首高0.4厘米、通长14.2厘米，重11.39克（图六三，1；彩版五六，2、3）。M27∶2-2，内铸一“寿”字。首宽2.6厘米、首高0.4厘米、通长14.2厘米，重11.73克（图六三，2；彩版五六，4、5）。

银簪1件。M27∶3，首卷曲，上刻兽面纹。体扁平，长方形，上部刻圆寿纹，外绕一周葵圆纹，下刻蝙蝠纹，展翅高飞、连脚张目，略弯，背面戳印“宝源足纹”。尾圆弧。首高0.7厘米、宽1.9厘米、厚0.7厘米、通长12.6厘米、重13.59克（图六三，4；彩版五六，6、彩版五七，1）。

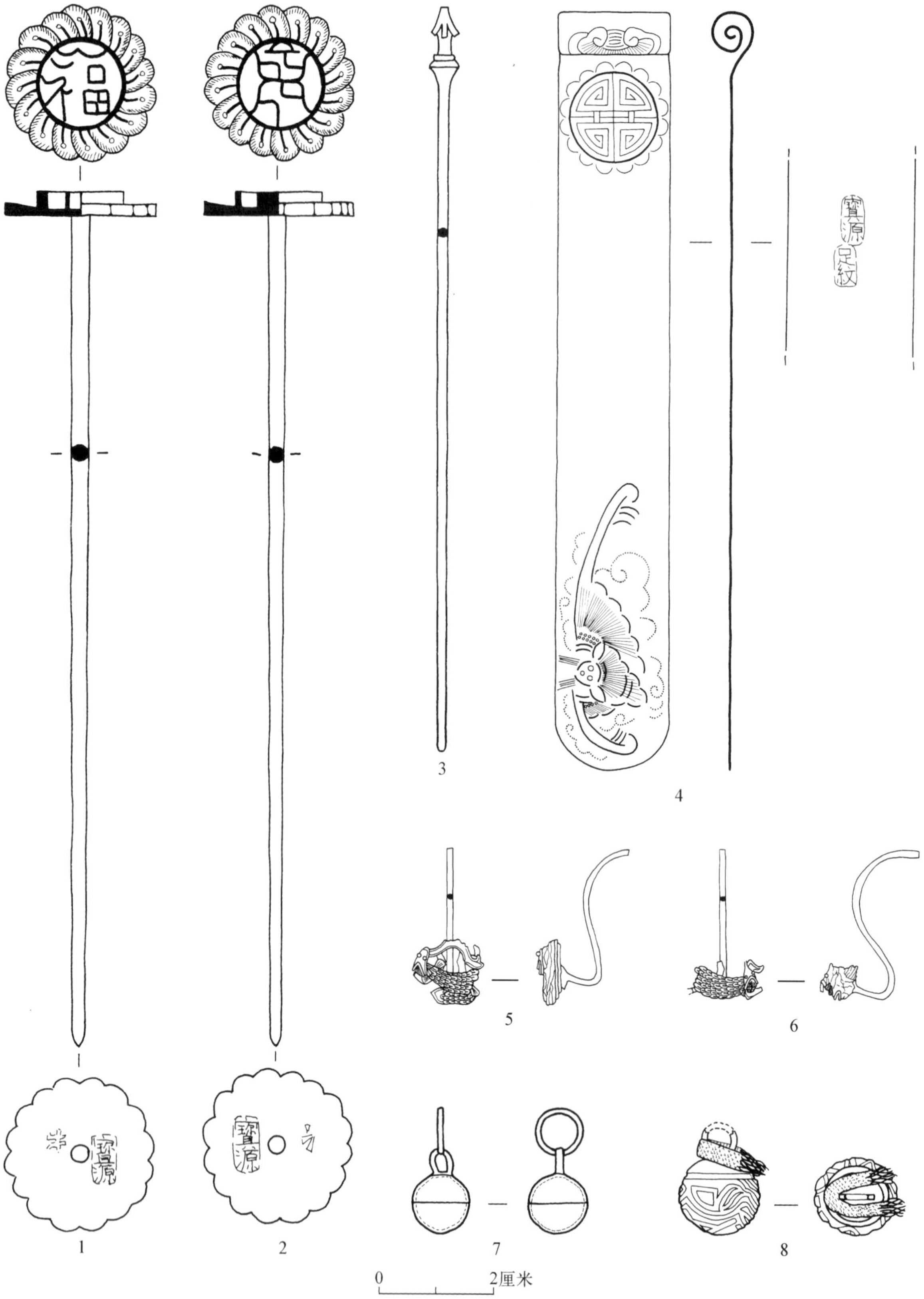

图六三　M27出土器物

1、2、4. 银簪（M27：2-1、M27：2-2、M27：3）3. 铜簪（M27：4）5、6. 铜耳钉（M27：6-1、M27：6-2）
7、8. 铜扣（M27：5-1、M27：7-1）

铜簪1件。M27∶4，首残，颈部有两道凸弦纹，鼓凸。体圆锥体。残长12.4厘米（图六三，3；彩版五七，2）。

铜扣5件。大小、形制基本相同。圆球形，空心，顶部有环。标本：M27∶5-1，素面，高2.1厘米、宽1厘米（图六三，7；彩版五七，3，左）。标本：M27∶7-1，腹部饰莲瓣纹，顶部有丝织品残留，残高1.7厘米、宽1.4厘米（图六三，8；彩版五七，5，左3）。

铜耳钉2件。大小、形制基本相同。钉首为兽状，目、嘴、角、鳞、四足清晰可见。口衔尾，盘旋。尾残断。M27∶6-1，残长2.6厘米、宽1.6厘米（图六三，5；彩版五七，4，左）。M27∶6-2，残长2.5厘米、宽1.7厘米（图六三，6；彩版五七，4，右）。

铜钱6枚。M27∶1。嘉庆通宝1枚，M27∶1-1，圆形、方穿，正面有郭，铸“嘉庆通宝”四字，楷书，对读；背面有郭，穿左右为满文“宝泉”二字，纪局名。直径2.5厘米、穿径0.6厘米、郭厚0.1厘米（图三二，13）。道光通宝1枚，M27∶1-2，圆形、方穿，正面有郭，铸“道光通宝”四字，楷书，对读；背面有郭，穿左右为满文“宝源”二字，纪局名。直径2.1厘米、穿径0.6厘米、郭厚0.1厘米（图三二，16）。其余4枚皆锈蚀较甚，字迹模糊不清。

M39　位于发掘区东南部，北邻M36。南北向，方向为8°。墓口距地表深0.3米，墓底距地表深1.46米。墓圹南北长2.25米、东西宽1.48—1.65米、深1.16米。墓圹边壁较直，底部较平坦（图六四；彩版一九，1）。

内填较疏松的深褐色五花黏土。棺木已朽，仅存棺痕，平面呈梯形。人骨保存较差，皆为仰身直肢葬，头向北，面向不详。东棺长2米、宽0.5—0.56米，棺底铺黑灰。棺内人骨为老年男性。西棺长1.86米、宽0.5—0.78米，棺底铺黑灰。棺内人骨为老年女性。西棺打破东棺。东棺出土有陶罐1件、铜钱5枚；西棺出土有陶罐1件。

陶罐2件。M39∶2，方唇、侈口，斜领，束颈，溜肩，斜腹，平底。泥质红陶。外壁可见轮制抹痕，底部有偏心圆纹。口径11厘米、肩径11.2厘米、底径6.8厘米、高12.6厘米（图六五，1；彩版五七，6）。M39∶3，方唇、侈口，斜领，卷沿，圆折肩，斜腹，平底略内凹。泥质红陶。素面。外壁可见轮制旋痕，底部有同心圆纹。口径10.6厘米、肩径10.7厘米、底径6.6厘米、通高11.1厘米（图六五，2；彩版五八，1）。

万历通宝4枚，均圆形、方穿，正面有郭，铸“万历通宝”四字，楷书，对读；背面有郭。M39∶1-1，直径2.4厘米、穿径0.6厘米、郭厚0.1厘米（图三二，2）。M39∶1-2，直径2.5厘米、穿径0.6厘米、郭厚0.1厘米（图三二，3）。M39∶1-3，直径2.5厘米、穿径0.6厘米、郭厚0.1厘米（图三二，4）。M39∶1-4，直径2.5厘米、穿径0.6厘米、郭厚0.1厘米（图三二，5）。

乾隆通宝1枚。M39∶1-5，圆形、方穿，正面有郭。铸“乾隆通宝”四字，楷书，对读；背面有郭，穿左右为满文“宝泉”二字，纪局名。直径2.5厘米、穿径0.6厘米、郭厚0.1厘米（图三二，9）。

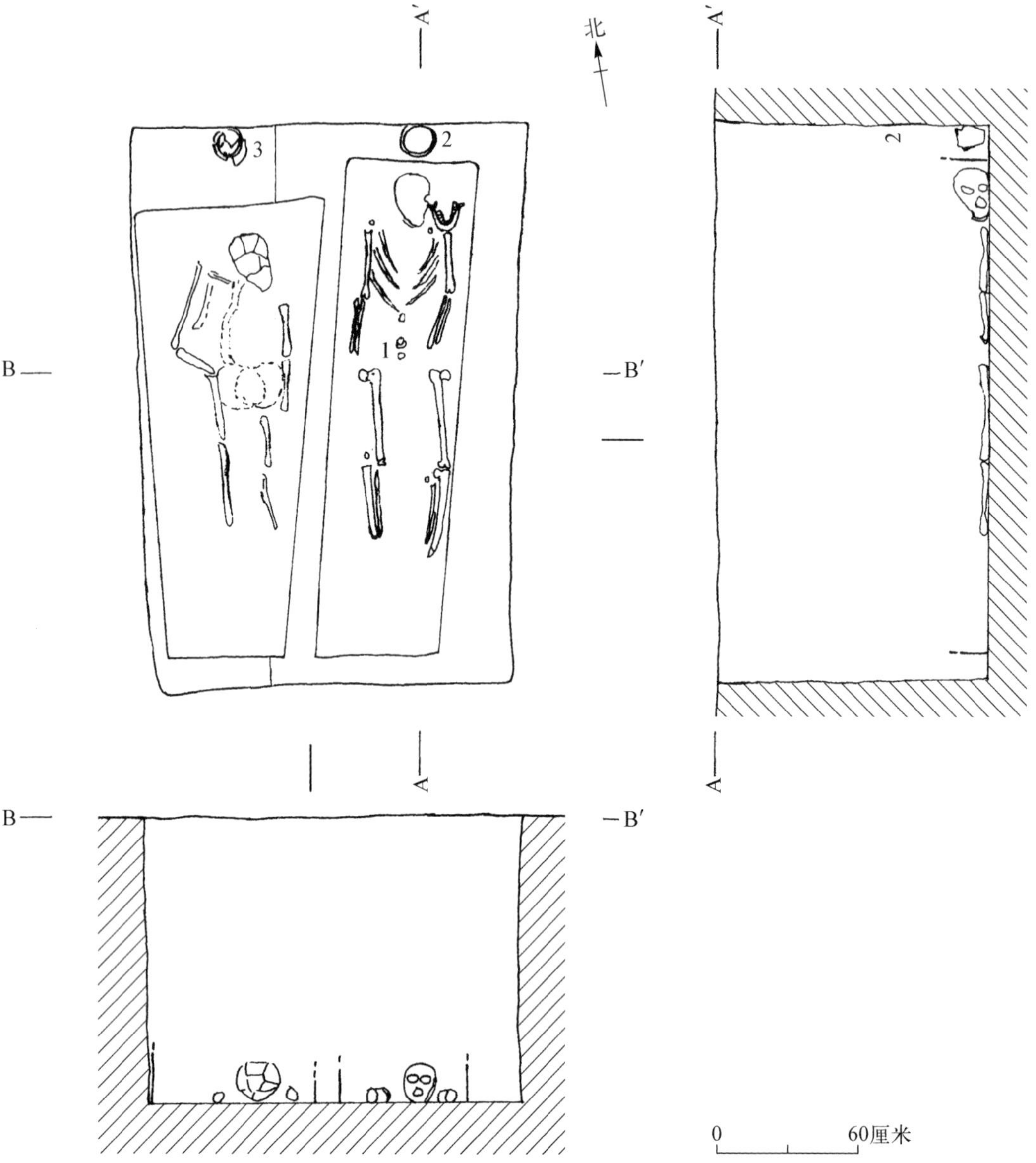

图六四 M39平、剖面图

1. 铜钱 2、3. 陶罐

M44 位于发掘区东南部,距M43西部8.3米处。东西向,方向为85°。墓口距地表深0.5米,墓底距地表深1.68米。墓圹东西长3.4米、南北宽1.76—2米、深1.18米。墓圹边壁较直,底部较平坦(图六六;彩版一九,2)。

内填较疏松的浅褐色五花黏土,含料礓石块。棺木已朽,仅存棺痕,平面呈梯形。皆头向东,仰身直肢葬,面向不详。北棺长1.8米、宽0.54—0.56米。棺内人骨摆放较凌乱,为老年女性。南棺长2米、宽0.51—0.62米,棺底铺黑灰。棺内人骨保存较好,为老年男性。北棺打破南棺。北棺出土有银扁方1件、陶罐1件、铜钱3枚;南棺出土有银簪1件、铜扣2件、瓷罐1件、铜钱5枚。

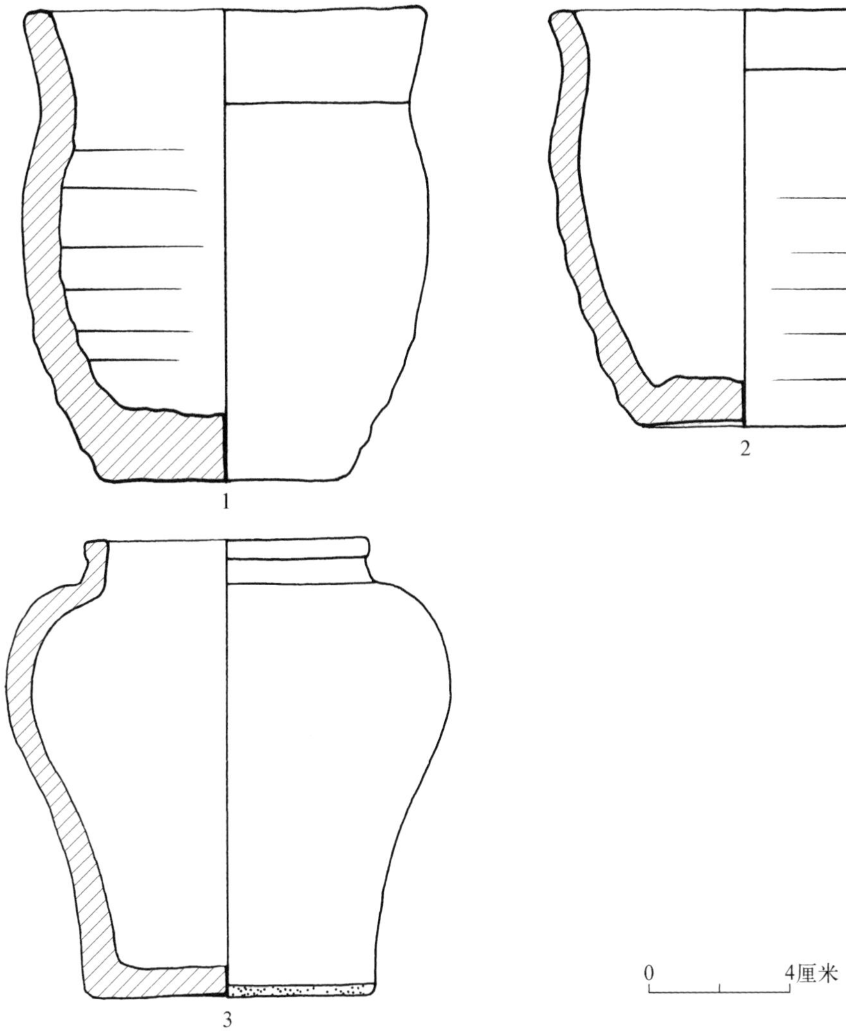

图六五　双棺B型墓葬出土陶罐、瓷罐
1、2. 陶罐（M39：2、M39：3）　3. 瓷罐（M44：5）

银扁方1件。M44：3，首卷曲，上刻兽面纹，但不清。体扁平，长方形，上刻圆寿纹，外绕一周逆时针旋转花瓣组成的葵花形，下部刻蝙蝠纹，连脚张目，展翅高飞，錾刻小圆窝连接成云纹。尾圆弧。表面坑坑洼洼，背面戳印“乾元原金”。首高0.8厘米、宽2.1厘米、厚0.06厘米、通长11.5厘米、重12.05克（图六七，2；彩版五八，2、3）。

银簪1件。M44：4，首为枣核形。体上部为方柱体，上宽下窄，竹节状，每节刻叶脉纹、短线纹、圆圈纹；下部为圆柱体。尾尖锐。首高1.4厘米、宽0.45厘米、通长10.9厘米，重5.44克（图六七，1；彩版五八，4）。

铜扣2件。M44：7，圆球形，空心，顶部有环。素面。高1.3厘米、宽0.9厘米（图六七，4；彩版五九，3）。M44：8，圆形，扁平，顶部有环。边缘有郭。高0.7厘米、宽2.2厘米（图六七，3；彩版五九，4）。

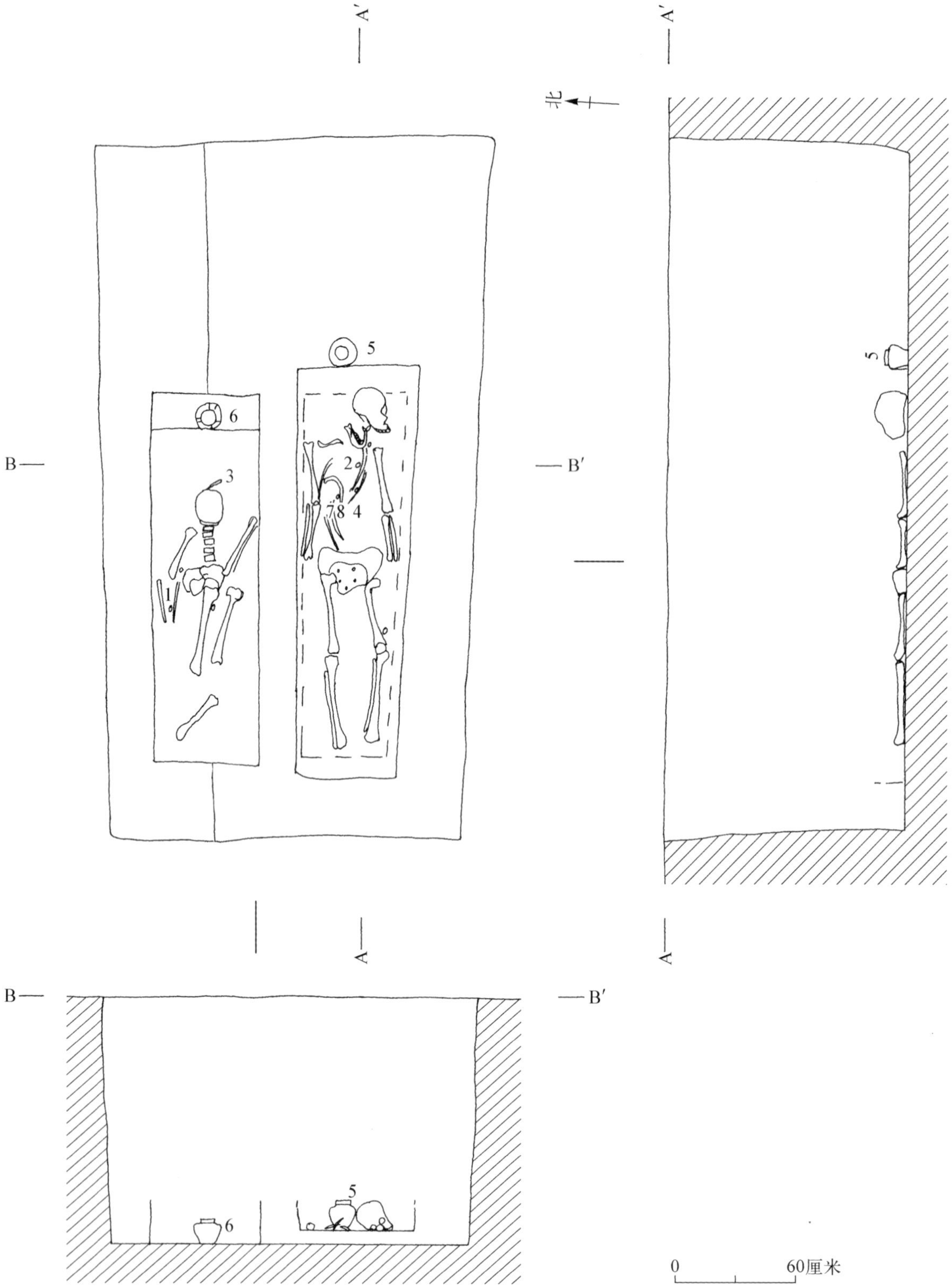

图六六　M44平、剖面图

1、2. 铜钱　3. 银扁方　4. 银簪　5. 瓷罐　6. 陶罐　7、8. 铜扣

瓷罐1件。M44∶5，厚方唇、口微敛，斜领，折沿，鼓肩，弧腹内收，平底。内、外壁施青白釉，唇部、底部露灰胎。外壁可见轮制旋纹，底部可见同心圆纹。口径7.8厘米、肩径12厘米、底径7.7厘米、高12.2厘米（图六五，3；彩版五九，1）。

陶罐1件。M44∶6，斜腹，平底。泥质红陶。素面。外壁可见轮制抹痕，底部可见同心圆纹。底径6.8厘米、残高8厘米（图六七，5；彩版五九，2）。

铜钱8枚。其中6枚均圆形、方穿。正面有郭。皆锈蚀较甚，字迹模糊不清。标本：M44∶1-1，直径2.2厘米、穿径0.6厘米、郭厚0.1厘米。乾隆通宝1枚。M44∶2-1，圆形、方穿。

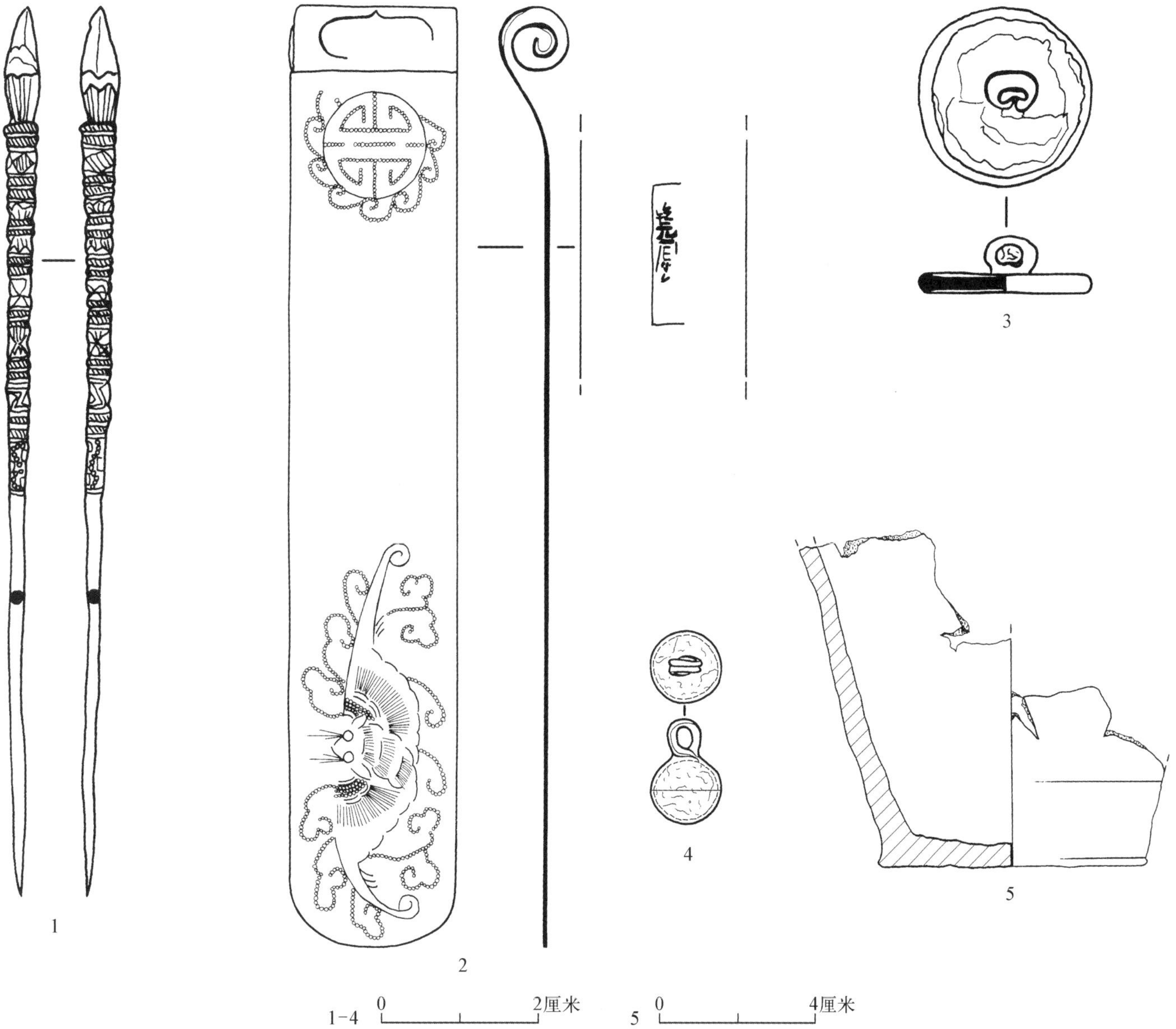

图六七　M44出土器物

1. 银簪（M44∶4）　2. 银扁方（M44∶3）　3、4. 铜扣（M44∶8、M44∶7）　5. 陶罐（M44∶6）

正面有郭，铸"乾隆通宝"四字，楷书，对读；背面有郭，穿左右为满文"宝泉"二字，纪局名。直径2.2厘米、穿径0.6厘米、郭厚0.1厘米（图三二，7）。咸丰重宝1枚。M44∶2-2，折十钱，圆形、方穿。正面有郭，铸"咸丰重宝"四字，楷书，对读；背面有郭，穿上下为汉文楷书"當十"，纪值；左右为满文"宝泉"，纪局名。直径3.2厘米、穿径0.8厘米、郭厚0.12厘米（图三二，18）。

C型　平面呈不规则形，共10座。

M10　位于发掘区东北部，距M9东部2.5米处。南北向，方向为180°。墓口距地表深0.4米，墓底距地表深0.95米。墓圹南北长2.4—2.8米、东西宽1.84-2米、深0.55米。墓圹边壁较直，底部较平坦（图六八；彩版二〇，1）。

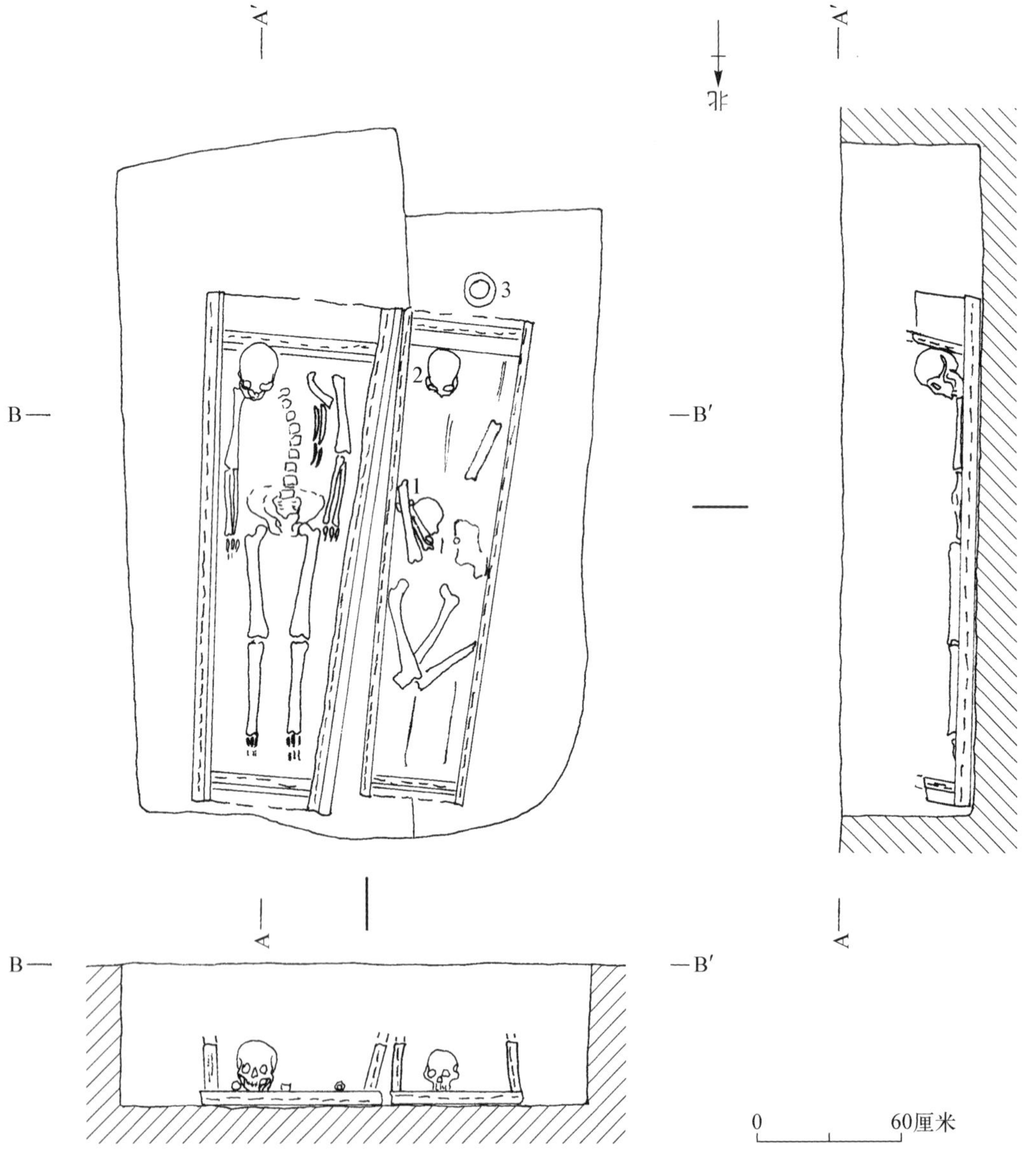

图六八　M10平、剖面图

1. 铜钱　2. 银耳钉　3. 瓷罐

内填较疏松的浅黄色黏土。棺木保存一般，平面呈梯形。人骨皆保存较好，均为仰身直肢葬，头向南，面向上。西棺长2米、宽0.52—0.56米、残高0.24米、厚0.03米。棺内人骨为老年女性。东棺长2米、宽0.6—0.78米、残高0.24米、厚0.06米。棺内人骨为老年男性。西棺打破东棺。西棺出土银耳钉、瓷罐、铜钱；东棺未发现随葬品。

银耳钉1件。M10∶2，整体近倒写的“5”字，钉面圆形。尾尖锐，略折。长3.6厘米、宽3.5厘米、重2.48克（图六九，5；彩版六〇，1）。

瓷罐1件。M10∶3，方唇、直口，平折沿，直领，鼓肩，弧腹内收，平底。口沿内壁及外壁施浅绿釉，有脱釉现象，底部露灰胎。釉面光亮，开片。外壁有轮制抹痕，底部有偏心圆纹。口径10.6厘米、肩径13.7厘米、底径9.2厘米、高13.2厘米（图七〇，2；彩版六〇，2）。

铜钱2枚。均圆形、方穿，正面有郭。标本：M10∶1-1，正面为“道光通宝”四字。直径2.2厘米、穿径0.7厘米、郭厚0.1厘米。

M19　位于发掘区东部，距M18东部约126米处。南北向，方向为355°。墓口距地表深0.4米、墓底距地表深0.65米。墓圹南北长2.29—2.39米、东西宽1.63—1.8米、深0.25米。墓圹四壁较平整，底部较平坦（图七一；彩版二〇，2）。

内填较疏松的浅黄色五花黏土。棺木保存一般。棺内仅余数根肢骨，头向北，面向、葬式、性别不清。西棺长1.66米、宽0.63米、残高0.17米、厚0.07米。东棺长1.63米、宽0.61米、残高0.17米、厚0.07米。东棺打破西棺。西棺出土铜烟锅1件、铜钱2枚；东棺出土半釉罐1件、铜钱1枚。

铜烟锅1件。M19∶3，由锅、杆组成。锅为半圆形，中空。底部有托，上刻莲花瓣纹。杆弯弧与锅相接，上刻纹饰，但不清。杆尾部塞以木杆，中空。残长12.1厘米、高3.7厘米（图六九，8；彩版六〇，4）。

半釉罐1件。M19∶2，方唇、敛口，直领，折沿，溜肩，弧腹，饼足略内凹。肩部以上外壁及内壁施酱黑釉，有流釉现象，其余部位露粗砂灰胎，腹部呈红褐色。颈部、肩部附两两对称的象鼻状四系。质地坚硬，器体厚重。口径9.7厘米、肩径13.2厘米、底径7.1厘米、高14.9厘米（图七〇，3；彩版六〇，3）。

铜钱3枚。均圆形、方穿，正面有郭。锈蚀较甚，字迹模糊不清。标本：M19∶1-1，直径2.1厘米、穿径0.6厘米、郭厚0.1厘米。标本：M19∶4，直径2.1厘米、穿径0.6厘米、郭厚0.1厘米。

M21　位于发掘区东部，距M20东北约2米处。南北向，方向为330°。墓口距地表深0.4米，墓底距地表深1.26米。墓圹东西长3—4.3米、南北宽2.3-4米、深0.86米。墓圹四壁较粗糙，底部较平坦（图七二；彩版二一，1）。

内填较疏松的浅黄色五花黏土。东棺保存一般，西棺保存较好。棺内仅余数根肢骨，摆放较凌乱，头向北，葬式、面向、性别不清。东棺长2.3米、宽0.7—0.74米、残高0.25米、厚0.09米。

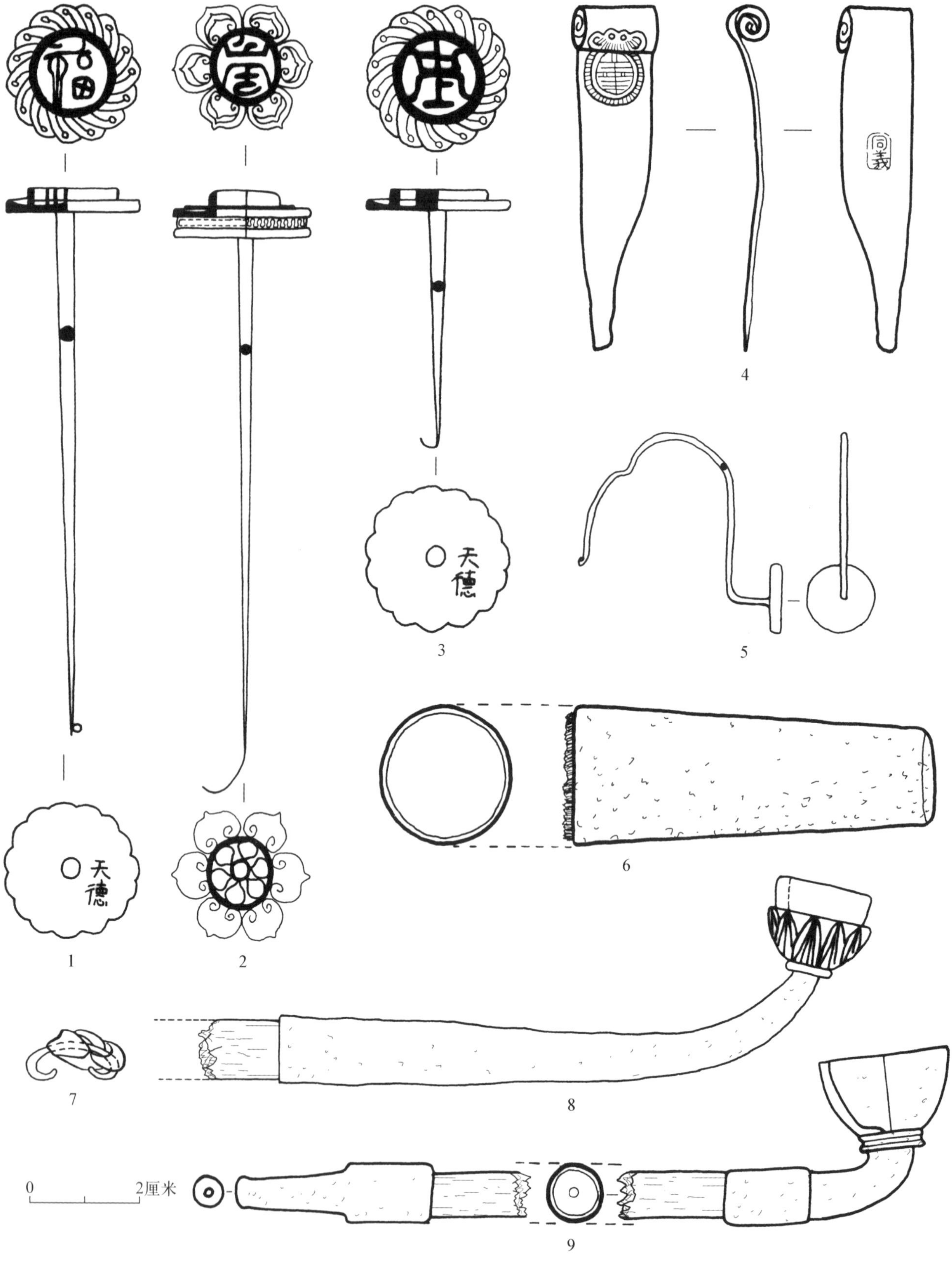

图六九　双棺C型墓葬出土器物（一）

1—3. 铜簪（M28∶2-1、M28∶2-3、M28∶2-2）　4. 银簪（M28∶3）　5. 银耳钉（M10∶2）　6. 铜杖头（M28∶6）
7. 铜饰（M28∶4）　8、9. 铜烟锅（M19∶3、M28∶5）

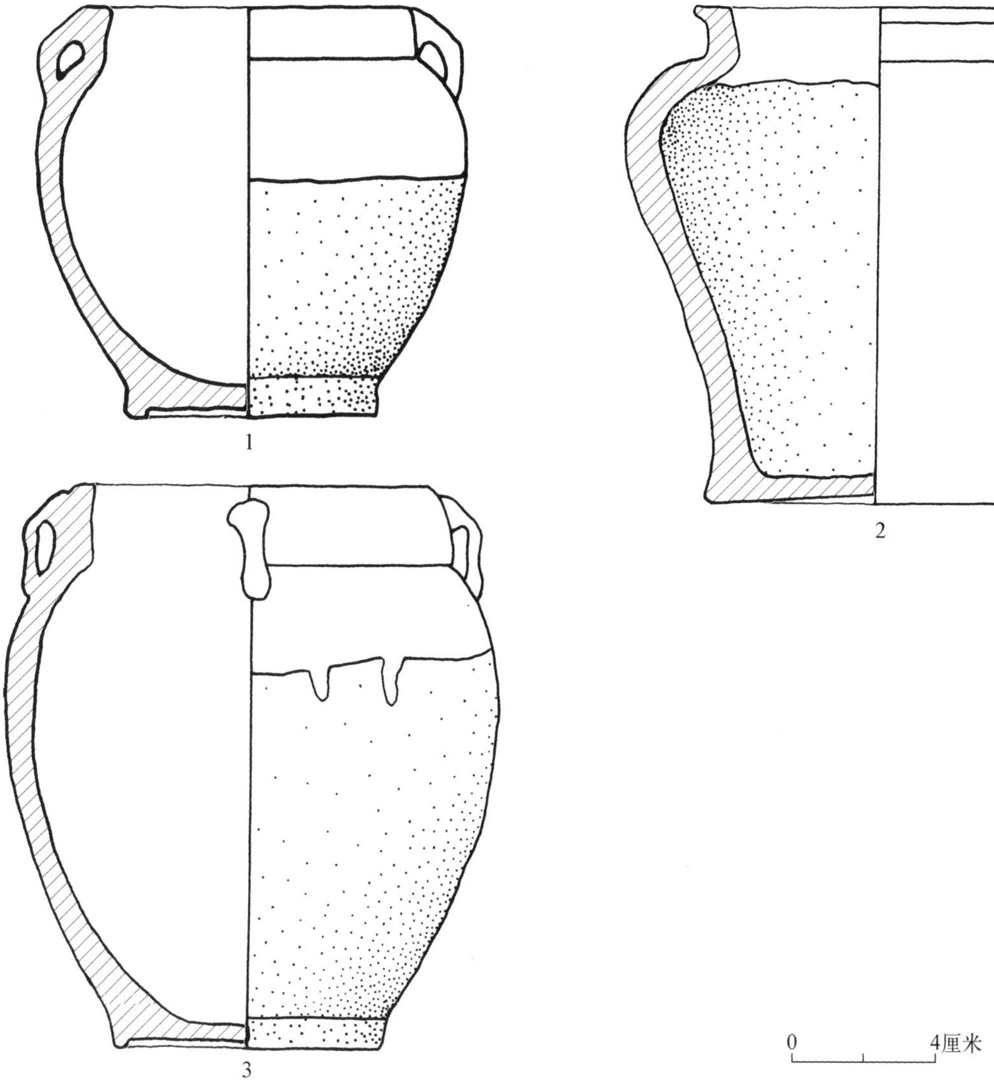

图七〇 双棺C型墓葬出土半釉罐、瓷罐

1、3. 半釉罐（M21：3、M19：2） 2. 瓷罐（M10：3）

西棺长2.3米、宽0.7—0.75米、残高0.64米、厚0.05米。东棺打破西棺。西棺出土铜钱3枚；东棺出土半釉罐1件、铜钱3枚。

半釉罐1件。M21：3，圆唇、直口，直领，卷沿，圆肩，弧腹，饼足略内凹。肩部以上外壁及内壁施酱黑釉，腹部为红胎，其余部位露灰胎。颈部、肩部附对称双系。质地坚硬，火候较高，器体厚重。口径9厘米、肩径11.6厘米、底径6.7厘米、高10.9厘米（图七〇，1；彩版六〇，5）。

铜钱6枚。M21：1-1，铸“咸丰通宝”四字，楷书，对读；背面有郭，穿左右为满文“宝泉”二字，纪局名。直径1.9厘米、穿径0.6厘米、郭厚0.1厘米。其余5枚皆锈蚀较甚，字迹模糊不清。

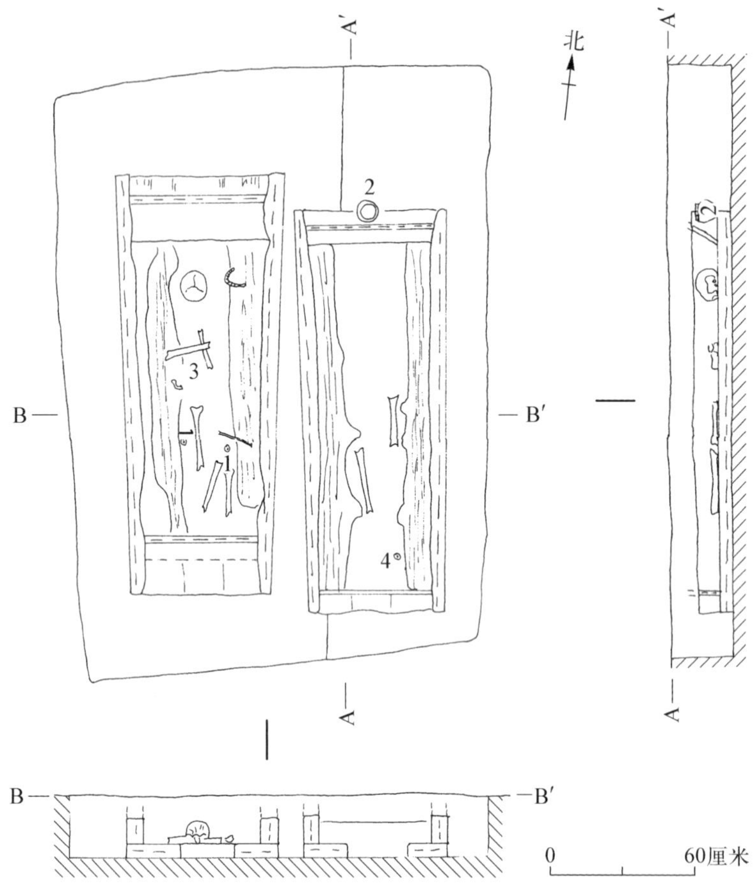

图七一　M19平、剖面图

1、4. 铜钱　2. 半釉罐　3. 铜烟锅

M28　位于发掘区中部，距M26西部约8.6米处。南北向，方向为200°。墓口距地表深0.3米，墓底距地表深1.12米。墓圹南北长2.53—2.94米、东西宽2.92-3米、深0.82米。墓圹四壁较直，底部较平坦（图七三；彩版二一，2）。

内填较疏松的浅黄色五花黏土。棺木保存较好，平面呈梯形。人骨皆保存较好，均为仰身直肢葬，头向南。西棺长2.1米、宽0.5—0.58米、残高0.47米、厚0.06米。棺内人骨为老年女性。东棺长2.04米、宽0.6—0.7米、残高0.47米、厚0.05米。棺内人骨为老年男性。东棺打破西棺。西棺出土铜簪3件、铜钱10枚；东棺出土银簪1件、铜饰1件、铜烟锅1件、铜仗头1件、铜钱4枚。

银簪1件。M28∶3，首卷曲，上铸花卉纹。体扁平，上刻圆寿纹，上宽下窄，背面戳印“同义”。首宽1.4厘米、首高0.8厘米、残长6厘米，重6.91克（图六九，4；彩版六一，3、4）。

铜簪3件。M28∶2-1，首为葵圆形，中间为圆形突起，背面戳印“天德”。体圆锥体，尾尖锐。内铸一“福”字。首宽2.4厘米、首高0.4厘米、通长9.5厘米（图六九，1；彩版六〇，6）。

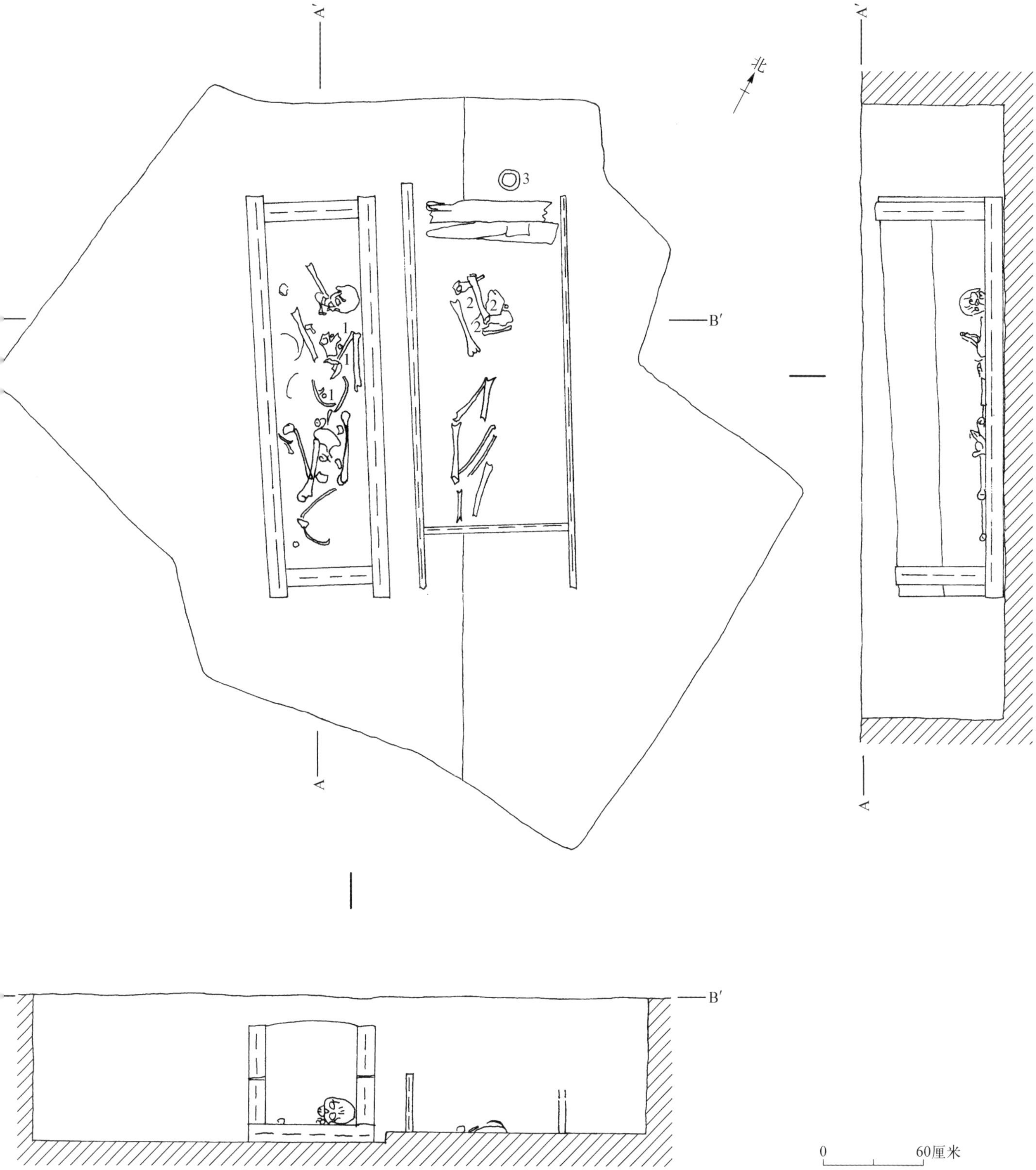

图七二　M21平、剖面图

1、2. 铜钱　3. 半釉罐

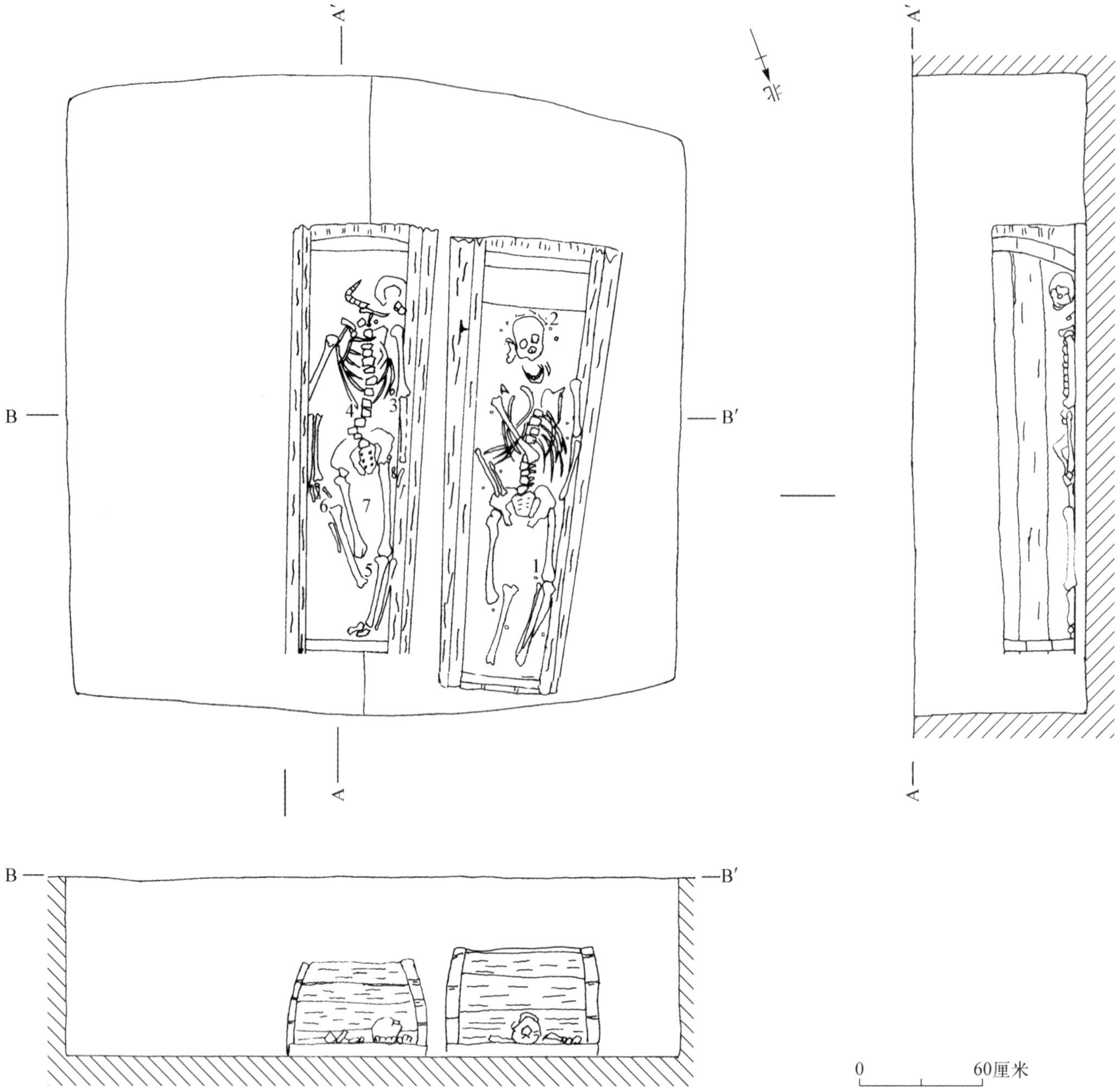

图七三 M28平、剖面图

1、7. 铜钱 2. 铜簪 3. 银簪 4. 铜饰 5. 铜烟锅 6. 铜仗头

M28∶2-2，首为葵圆形，中间为圆形突起，背面戳印“天德”。体圆锥体，尾尖锐。内铸一“寿”字。首宽2.6厘米、首高0.4厘米、通长4.5厘米（图六九，3；彩版六一，1）。M28∶2-3，首为六朵花瓣组成的葵圆形，每朵花瓣由三层如意云头纹组成，背面相同，正面中间为圆形突起，内铸一“寿”字，侧面为细密镂孔。体圆锥体，尾尖锐。首宽2.5厘米、首高0.8厘米、通长10.5厘米（图六九，2；彩版六一，2）。

铜饰1件。M28∶4，以铜丝缠成云纹状，上有丝织品残留。宽0.9厘米、长1.8厘米（图六九，7；彩版六一，5）。

铜烟锅1件。M28∶5，由锅、杆、嘴组成。锅为半圆形，中空。杆弯弧与锅相接，尾端有木杆与嘴相连，中空。嘴部较小，平顶，折肩，束颈。残长11.9厘米、高2.8厘米（图六九，9；彩版六一，6）。

铜仗头1件。M28∶6，梯形、圆柱状，上宽下窄，平顶、中空。中插以木仗。长6.5厘米、宽2.4厘米（图六九，6；彩版六二，1）。

铜钱14枚。均圆形、方穿，正背面有郭。标本：M28∶1-1，铸“嘉庆通宝”四字，穿左右为满文“宝泉”二字，纪局名。直径1.9厘米、穿径0.6厘米、郭厚0.1厘米。标本：M28∶7-1，正面铸“嘉庆通宝”四字，楷书，对读；背面穿左右为满文“宝源”二字，纪局名。直径2.4厘米、穿径0.6厘米、郭厚0.1厘米（图三二，11）。其余皆锈蚀较甚，字迹模糊不清。

M29　位于发掘区东部，距M27东北约2.7米。南北向，方向为175°。墓口距地表深0.3米，墓底距地表深0.8—0.85米。墓圹南北长2.63—2.82米、东西宽1.98—2.14米、深0.5—0.55米。墓圹边壁较直，底部较平坦（图七四；彩版二二，1）。

内填较疏松的浅黄色五花黏土。棺木已朽，仅存棺痕。人骨皆保存较差，均为仰身直肢葬，头向南，面向不详。西棺长2米、宽0.58—0.75米、残高0.04米、厚0.04米。棺内人骨为老年女性。东棺长1.94米、宽0.42—0.58米。棺内人骨为老年男性。西棺打破东棺。西棺出土银耳环2件、银扁方1件、铜簪1件、陶罐1件、铜钱6枚。东棺未发现随葬物。

银耳环2件。大小、形制基本相同。正面为桃形，上刻兽面纹，一侧扁平，长方形，另一侧圆柱体。接口不齐。背面戳印“宝源”。M29∶2-1，直径3.4厘米、厚0.1厘米，重4.7克（图七五，3；彩版六二，2）。M29∶2-2，直径3.2厘米、厚0.1厘米，重4.76克（图七五，4；彩版六二，3）。

银扁方1件。M29∶3，首卷曲，其上铸花卉纹。体扁平，上部刻圆寿纹、外绕一周葵圆纹，下为蝙蝠纹，连脚张目，展翅高飞。其周绕以云纹，由錾刻的小圆窝组成。尾圆弧。背面戳印“永□”。首宽2.2厘米、首高1.1厘米、通长14.2厘米、重24.65克（图七五，2；彩版六二，4、5）。

铜簪1件。M29∶5，首为五面禅杖形，每面以铜丝铸卷云纹，顶部为葫芦状，颈部铸凸旋纹。体圆锥体。首高4.6厘米、宽3.4厘米、通长17.5厘米（图七五，1；彩版六三，1）。

陶罐1件。M29∶4，方唇、敞口，卷沿，束颈，圆折肩，斜腹，平底。泥质灰陶。素面。外壁可

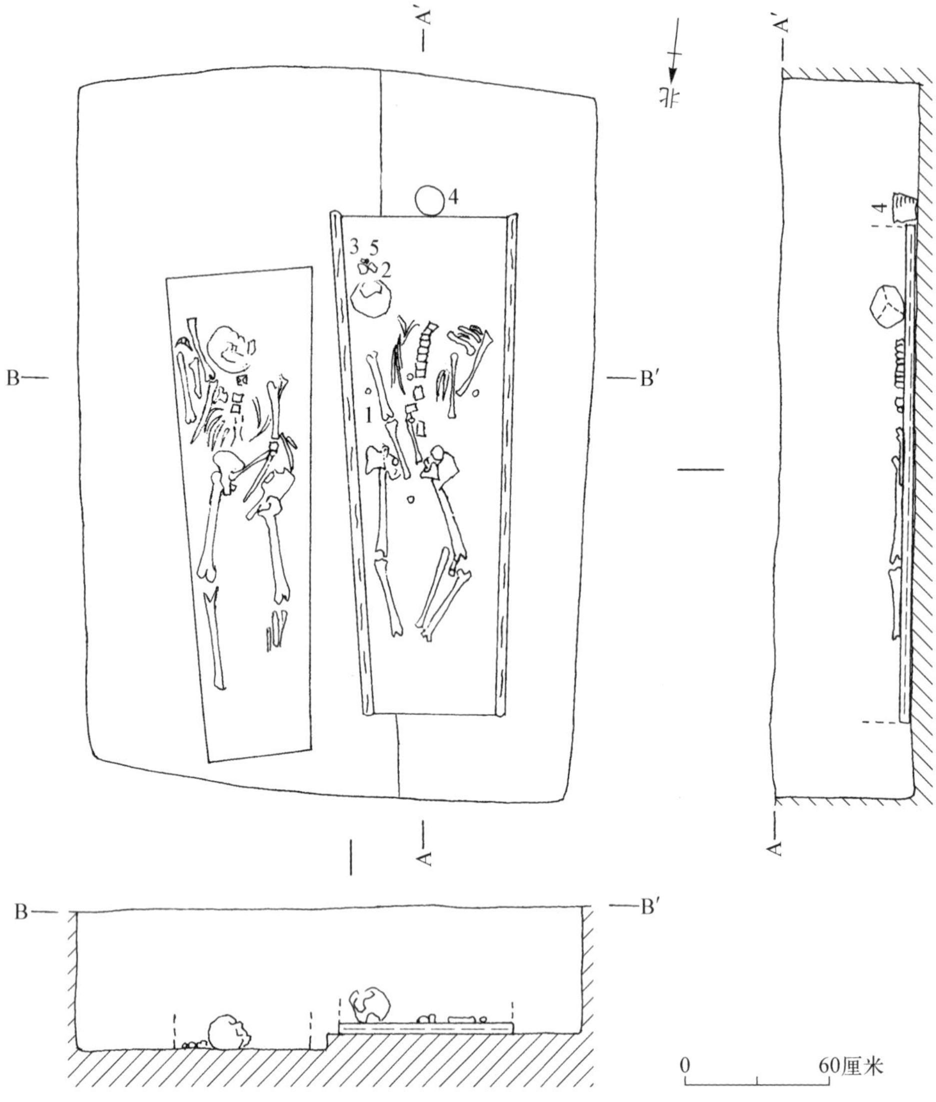

图七四 M29平、剖面图

1. 铜钱 2. 银耳环 3. 银扁方 4. 陶罐 5. 铜簪

见轮制抹痕，底部可见同心圆纹。口径10.8厘米、肩径10.6厘米、底径6.8厘米、高10.6厘米（图七五，5；彩版六二，6）。

铜钱6枚。标本：M29：1-1，圆形、方穿，正面有郭，铸“道光通宝”四字，楷书，对读；背面有郭，穿左右为满文“宝源”二字，纪局名。直径2.2厘米、穿径0.6厘米、郭厚0.1厘米（图三二，14）。其余5枚皆锈蚀较甚，字迹模糊不清。

M32 位于发掘区东南部，距M19南部约21米处。东西向，方向为78°。墓口距地表深0.3米，墓底距地表深0.78—0.9米。墓圹东西长2.32—2.72米、南北宽1.28—1.8米、深0.48—0.6米。墓圹边壁较直，底部较平坦（图七六；彩版二二，2）。

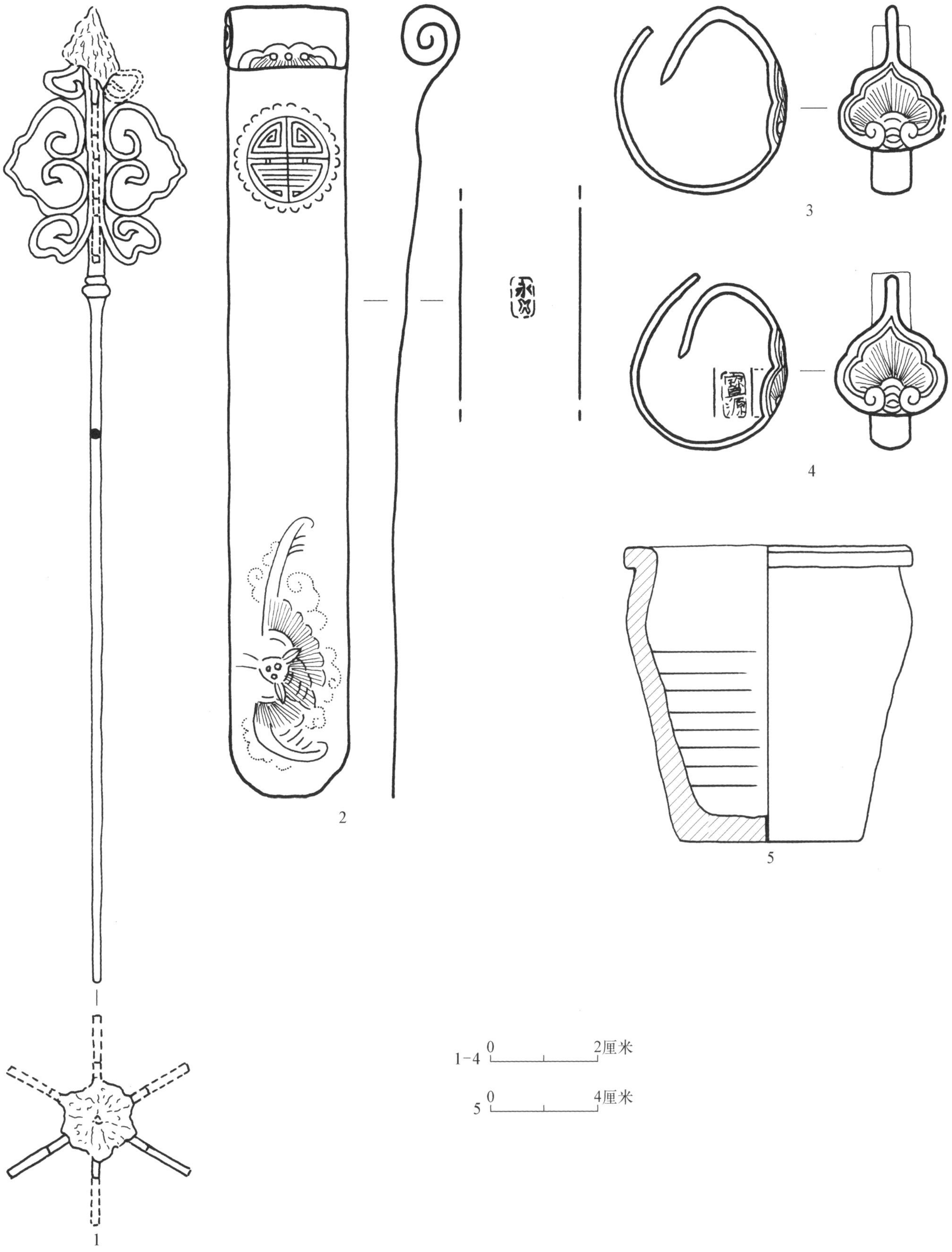

图七五　M29出土器物

1. 铜簪（M29：5）　2. 银扁方（M29：3）　3、4. 银耳环（M29：2-1、M29：2-2）　5. 陶罐（M29：4）

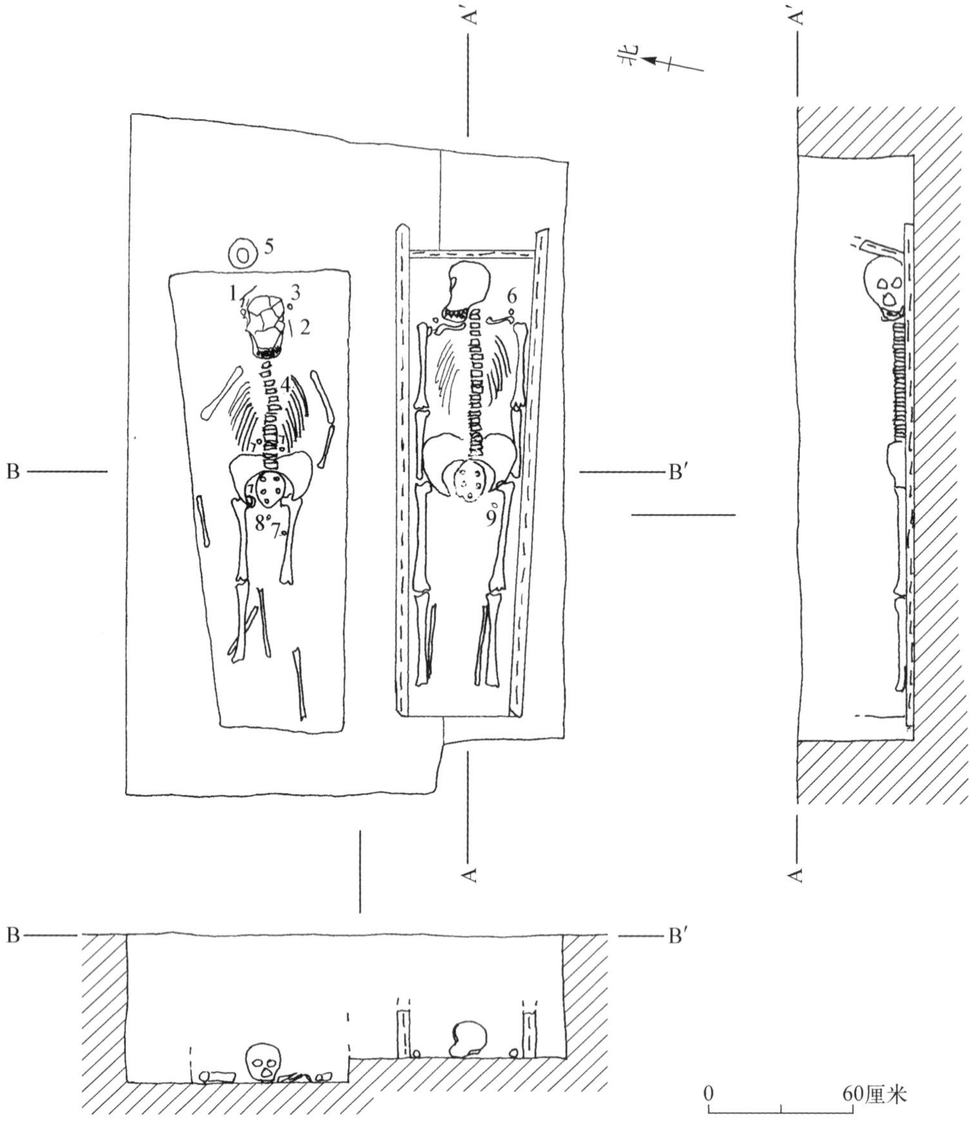

图七六　M32平、剖面图

1. 铜簪　2—4. 银簪　5. 陶罐　6. 金耳环　7. 铜扣　8、9. 铜钱

内填较疏松的浅黄色五花黏土。棺木(痕)平面呈梯形。人骨皆头向东,面向北。北棺已朽。棺长1.85米、宽0.52—0.74米。棺内人骨为老年女性,保存较差。南棺保存一般。棺长1.96米、宽0.52—0.62米、残高0.2米、厚0.06米。棺底铺黑灰。棺内人骨为老年男性,保存较好。南棺打破北棺。北棺出有银簪6件、铜簪2件、铜扣1件、陶罐1件、铜钱4枚;南棺出有金耳环2件、铜钱3枚。

金耳环2件。大小、形制基本相同。圆形,柱体,接口不齐。M32∶6-1,直径1.4厘米、厚0.18厘米,重1.7克(图七七,8;彩版六五,5,左)。M32∶6-2,直径1.4厘米、厚0.18厘米,重1.7克(图七七,9;彩版六五,5,右)。

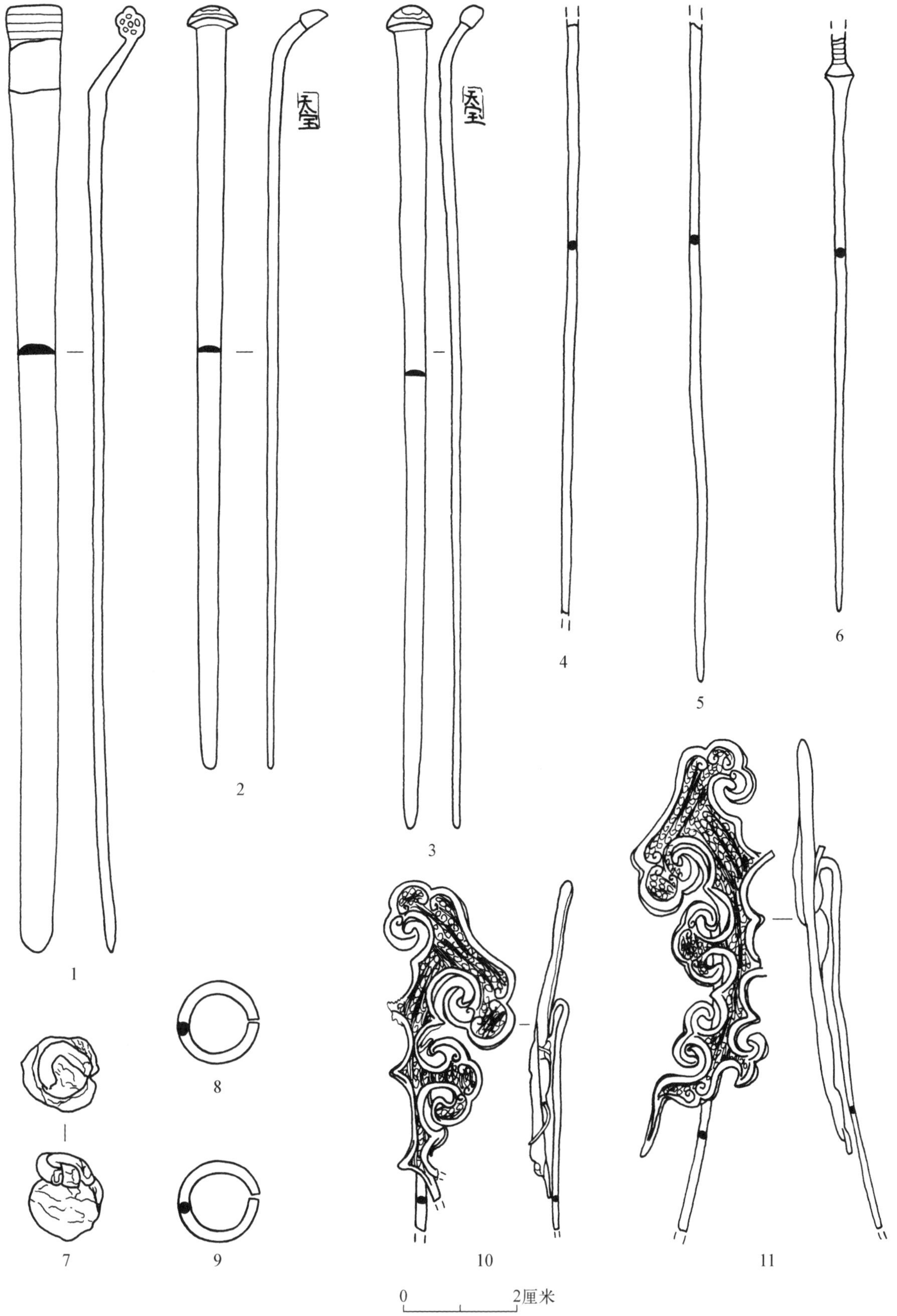

图七七　M32出土器物

1. 银簪(M32：2)　2—6. 银簪(M32：3-1、M32：3-2、M32：4-1、M32：4-2、M32：4-3)　7. 铜扣(M32：7)
8、9. 金耳环(M32：6-1、M32：6-2)　10、11. 铜簪(M32：1-1、M32：1-2)

银簪6件。M32∶2，首卷曲，侧如五瓣梅花状，起棱。体扁平，略折，表面略鼓，上宽下窄，尾圆弧。素面。首高0.5厘米、最宽0.95厘米、厚0.2厘米、通长13.1厘米，重19.21克（图七七，1；彩版六三，4）。2件大小、形制基本相同。首为蘑菇状，突起。体扁平，略鼓，内弯，素面，上宽下窄，尾圆弧。背面戳印“天宝”。M32∶3-1，首高0.3厘米、最宽0.9厘米、厚0.2厘米、通长12.95厘米，重6.56克（图七七，2；彩版六四，1、2）。M32∶3-2，首高0.35厘米、最宽0.8厘米、厚0.15厘米、通长14厘米，重6.4克（图七七，3；彩版六四，3、4）。3件首皆残。M32∶4-1，圆柱形，残长9.95厘米（图七七，4；彩版六五，1）。M32∶4-2，体扁平，残长11.15厘米（图七七，5；彩版六五，2）。M32∶4-3，颈部刻凹旋纹，鼓凸。体为圆柱形。残长9.7厘米（图七七，6；彩版六五，3）。

铜簪2件。大小、形制基本相同。以弦纹饰成如意云纹状，顶端为两朵大卷云纹，下端为两朵对称小云纹，中间为连弧纹，底部衬以细密小镂孔。体弯成别状，扁平。M32∶1-1，首高5厘米、首宽2.2厘米、残长5.9厘米（图七七，10；彩版六三，2）。M32∶1-2，首高7厘米、首宽2.7厘米、残长8.3厘米（图七七，11；彩版六三，3）。

铜扣1件。M32∶7，圆球形，中空，顶部有环。素面。残高1.5厘米、宽1.3厘米（图七七，7；彩版六五，6）。

陶罐1件。M32∶5，方唇、侈口，斜领，直腹，平底略内凹。泥质红陶。素面。外壁可见轮制抹痕，底部可见偏心圆纹。口径10.3厘米、肩径10.1厘米、底径7.1厘米、高10.4厘米（图七八，2；彩版六五，4）。

铜钱7枚。乾隆通宝2枚，均圆形、方穿。正面有郭，铸“乾隆通宝”四字，楷书，对读；背面有郭，穿左右为满文“宝泉”二字，纪局名。M32∶9-1，直径2.3厘米、穿径0.7厘米、郭厚0.1厘

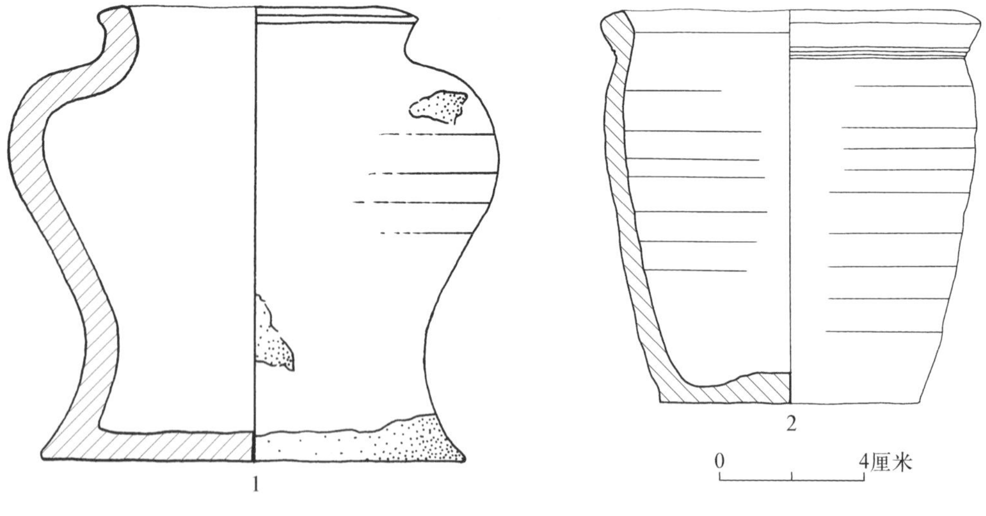

图七八　双棺C型墓葬出土瓷罐、陶罐

1. 瓷罐（M33∶4）　2. 陶罐（M32∶5）

米（图三二，6）。M32∶9-2，直径2.3厘米、穿径0.6厘米、郭厚0.1厘米（图三二，8）。嘉庆通宝1枚，M32∶9-3，圆形、方穿，正面有郭，铸“嘉庆通宝”四字，楷书，对读；背面有郭，穿左右为满文“宝云”二字，纪局名。直径2.3厘米、穿径0.6厘米、郭厚0.1厘米（图三二，10）。其余4枚皆锈蚀较甚，字迹模糊不清。

M33　位于发掘区东南部，距M32东南部约3.6米处。东西向，方向为80°。墓口距地表深0.4米，墓底距地表深0.86米。墓圹东西长2.44—2.76米、南北宽1.74—2.16米、深0.46米。墓圹边壁较直，底部较平坦（图七九；彩版二三，1）。

内填较疏松的浅褐色五花黏土。平面呈梯形。人骨皆为仰身直肢葬，头向东，面向不详。北棺保存较好，长2.1米、宽0.68—0.86米、残高0.56米、厚0.08米。棺内人骨为老年男性，保存

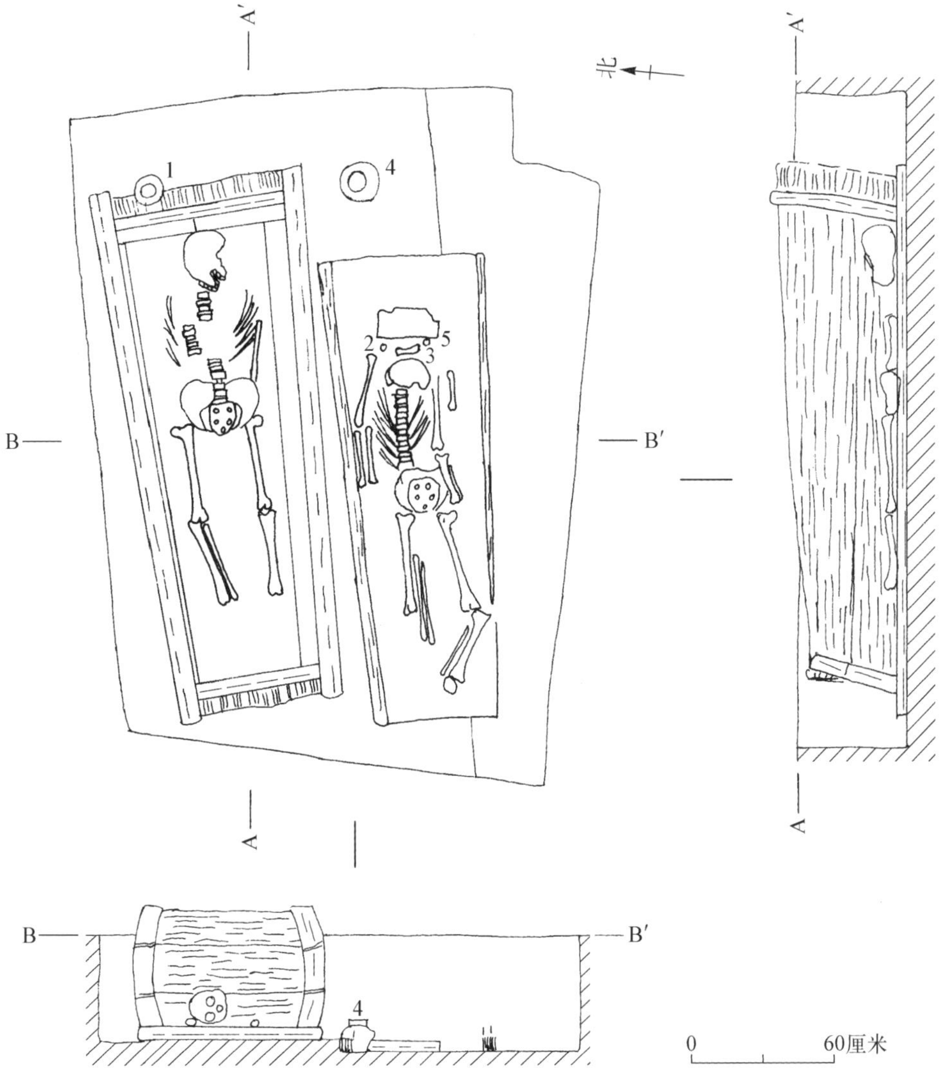

图七九　M33平、剖面图

1、4. 瓷罐　2. 银耳环　3. 银押发　5. 银簪首

较好。南棺棺木已朽，仅存棺痕。棺长1.84米、宽0.52—0.68米、残高0.05米，棺底铺黑灰。棺内人骨为老年女性，保存较差。南棺打破北棺。北棺出土瓷罐1件；南棺出土银耳环2件、银押发1件、银簪首1件、瓷罐1件。

银耳环2件。大小、形制基本相同。正面为牡丹花形，由六瓣花瓣组成，花瓣分为三层，其间镂孔。中间为圆形花蕊，上铸细密小圆球。背面凹陷，一侧为长方形，扁平。上铸两组相间隔的花卉纹、草叶纹。底铸细密小圆球。一侧圆柱体，接口不齐。做工精美。M33∶2-1，直径3.4厘米、厚0.4厘米，重4.63克（图八一，2；彩版六六，2）。M33∶2-2，直径3.4厘米、厚0.4厘米，重5.58克（图八一，3；彩版六六，3）。

银押发1件。M33∶3，柳叶形，束腰，两端自上而下铸蝙蝠纹、圆寿纹、寿字纹、圆寿纹，底衬以小圆珠，背面戳印“吉足”。做工精湛。宽1.3厘米、通长7.4厘米，重9.03克（图八一，1；彩版六六，4、5）。

银簪首1件。M33∶5，首为五瓣花瓣状，每瓣为上下两层，由三朵花瓣组成，上层刻线纹，下层凹陷。中间为圆形花蕊。首宽2.5厘米、残高0.3厘米，重1.26克（图八一，4；彩版六七，1）。

瓷罐2件。M33∶1，方唇、直口，直领，圆阔肩，弧腹，平底略内凹。外壁施薄白釉，有脱釉现象，底部露红胎。釉面上以绿、红彩绘花卉、昆虫图案，因釉面脱落严重，图案不清。口径6.5厘米、肩径12.1厘米、底径8.4厘米、高11厘米（图八〇；彩版六六，1）。M33∶4，尖方唇、侈口，斜领，圆阔肩，弧腹内收，平底。内壁施浅酱釉，外壁施薄绿釉。釉面光亮，开片。有脱釉现象。底部露红褐胎。外壁可见轮制旋纹，底部可见同心圆纹。口径8.8厘米、肩径13.2厘米、底径9.8厘米、高12厘米（图七八，1；彩版六六，6）。

M40　位于发掘区东南部，距M36西部约1米处。东西向，方向为85°。墓口距地表深0.3米，墓底距地表深1.27米。墓圹东西长2.3-3米、南北宽1.66—2.47米、深0.97米。墓圹边壁较直，底部较平坦（图八二；彩版二三，2）。

内填较疏松的深褐色五花黏土。棺木已朽，仅存棺痕。人骨皆保存较好，均为仰身直肢葬，头向东，面向南。南棺长1.93米、宽0.52—0.62米。棺内人骨为老年女性。北棺长1.9米、宽0.55—0.66米。棺内人骨为老年男性。北棺打破南棺。南棺出土银耳环、银扁方、铜扣、铜顶戴；北棺未发现随葬物。

银耳环2件。大小、形制基本相同。圆形，柱体。接口不齐。M40∶1-1，直径1.8厘米、厚0.15厘米，重1.03克（图八三，6；彩版六七，2，左）。M40∶1-2，直径1.8厘米、厚0.15厘米，重0.98克（图八三，7；彩版六七，2，右）。

银扁方1件。M40∶3，首卷曲，侧如五瓣梅花状，起棱。体扁平，长方形，略弯。尾圆弧。锈蚀严重。首高0.5厘米、宽1.75厘米、厚1厘米、通长16.8厘米（图八三，1；彩版六七，4）。

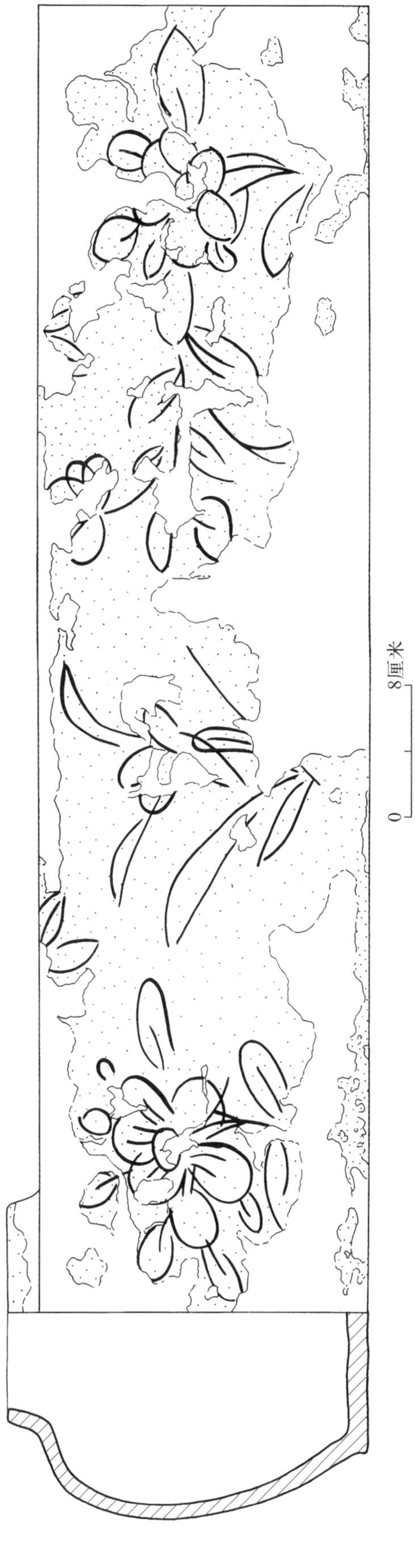

图八〇　M33出土瓷罐（M33：1）

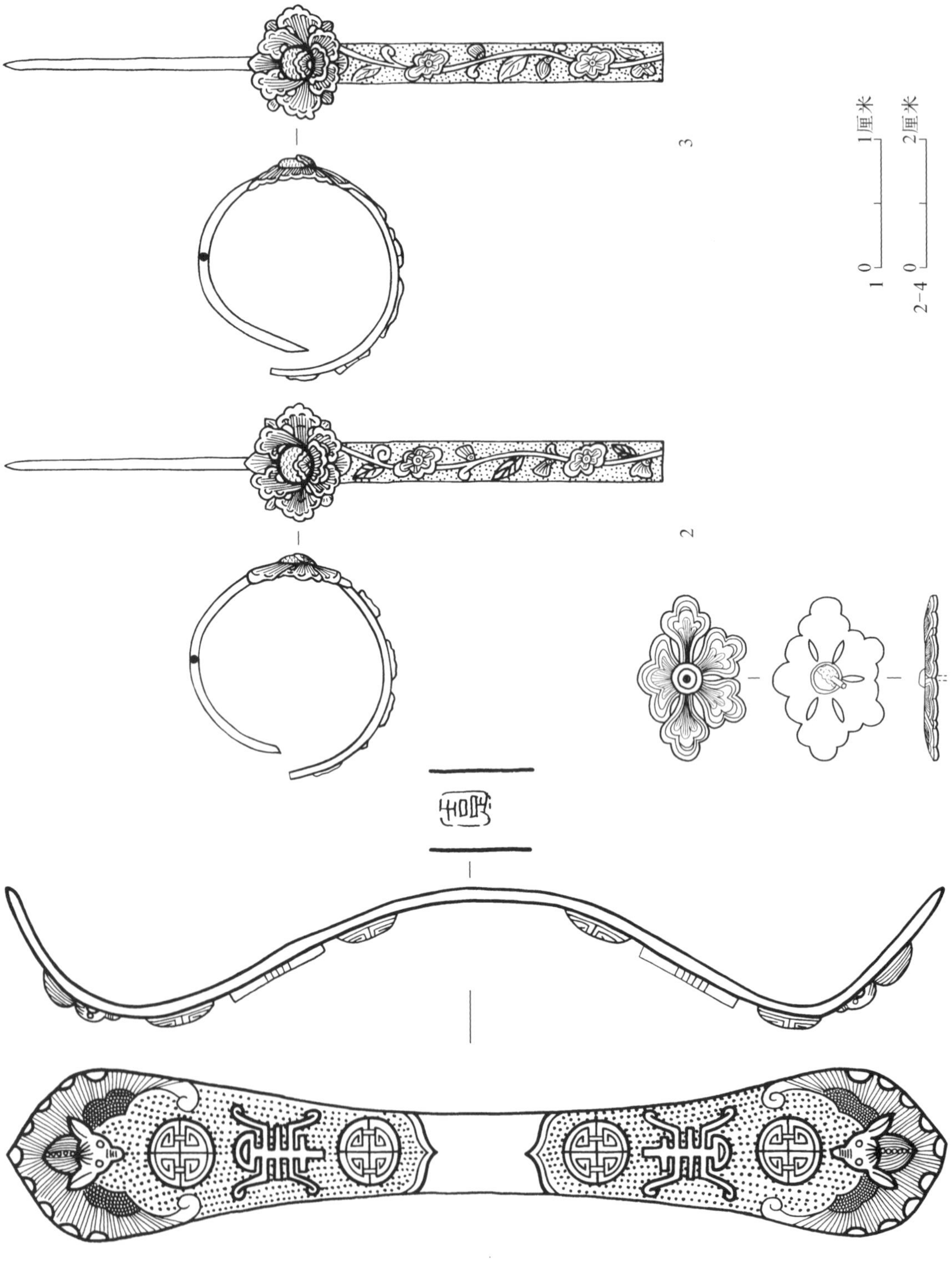

图八一 M33出土器物

1. 银押发（M33：3） 2、3. 银耳环（M33：2-1、M33：2-2） 4. 银簪首（M33：5）

图八二　M40平、剖面图

1. 银耳环　2. 铜扣　3. 银扁方　4. 铜顶戴

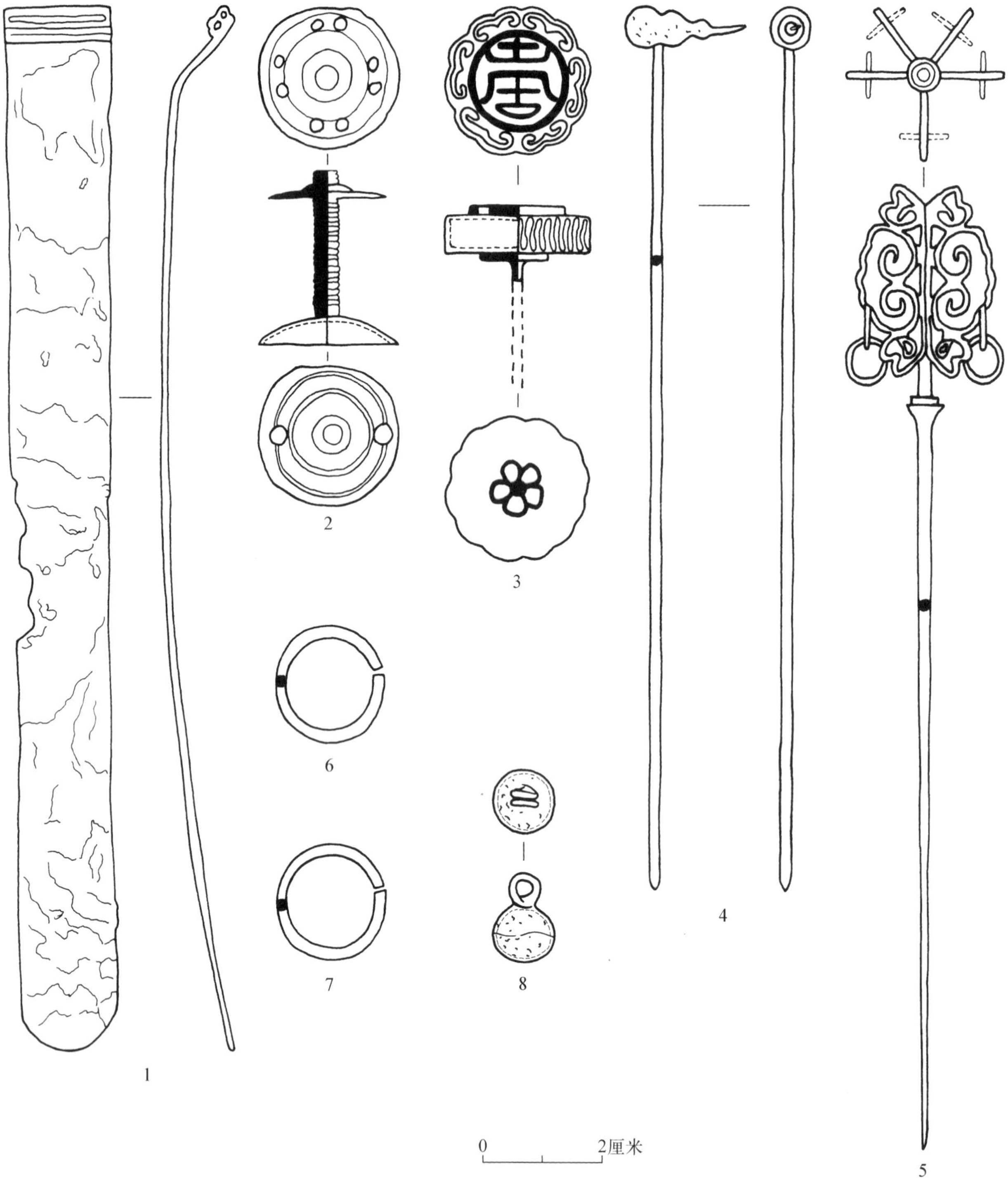

图八三　双棺C型墓葬出土器物（二）

1. 银扁方（M40：3）　2. 铜顶戴（M40：4）　3. 铜簪首（M47：4）　4、5. 铜簪（M41：2、M41：3）　6、7. 银耳环（M40：1-1、M40：1-2）　8. 铜扣（M40：2-1）

铜扣8件。大小、形制基本相同。圆球形，空心，顶部有环。素面。标本：M40∶2-1，高1.45厘米、宽1厘米（图八三，8；彩版六七，3，左1）。

铜顶戴1件。M40∶4，上部缺失，顶为圆片，上有八个圆孔，中为螺纹实心柱，下部为伞状座，有两个圆孔。残高2.8厘米（图八三，2；彩版六七，5）。

M41　位于发掘区东南部，西邻M42。东西向，方向为80°。墓口距地表深0.3米，墓底距地表深1.22—1.62米。墓圹东西长2.52—2.8米、南北宽2.08—2.1米、深0.92—1.32米。墓圹边壁较直，底部较平坦（图八四；彩版二四，1）。

内填较疏松的深褐色五花黏土。人骨保存较好，均为仰身直肢葬，头向东，面向上。北棺平面呈梯形，保存一般。棺长2.06米、宽0.68—0.8米、残高0.32—0.52米、厚0.07米。棺内人骨为老年女性。南棺棺木已朽，仅存棺痕。棺长1.85米、宽0.5—0.61米。棺内人骨为老年男性。北棺打破南棺。北棺出土铜簪2件、铜钱3枚；南棺未发现随葬品。

铜簪2件。M41∶2，首横铸一葫芦。体圆锥体，尾尖。首高0.7厘米、首宽2厘米、通长14.2厘米（图八三，4；彩版六七，6、彩版六八，1）。M41∶3，首为五面禅杖形，每面用铜丝卷成如意云纹状，每面下系铜环三个，两个系于一个之上，颈部螺旋纹两道。体为圆锥体，尾尖。首宽1.3厘米、残长15.5厘米（图八三，5；彩版六八，2）。

铜钱3枚。均圆形、方穿，正面有郭。锈蚀较甚，字迹模糊不清。标本：M41∶1-1，直径2.3厘米、穿径0.6厘米、郭厚0.1厘米。

M47　位于发掘区东部，距M46北部0.3米处，被M52打破。南北向，方向为178°。墓口距地表深0.3米，墓底距地表深1.61—2.08米。墓圹南北长2.28—2.72米、东西宽2.56—2.7米、深1.31—1.78米。墓圹边壁较直，底部较平坦（图八五；彩版二四，2）。

内填较疏松的深褐色五花黏土。棺木已朽，仅存棺痕。人骨皆保存较差，头向南。东棺长1.92米、宽0.5—0.55米、残高0.04米、厚0.04米。棺内人骨为老年女性，葬式不明。西棺长2.07米、宽0.6—0.64米、残高0.04米、厚0.04米。棺内人骨为老年男性，仰身直肢葬。东棺打破西棺。东棺出土铜簪首1件、陶罐1件、铜钱1枚；西棺出土陶罐1件、铜钱3枚。

铜簪首1件。M47∶4，首为葵圆形，由六组如意云纹组成，内中空。中间圆形突起，内铸一“寿”字，侧面镂孔，背面为五瓣花朵形，每朵镂空。首高1.2厘米、首宽2.4厘米（图八三，3；彩版六八，4、5）。

陶罐2件。M47∶2，厚圆唇、平卷沿，敞口，束颈，圆肩，斜腹，平底。泥质红陶。素面。外壁可见轮制抹痕，底部有同心圆纹。口径11.1厘米、肩径11.2厘米、底径7厘米、高10.3厘米（图八六，1；彩版六八，3）。M47∶5，圆唇、敞口，卷沿，束颈，圆折肩，斜腹，平底。泥质红陶。素面。口径10.7厘米、肩径12.3厘米、底径7.1厘米、高9.2厘米（图八六，2；彩版六八，6）。

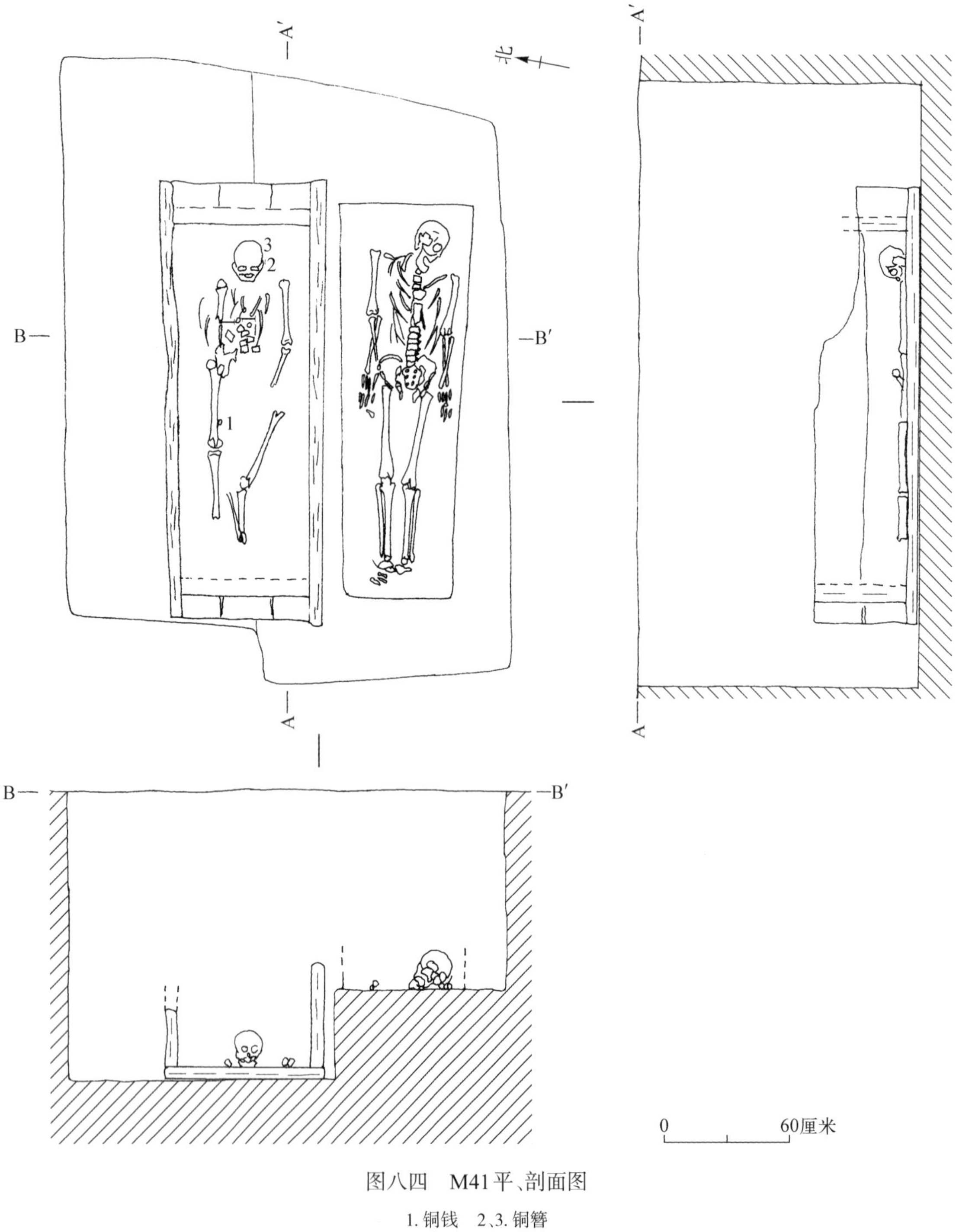

图八四　M41平、剖面图

1. 铜钱　2、3. 铜簪

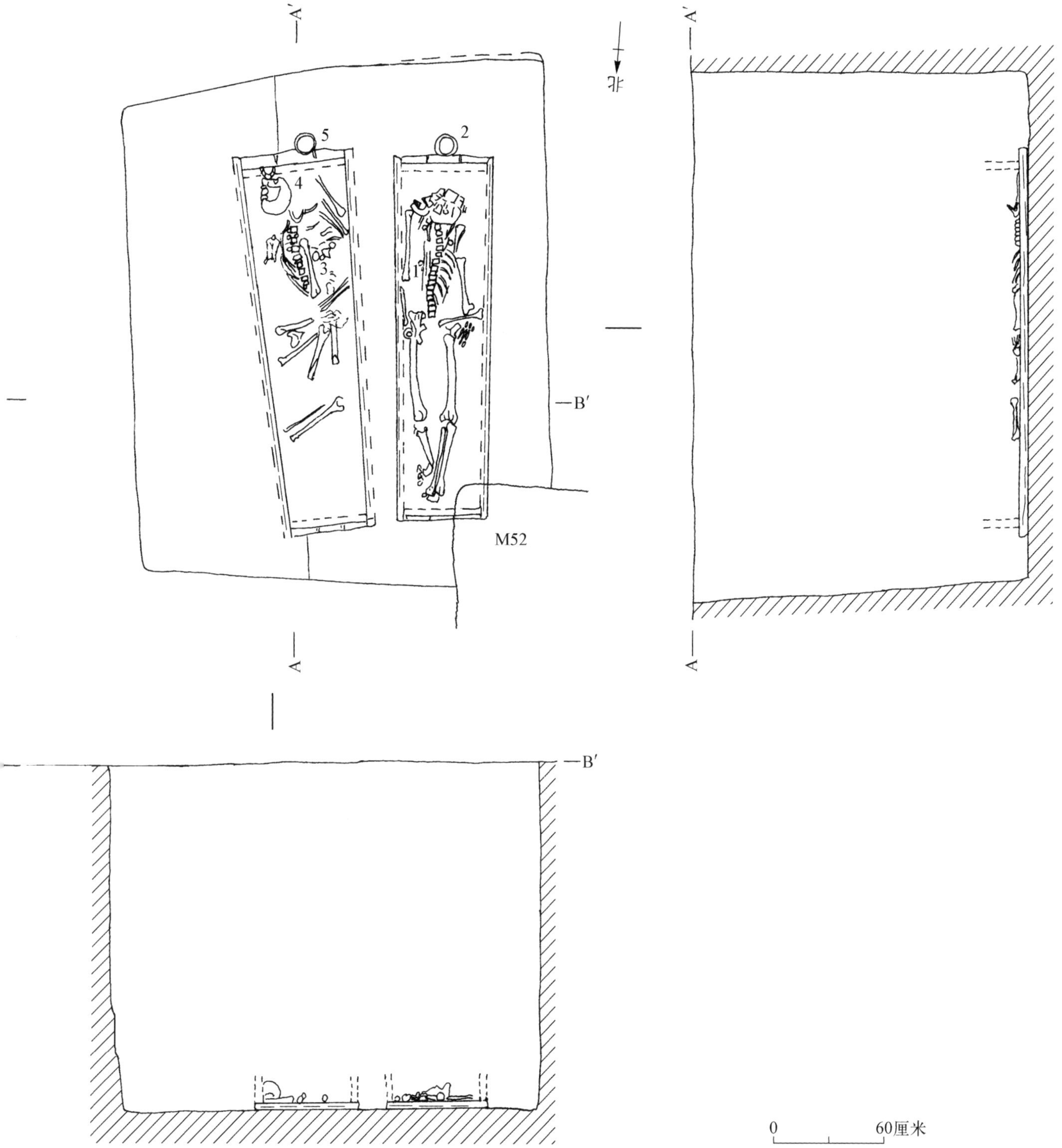

图八五　M47平、剖面图
1、3. 铜钱　2、5. 陶罐　4. 铜簪首

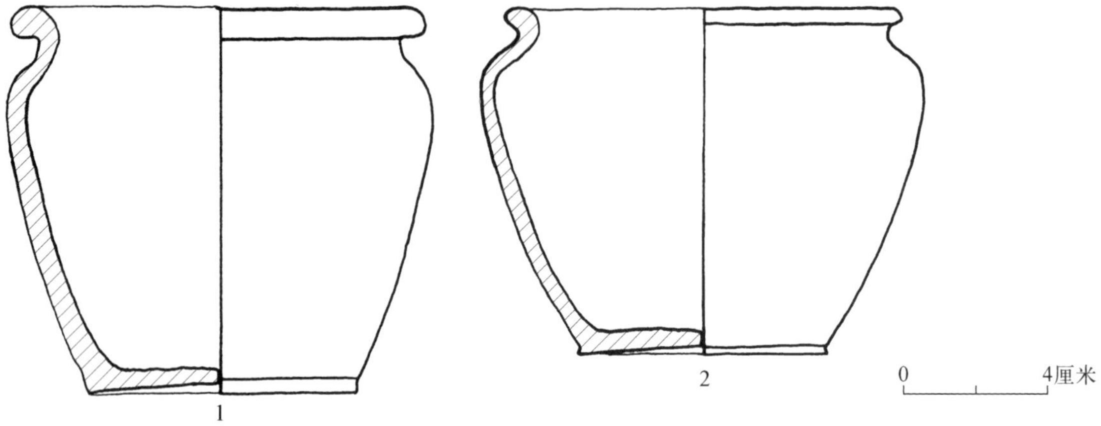

图八六　M47出土陶罐

1. M47∶2　2. M47∶5

铜钱4枚。均圆形、方穿，正面有郭。锈蚀较甚，字迹模糊不清。标本：M47∶1-1，直径2.1厘米、穿径0.6厘米、郭厚0.1厘米。标本：M47∶3，直径2.2厘米、穿径0.6厘米、郭厚0.1厘米。

第三节　三 棺 墓

共4座，由平面形制分为两种类型。

A型　平面呈长方形，1座。

M34　位于发掘区东南部，距M33南部约6米处。东西向，方向为260°。墓口距地表深0.4米，墓底距地表深1.08米。墓圹东西长1.83米、南北宽1.76—1.8米、深0.68米。墓圹边壁较直，底部较平坦（图八七；彩版二五，1）。

内填较疏松的浅褐色五花黏土。南棺为木棺，北、中棺为瓮棺。木棺已朽，仅存棺痕。棺长0.98米、宽0.22—0.36米、残高0.15米。棺内人骨保存较差，仰身直肢葬，头向西，面向上，年龄、性别不明。北棺打破中棺，中棺打破南棺。瓮棺内存少量骨殖。出土遗物有瓷瓮。

瓷瓮2件。M34∶1，方唇、直口，直领，圆肩，斜腹，平底。腹部饰凹弦纹数道，内壁有垫痕。通体施酱釉，釉面光亮。口径17厘米、肩径37厘米、底径19厘米、高37厘米。盖为帽盔状，平顶，短捉手，表面施酱釉，内壁露灰胎。顶径4厘米、底径20厘米、高6厘米（图八八，4；彩版六九，1）。

M34∶2，厚圆唇、直口，圆折肩，弧腹，平底。内壁及足部以上外壁施褐釉，内壁有垫痕，釉面光亮。口径16.5厘米、肩径28.5厘米、底径23厘米、高35厘米。盖为帽盔状，短捉手，表面施酱釉，内壁露红褐胎。顶径6厘米、底径17.5厘米、高10厘米（图八八，3；彩版六九，2）。

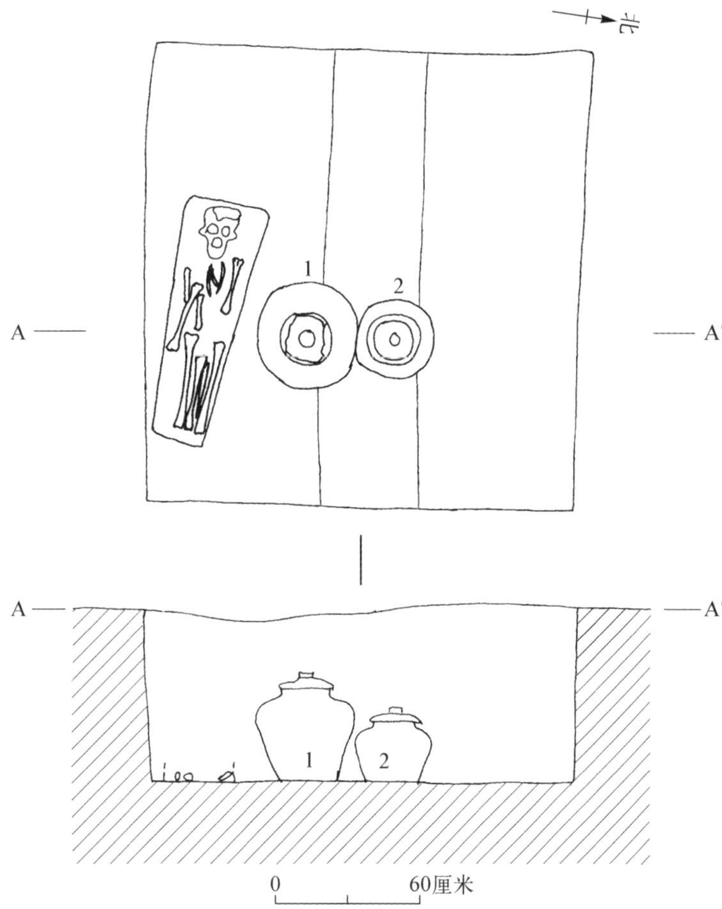

图八七　M34平、剖面图

1、2. 瓷瓮

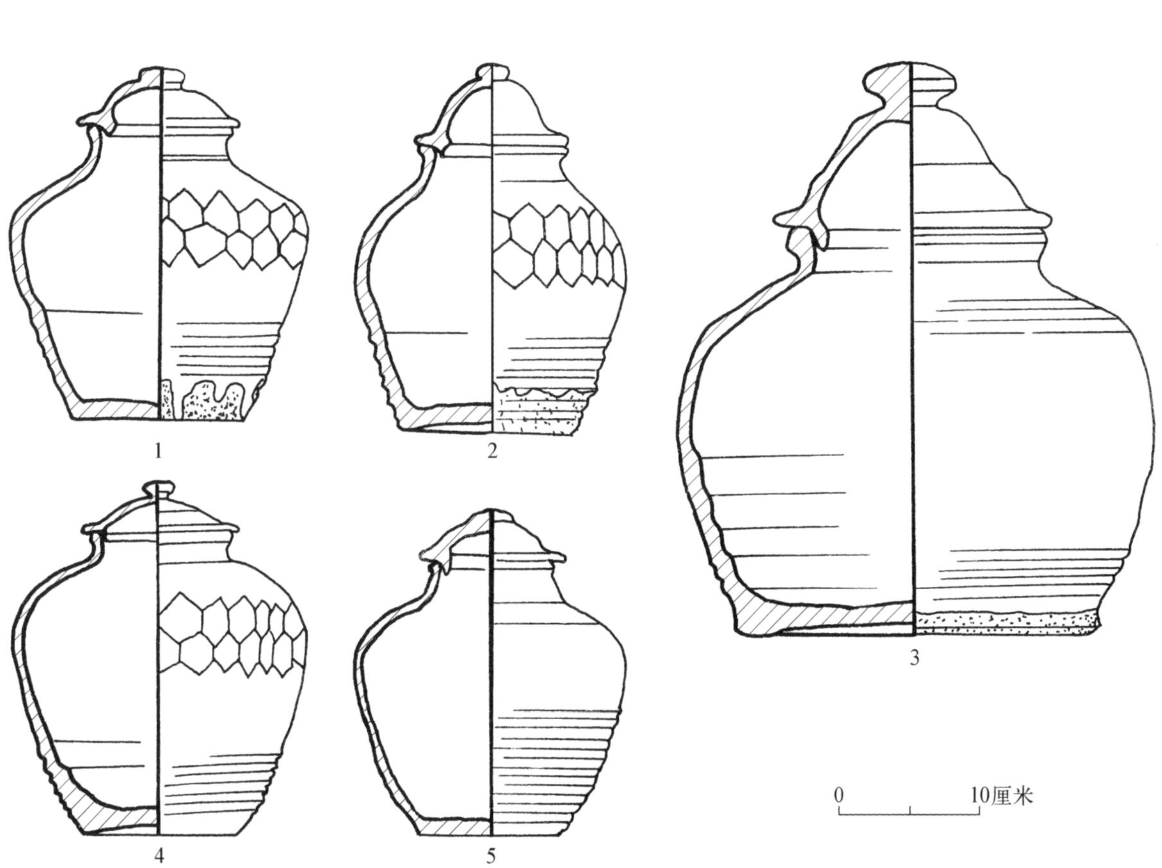

图八八　三棺、四棺墓葬出土瓷瓮

1. M49∶1　2. M49∶3　3. M34∶2　4. M34∶1　5. M49∶2

B型 平面呈不规则形，共3座。

M22 位于发掘区东南，距M21北部约16米处。东西向，方向为85°。墓口距地表深0.3米，墓底距地表深0.89—1.08米。墓圹东西长2—2.56米、南北宽3.5—3.64米、深0.59—0.78米。墓圹四壁较直，底部较平坦（图八九；彩版二五，2）。

内填较疏松的浅黄色五花黏土。棺木已朽，仅存棺痕。人骨保存较好，皆为仰身直肢葬，头向东。北棺长1.75—1.83米、宽0.46—0.54米。棺内人骨为老年女性，面向北。中棺长2米、宽0.5—0.7米。棺内人骨为老年男性，面向南。南棺长2米、宽0.65—0.78米、残高0.13米、厚0.04米。棺内人骨为中年女性，面向南。南棺打破中棺，中棺打破北棺。北棺出土银耳环2件、银押发1件、铜钱3枚；中棺出土铜簪1件、铜扣5件、铜钱2枚；南棺出土铜耳环2件。

银耳环2件。大小、形制基本相同。一侧扁平，上刻花卉纹，正面为对称的八瓣菊花状，花瓣镂空，中间铸花蕊；一侧圆锥状，接口不齐。背面戳印“梧村足纹”。M22∶2-1，直径2.2厘米、厚0.15厘米，重2.54克（图九〇，3；彩版七〇，1、2，左）。M22∶2-2，直径2.15厘米、厚0.15厘米，重2.30克（图九〇，4；彩版七〇，1、2，右）。

银押发1件。M22∶3，两端柳叶形，束腰，上刻花草纹，背面扁平，背面戳印“梧村足纹”。宽0.75厘米、通长7.9厘米，重5.63克（图九一，7；彩版七〇，3、4）。

铜簪1件。M22∶4，首为五面禅杖形，每面用铜丝卷成如意云纹状，顶为葫芦顶。体圆锥体。尾尖。首高2.3厘米、残宽1厘米、通长10.8厘米（图九一，2；彩版七〇，5）。

铜耳环2件。大小、形制基本相同。圆形，残断。体扁平，上刻竹节纹，每节竹节上刻一朵四瓣花卉，尾端为柱体。M22∶6-1，直径3.3厘米、厚0.2厘米（图九〇，1；彩版七〇，6，左）。M22∶6-2，直径3.2厘米、厚0.15厘米（图九〇，2；彩版七〇，6，右）。

铜扣3件。大小、形制基本相同。圆球形，中空，顶部有环。扣体由上下两部分合铸而成，腹部刻横竖短线纹。标本：M22∶7-1，高3.2厘米、宽0.15厘米（图九〇，6；彩版七一，1，左1）。

铜钱5枚。均圆形、方穿，正面有郭。标本：M22∶1-1，残见“道光通宝”四字，直径2.1厘米、穿径0.6厘米、郭厚0.1厘米。标本：M22∶5-1，铸“乾隆通宝”四字，楷书，对读；背面有郭，穿左右为满文“宝泉”二字，纪局名。直径2.4厘米、穿径0.6厘米、郭厚0.1厘米（图九二，1）。另3枚锈蚀较甚，字迹模糊不清。

M23 位于发掘区东南，距M22东部约0.6米处。东西向，方向为105°。墓口距地表深0.3米，墓底距地表深0.95—1.27米。墓圹东西长2.38—2.6米、南北宽2.4—2.6米、深0.65—0.97米。墓圹四壁较直，底部较平坦（图九三；彩版二六，1）。

内填较疏松的棕褐色五花黏土，含少量料礓石块。棺木皆已朽，仅存棺痕，平面呈梯形。人骨保存较好，均为仰身直肢葬，头向东，葬式、面向不详。北棺长1.98米、宽0.52—0.64米、残高0.15米。棺底铺黑灰。棺内人骨为老年男性。中棺长1.86米、宽0.58—0.67米。棺底铺黑

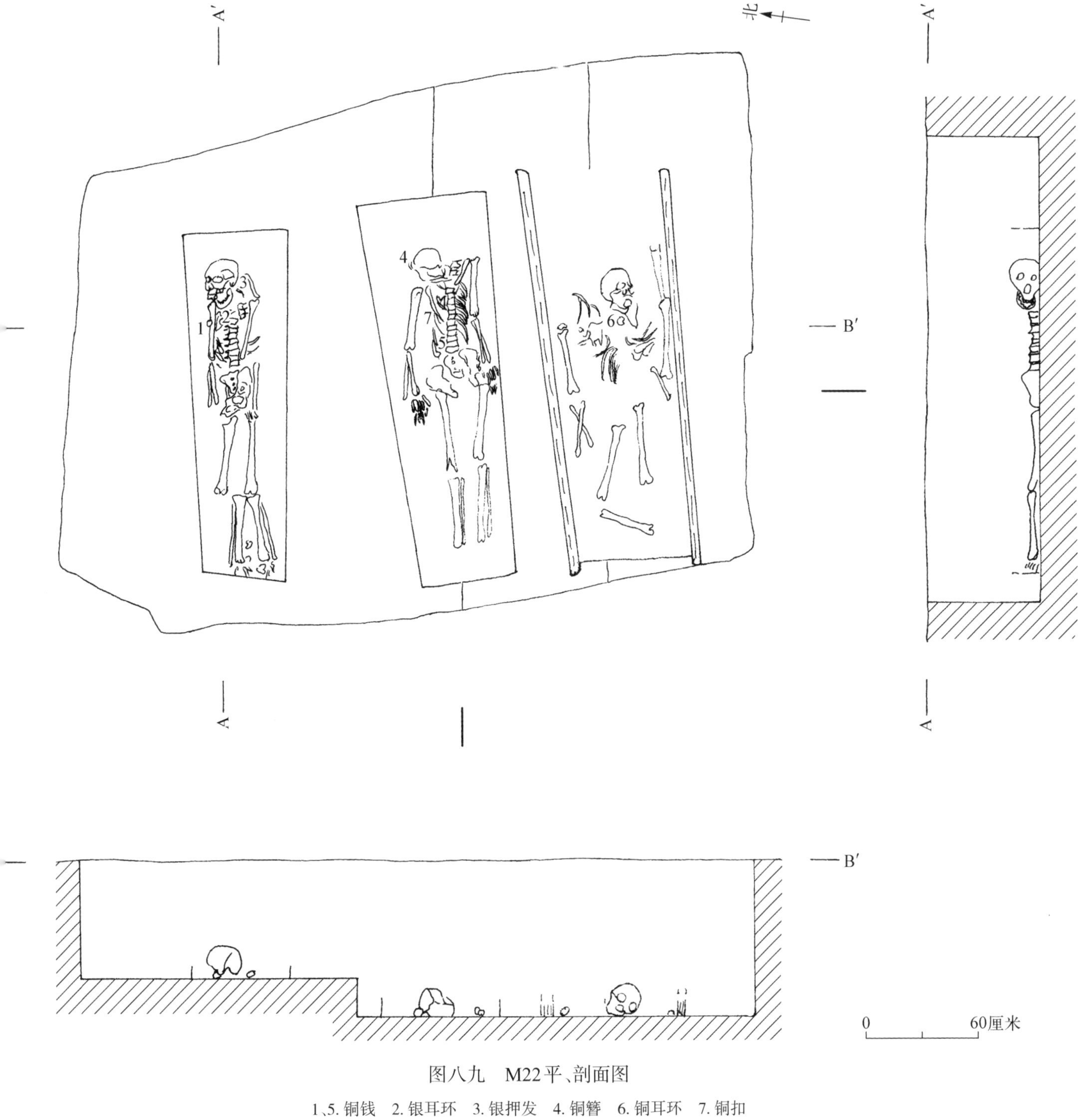

图八九　M22平、剖面图

1、5. 铜钱　2. 银耳环　3. 银押发　4. 铜簪　6. 铜耳环　7. 铜扣

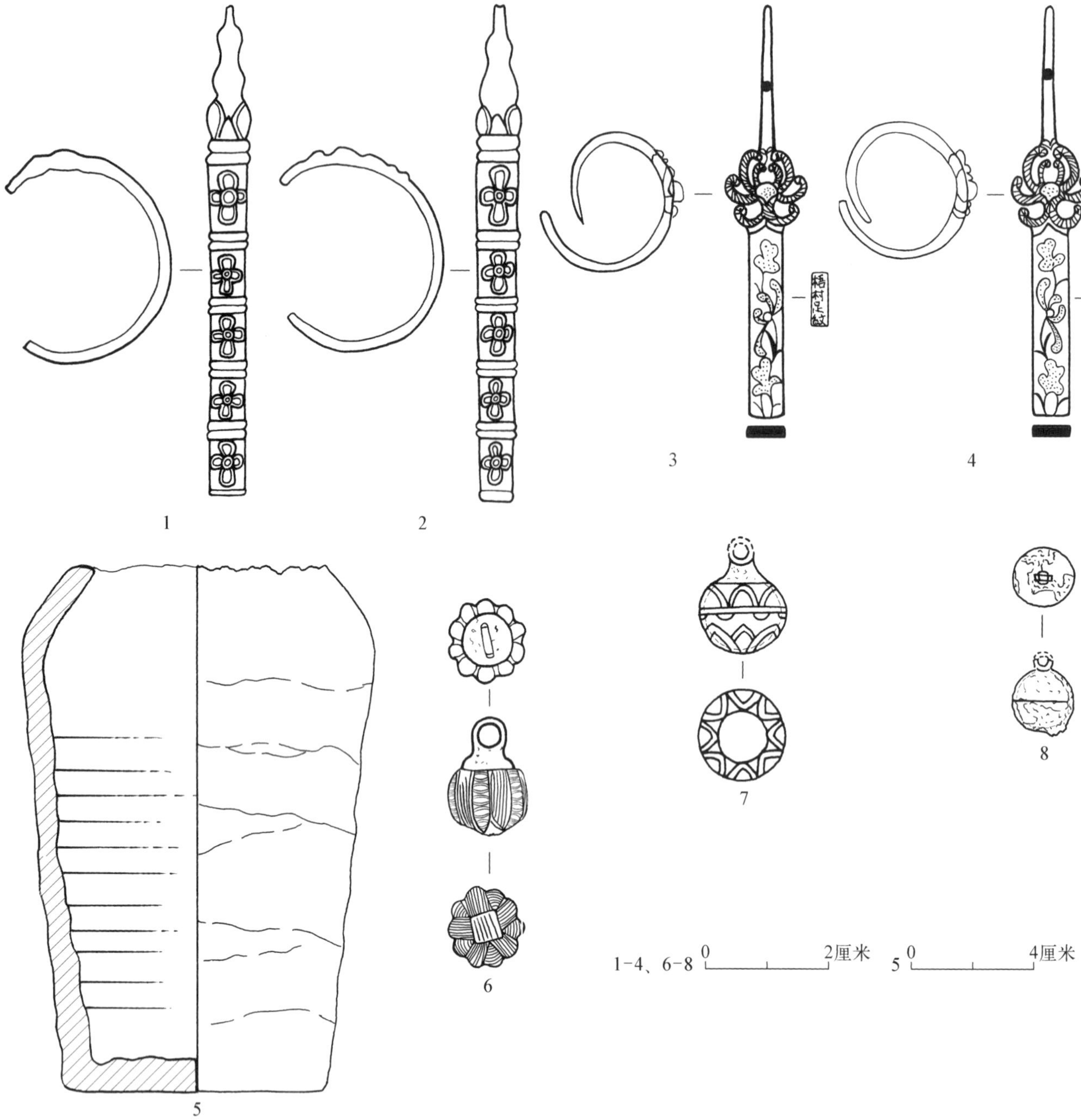

图九〇 三棺B型墓葬出土器物（一）

1、2. 铜耳环（M22：6-1、M22：6-2） 3、4. 银耳环（M22：2-1、M22：2-2） 5. 陶罐（M23：3）
6—8. 铜扣（M22：7-1、M23：8-1、M23：2-1）

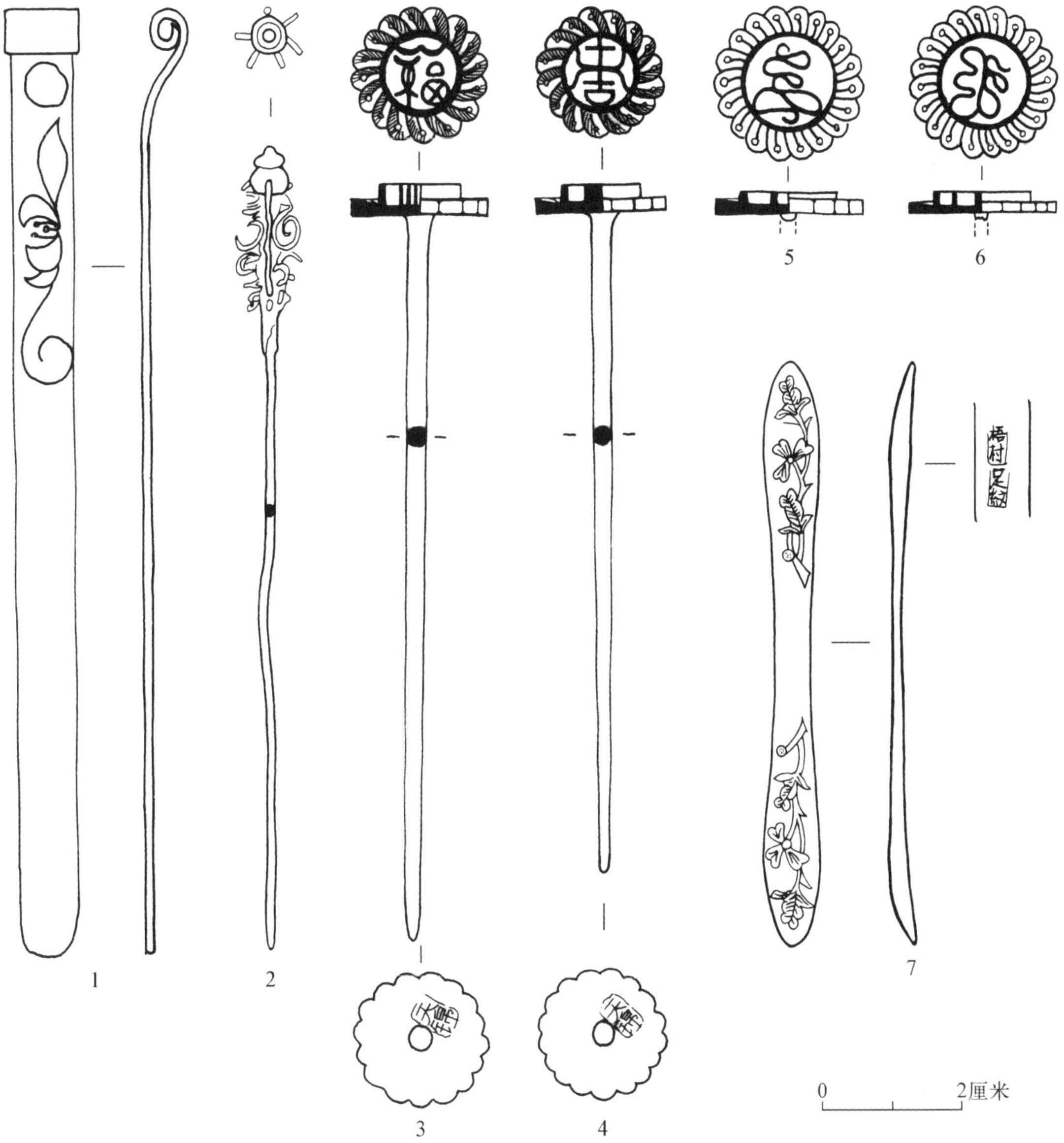

图九一　三棺B型墓葬出土器物（二）

1. 铜扁方（M23：7）　2—4. 铜簪（M22：4、M23：4-1、M23：4-2）　5、6. 铜簪首（M23：6-1、M23：6-2）　7. 银押发（M22：3）

灰。棺内人骨为老年女性。南棺长1.94米、宽0.56—0.7米。棺底铺黑灰。棺内人骨为老年女性。南棺打破中棺，中棺打破北棺。北棺出土有铜扣2件、铜钱2枚；中棺出土有铜簪2件、陶罐1件；南棺出土有铜簪首2件、铜扁方1件、铜扣3件、铜钱3枚。

铜扣5件。大小、形制基本相同。圆球形，中空，顶部有环。素面。标本：M23：2-1，高1.1厘米、宽1厘米（图九〇，8；彩版七一，2，左1）。标本：M23：8-1，残高1.6厘米、宽1.4厘米（图九〇，7；彩版七二，5，左2）。

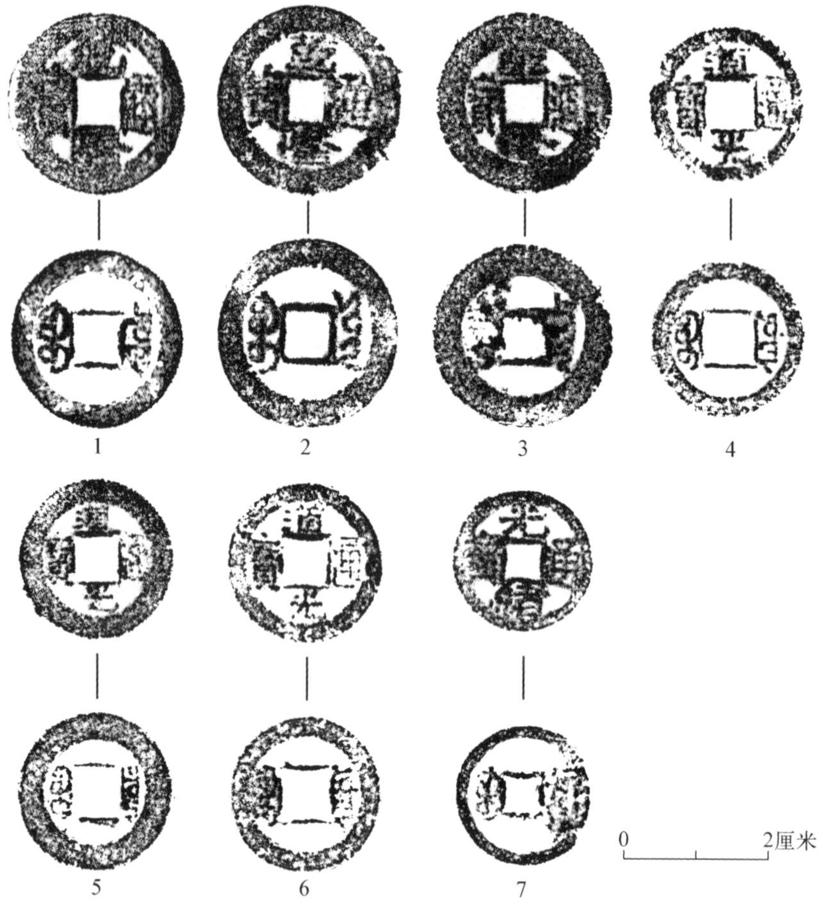

图九二　三棺墓葬出土铜钱

1—3. 乾隆通宝（M22：5-1、M48：5-1、M48：12-1）　4—6. 道光通宝（M23：5-1、M23：5-2、M23：5-3）
7. 光绪通宝（M23：1-1）

铜簪2件。大小、形制基本相同。首为葵圆形，由逆时针旋转的花瓣组成，瓣上铸叶脉纹；中间为圆形突起，背面戳印“天锦”。体为圆柱体，尾尖。M23：4-1，内铸一“福”字，首高0.4厘米、首宽1.9厘米、通长10.2厘米（图九一，3；彩版七一，4、5）。M23：4-2，内铸一“寿”字，首高0.4厘米、首宽1.8厘米、通长9.3厘米（图九一，4；彩版七一，6、彩版七二，1）。

铜簪首2件。大小、形制基本相同。首呈葵圆形，由逆时针旋转的花瓣组成，瓣上铸叶脉纹。中间为圆形突起，内铸花卉纹，表面磨平。M23：6-1，首宽2.1厘米、残高0.4厘米（图九一，5；彩版七二，2）。M23：6-2，首宽2.1厘米、残高0.4厘米（图九一，6；彩版七二，3）。

铜扁方1件。M23：7，首卷曲，上刻花卉纹。体扁平，尾圆弧。首宽1厘米、高0.6厘米、通长12.8厘米（图九一，1；彩版七二，4）。

陶罐1件。M23：3，口残，圆肩，斜直腹，平底略内凹。泥质红陶。素面。外壁可见轮制抹痕，内壁可见同心圆纹。肩径11.2厘米、底径8.4厘米、残高16.4厘米（图九〇，5；彩版七一，3）。

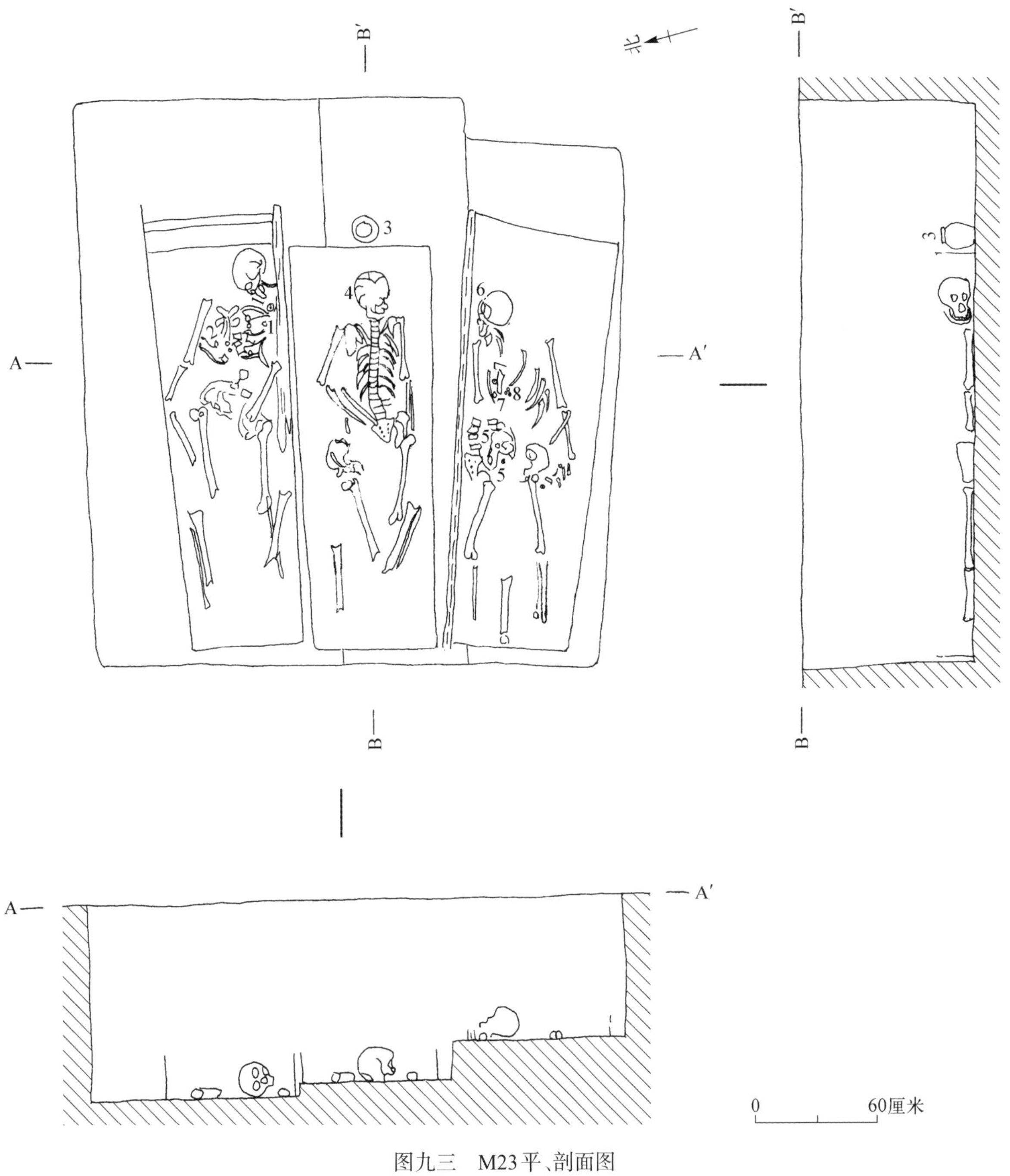

图九三　M23平、剖面图

1、5. 铜钱　2、8. 铜扣　3. 陶罐　4. 铜簪　6. 铜簪首　7. 铜扁方

光绪通宝2枚，圆形、方穿。正面有郭，铸“光绪通宝”四字，楷书，对读；背面有郭，穿左右为满文“宝泉”二字，纪局名。标本：M23∶1-1，直径1.8厘米、穿径0.5厘米、郭厚0.1厘米（图九二，7）。其余1枚锈蚀较甚，字迹模糊不清。

道光通宝3枚。均圆形、方穿。正面有郭，铸“道光通宝”四字，楷书，对读；背面有郭，穿左右为满文“宝源”或“宝泉”二字，纪局名。M23∶5-1，直径2厘米、穿径0.7厘米、郭厚0.1厘米（图九二，4）。M23∶5-2，直径2.1厘米、穿径0.6厘米、郭厚0.1厘米（图九二，5）。M23∶5-3，直径2.1厘米、穿径0.6厘米、郭厚0.1厘米（图九二，6）。

M48　位于发掘区东北部，距M46西部约7米处。南北向，方向为175°。墓口距地表深0.3米，墓底距地表深0.88—1.04米。墓圹东西长2.68—3.16米、南北宽2.53—2.74米、深0.58—0.74米。墓圹边壁较直，底部较平坦（图九四；彩版二六，2）。

内填较致密的棕褐色五花黏土，含少量料礓石块。棺木保存一般，平面呈梯形。人骨保存较好，皆为仰身直肢葬，头向南。西棺长2.04米、宽0.64—0.72米、残高0.37—0.47米、厚0.06米。棺内人骨为老年男性。中棺长1.98米、宽0.62—0.72米、残高0.21米、厚0.04米。棺内人骨为老年女性。东棺长2.06米、宽0.6—0.64米、残高0.32米、厚0.05米。棺内人骨为老年女性。西棺打破中棺，中棺打破东棺。西棺出土银扁方1件、铜扣7件；中棺出土金耳环6件、银簪5件、铜耳环4件、玉指环1件；东棺出土铜扣2件、铜钱7枚。

金耳环6件。大小、形制基本相同。圆形，柱体，接口不齐。M48∶1-1，直径1.6厘米、厚0.2厘米，重1.98克（图九五，10；彩版七二，6，左1）。M48∶1-2，直径1.7厘米、厚0.2厘米，重1.9克（图九五，11；彩版七二，6，左2）。M48∶1-3，直径1.6厘米、厚0.2厘米，重1.97克（图九五，12；彩版七二，6，左3）。M48∶1-4，直径1.7厘米、厚0.2厘米，重1.89克（图九五，13；彩版七二，6，左4）。M48∶1-5，直径1.7厘米、厚0.2厘米，重2.02克（图九五，14；彩版七二，6，左5）。M48∶1-6，直径1.7厘米、厚0.2厘米，重2.01克（图九五，15；彩版七二，6，左6）。

银扁方1件。M48∶2，首卷曲，侧如五瓣梅花状，起棱。体扁平，上宽下窄，略弯，背面戳印“天宝”。首高0.4厘米、最宽0.9厘米、残长7.6厘米，重4.81克（图九六，1；彩版七三，1、2）。

银簪5件。2件大小、形制基本相同。首整体作三层如意纹状，上铸兽面纹，目、鼻、口清晰可见。背面磨平，有两个圆形镂孔。体扁平，上端刻花卉纹，背面戳印“□珍”。尾尖锐。M48∶6-1，首高1.4厘米、首宽1.8厘米、通长11.9厘米（图九五，1；彩版七三，5、6；彩版七四，1）。M48∶6-2，首高1.5厘米、首宽1.9厘米、通长9.3厘米（图九五，2；彩版七四，2-4）。2件首为蘑菇状，体扁平，尾尖锐。M48∶9-1，首高0.3厘米、首宽0.7厘米、残长6.5厘米（图九五，5；彩版七五，1、2）。M48∶9-2，首高0.4厘米、首宽0.7厘米、通长9.9厘米（图九五，4；彩版七五，3、4）。1件首为五瓣花瓣状，间隔以五片花叶，中间为圆形花蕊，花瓣镂空。略弯，体扁平。M48∶10，首高1.8厘米、首宽1.7厘米、残长9.3厘米（图九五，3；彩版七五，5）。

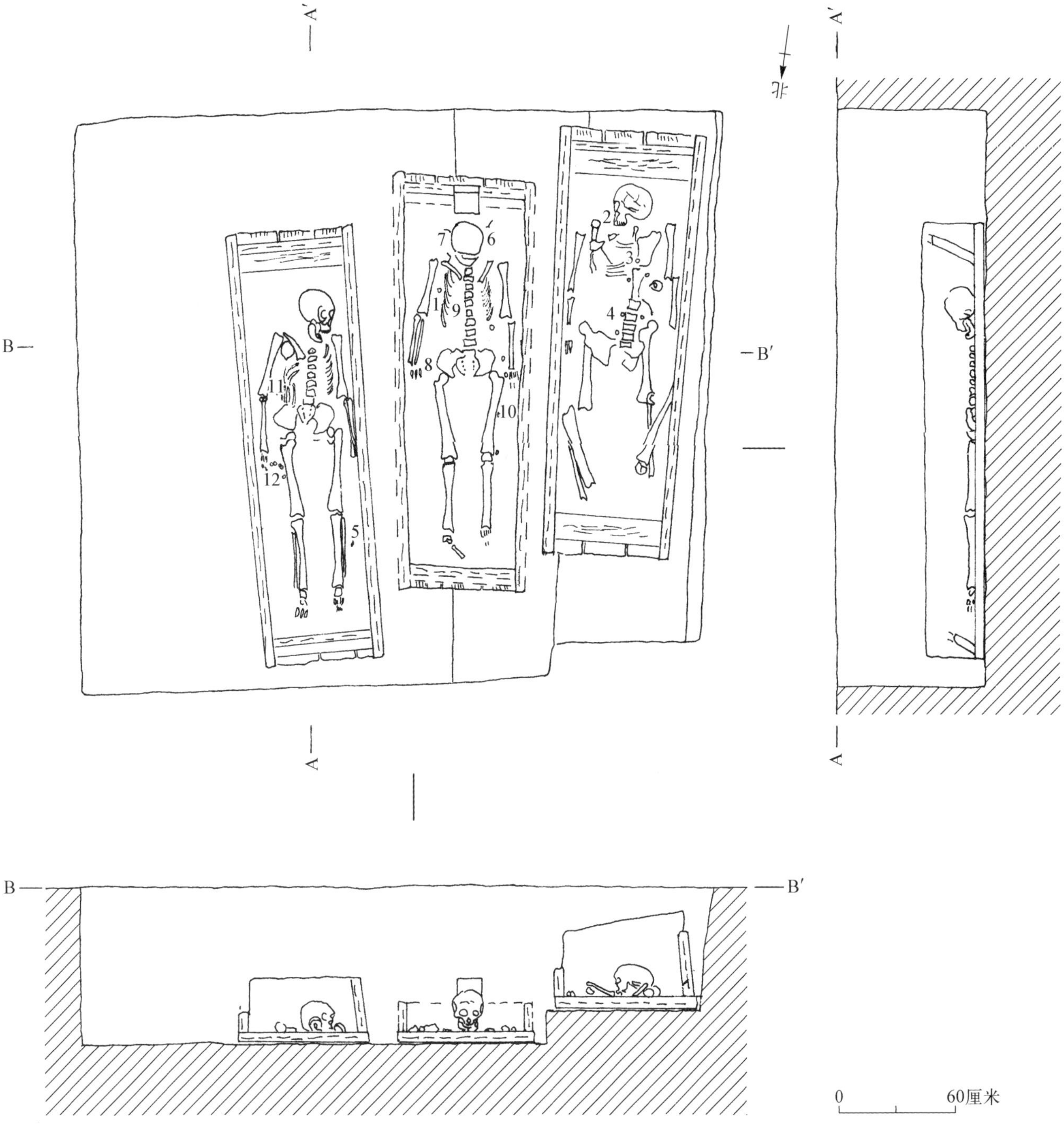

图九四 M48平、剖面图

1. 金耳环 2. 银扁方 3、4、11. 铜扣 5、12. 铜钱 6、9、10. 银簪 7. 铜耳环 8. 玉指环

铜耳环4件。大小、形制基本相同。圆形，柱状。一侧铸龙首状，圆目、张口，目、鼻、口、牙、鬃、鳞皆清晰可见。接口不齐。M48：7-1，直径1.7厘米、厚0.2厘米，重1.56克（图九六，2；彩版七四，5，左1）。M48：7-2，直径1.7厘米、厚0.2厘米，重1.52克（图九六，3；彩版七四，5，左

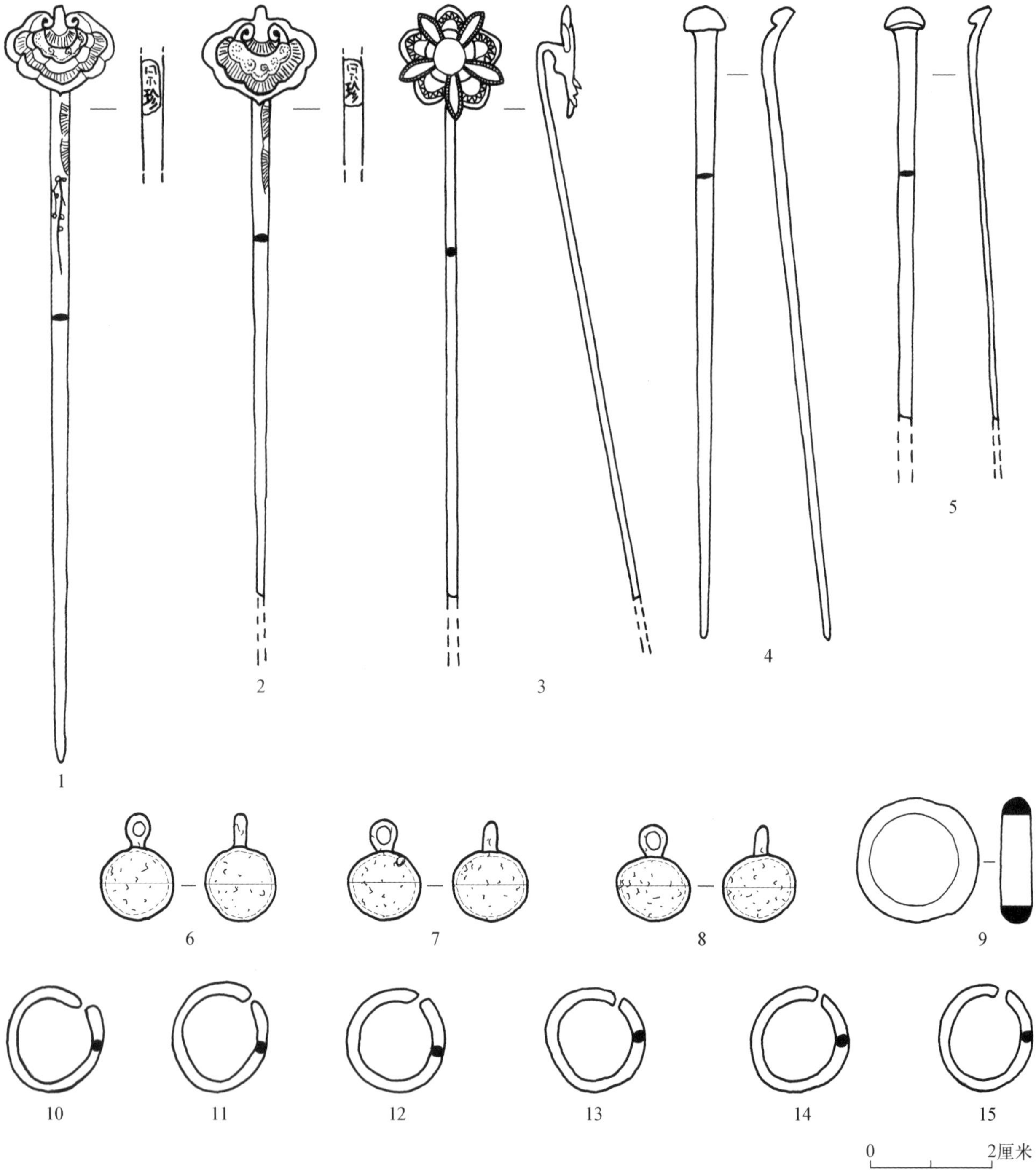

图九五　M48出土器物（一）

1—5. 银簪（M48：6-1、M48：6-2、M48：10、M48：9-2、M48：9-1）　6—8. 铜扣（M48：4-1、M48：11-1、M48：11-2）
9. 玉指环（M48：8）　10—15. 金耳环（M48：1-1、M48：1-2、M48：1-3、M48：1-4、M48：1-5、M48：1-6）

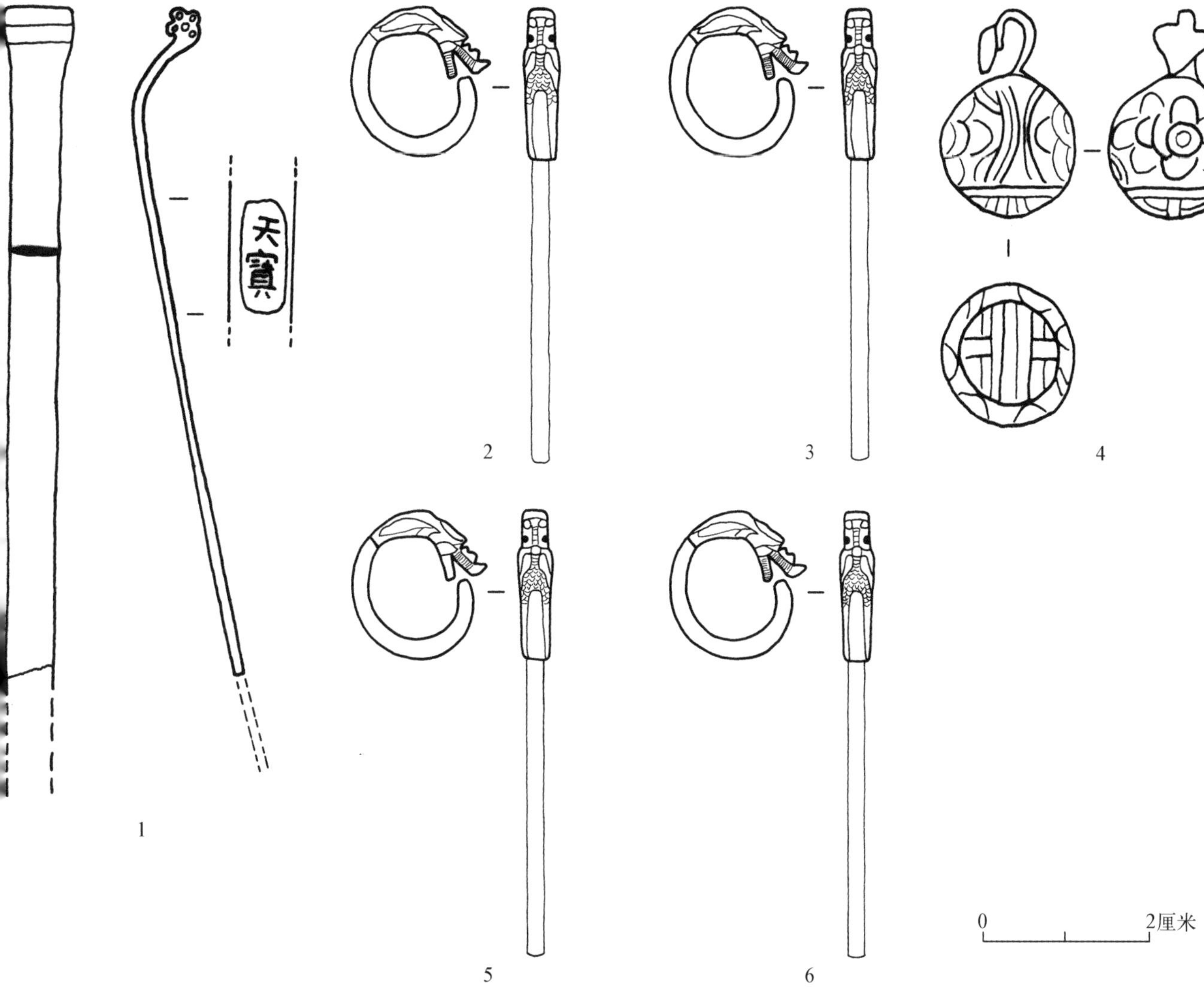

图九六　M48出土器物(二)

1. 银扁方(M48：2)　2、3、5、6. 铜耳环(M48：7-1、M48：7-2、M48：7-3、M48：7-4)　4. 铜扣(M48：3-1)

2)。M48：7-3,直径1.7厘米、厚0.2厘米,重1.57克(图九六,5;彩版六七,5,左3)。M48：7-4,直径1.7厘米、厚0.2厘米,重1.67克(图九六,6;彩版六七,5,左4)。

铜扣9件。M48：3,大小、形制基本相同。圆球形,中空,顶部铸如意状弯别,腹部铸花卉纹,底部铸圆寿纹。标本：M48：3-1,高2.4厘米、宽1.6厘米(图九六,4;彩版七三,3,左1)。M48：4,大小、形制基本相同。圆球形,中空,顶部有环。素面。标本：M48：4-1,高1.7厘米、宽1.2厘米(图九五,6;彩版七三,4,左1)。M38：11,大小、形制基本相同。圆球形,中空,顶部有环。素面。M48：11-1,肩部有损坏,高1.6厘米、宽1.2厘米(图九五,7;彩版七五,6,左)。M48：11-2,高1.6厘米、宽1.2厘米(图九五,8;彩版七五,6,右)。

玉指环1件。M48：8,浅绿色,圆形、表面略鼓,一侧加厚如马鞍状,上有浅凹槽。直径2厘米、厚0.2厘米，重1.53克（图九五，9；彩版七四，6）。

乾隆通宝7枚。圆形、方穿。正面有郭，铸“乾隆通宝”四字，楷书，对读；背面有郭，穿左右为满文“宝云”二字，纪局名。标本：M48∶5-1，直径2.5厘米、穿径0.6厘米、郭厚0.1厘米（图九二，2）。穿左右为满文“宝泉”二字，纪局名。标本：M48∶12-1，直径2.3厘米、穿径0.6厘米、郭厚0.1厘米（图九二，3）。

第四节　四 棺 墓

M49　位于发掘区东部，距M48南部约3米处。东西向，方向为195°。墓口距地表深0.3米，墓底距地表深1.78米。平面呈“凸”字形。墓圹南北长1.12—2.98米、东西宽1.36—2.8米、深1.48米。墓圹南部有一长方形壁龛，内有一长条形开条砖，上有朱砂字迹。墓圹边壁较直，底部较平坦（图九七；彩版二七，1-3）。

内填较致密的棕褐色五花黏土，含少量料礓石块。西1棺为木棺，保存一般，木棺平面呈梯形，长2.02米、宽0.68—0.71米、残高0.2米、厚0.04米。棺底铺白灰层，厚0.04米。棺内人骨为老年男性，保存较好，仰身直肢葬，头向南。西2棺至西4棺为瓮棺，由大到小依次向东排列。西2瓮棺腹部直径0.39米，西3瓮棺腹部直径0.36米，西4瓮棺腹部直径0.32米。西4打破西3，西3打破西2，西2打破西1。

瓷瓮3件。M49∶1，厚方唇、直口，直领，颈部有凹旋纹一道，圆肩，弧腹，平底。腹部饰凹旋纹数道，内壁有垫痕。通体施黑釉，釉面光亮。口径18厘米、肩径38厘米、底径22厘米、高35厘米。盖为帽盔状，平顶，短捉手，表面施黑釉，内壁露红胎。顶径6厘米、底径20厘米、高7厘米（图八八，1；彩版七六，1）。

M49∶2，方唇、直口，直领，颈部有凹旋纹一道，圆肩，弧腹，平底。腹部饰凹旋纹数道，内壁有垫痕。通体施酱釉。口径16厘米、肩径35厘米、底径18厘米、高35厘米。盖为帽盔状，平顶，短捉手。表面施黑釉，内壁露灰胎。顶径5厘米、底径19厘米、高6厘米（图八八，5；彩版七六，2）。

M49∶3，厚方唇、唇下缘凸，直口，直领，圆肩，弧腹，平底。腹部饰凹旋纹数道，内壁有垫痕。颈部施酱釉，颈部以下施褐釉，釉面光亮。口径19厘米、肩径34厘米、底径22厘米、高35厘米。盖为帽盔状，平顶，短捉手。表面施褐釉，内壁露灰胎。顶径4厘米、底径19厘米、高10厘米（图八八，2；彩版七六，3）。

墓砖1块。M49∶4，中有开条，上用朱砂竖书“乾隆五十四年四月十一日诚敬新□，□姚家园北地修立石氏坟茔。计地□□□至道，西至临家坟，南□旗人坟，北至□道□穴丙□壬向□。山□□祭后土尊神，永保亡灵”。长60厘米、高45厘米、厚11厘米（彩版二七，2）

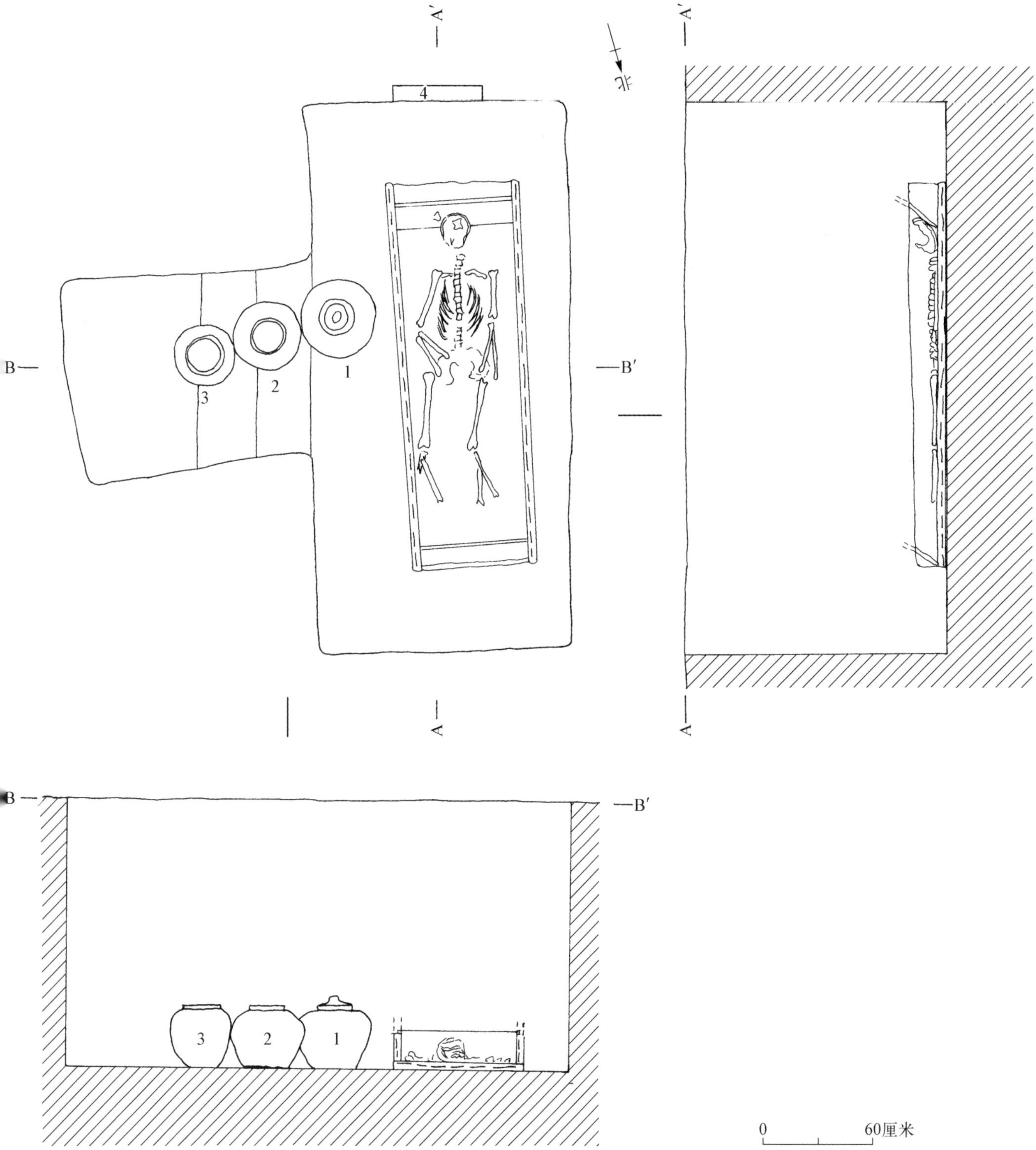

图九七　M49平、剖面图

1—3. 瓷瓮　4. 墓砖

第五节　搬 迁 墓

共6座，由棺数分为A、B两种类型。

A型　单棺墓，共5座。

M11　位于发掘区东北部，距M10东部约10.6米处。南北向，方向为175°。墓口距地表深0.4米，墓底距地表深0.84米。平面呈长方形，墓圹南北长2.74米、东西宽1.52—1.56米、深0.44米。墓圹边壁较直，底部较平坦（图九八；彩版二八，1）。

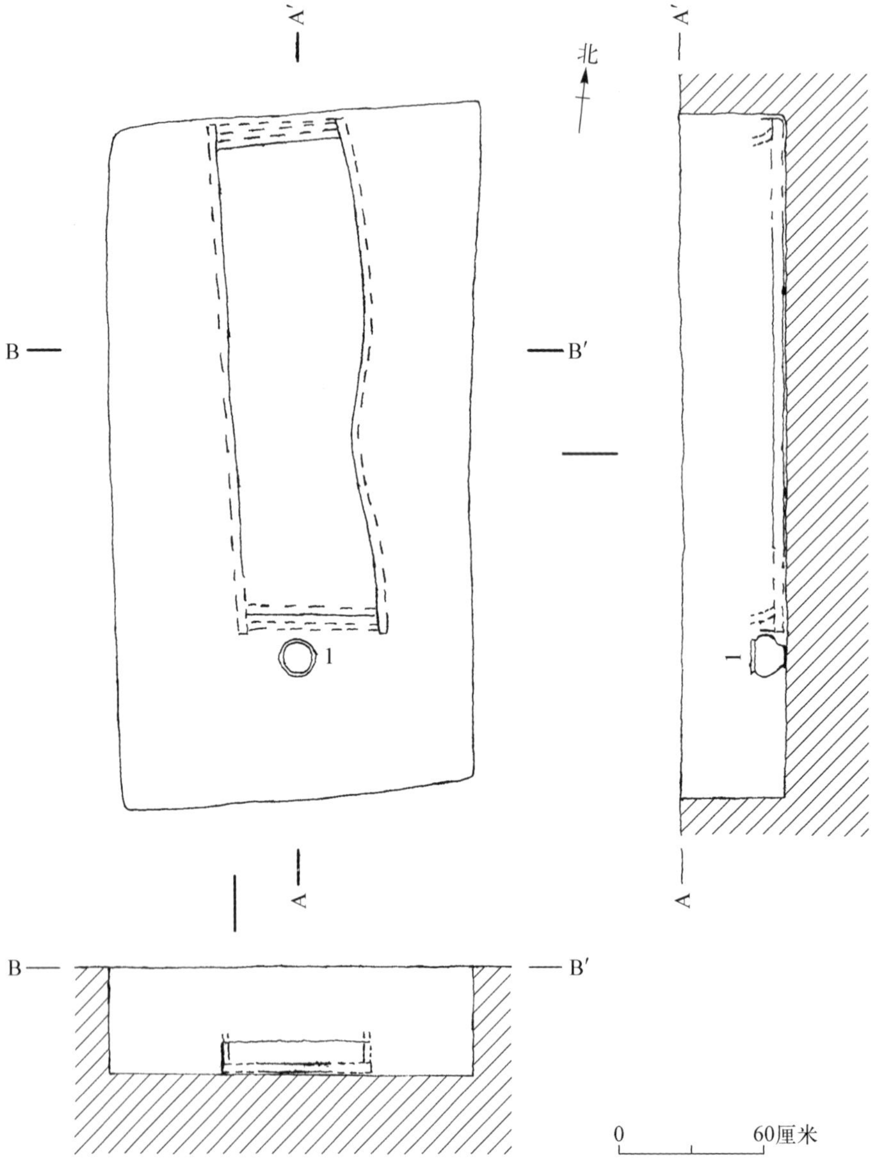

图九八　M11平、剖面图

1. 瓷罐

内填较致密的浅黄色黏土，含小块料礓石。内存木棺1副，已朽。长2.06米、宽0.6—0.64米、残高0.12米、厚0.05米。未发现人骨。出土遗物有瓷罐。

瓷罐1件。M11∶1，尖方唇、直口，卷沿，束颈，圆肩，弧腹略内收，平底略内凹。外壁施薄绿釉，内壁施褐釉，底部露红胎。外壁可见轮制抹痕，内壁可见同心圆纹。口径9.6厘米、肩径15.2厘米、底径11厘米、高8.4厘米（图九九，1；彩版七七，1）。

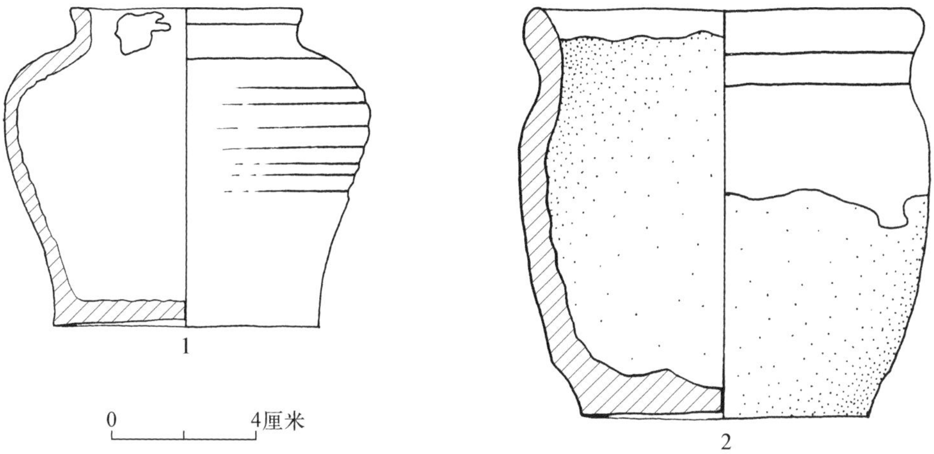

图九九　搬迁墓葬出土器物

1. 瓷罐（M11∶1）　2. 半釉罐（M50∶1）

M20　位于发掘区东部，距M19西部约7米处。南北向，方向为330°。墓口距地表深0.3米，墓底距地表深0.54米。平面呈长方形。墓圹南北长2.8米、东西宽1.3—1.44米、深0.24米。墓圹四壁较粗糙，底部较平坦（图一〇〇；彩版二八，2）。

内填较疏松的浅黄色五花黏土。木棺已朽，仅存棺痕。棺长2.1米、宽0.72—0.8米、残高0.12米、厚0.07米。棺内仅余数根肢骨。出土遗物有铜钱4枚。

均圆形、方穿，正面有郭。锈蚀较甚，字迹模糊不清。标本：M20∶1-1，直径2.4厘米、穿径0.6厘米、郭厚0.1厘米。

M25　位于发掘区东部，距M21西部约9米处，被M55打破。东西向，方向为88°。墓口距地表深0.3米，墓底距地表深0.71—0.96米。平面呈长方形。墓圹东西长3.16米、南北宽1.36米、深0.41—0.66米。墓圹四壁较直，底部较平坦（图一〇一；彩版二八，3）。

内填较疏松的浅褐色五花黏土。未发现葬具，仅存棺钉。棺内无人骨。出土遗物有铜钱3枚。

道光通宝2枚。均圆形、方穿。正面有郭，铸“道光通宝”四字，楷书，对读；背面有郭，穿左右为满文“宝泉”二字，纪局名。M25∶1-1，直径2.2厘米、穿径0.6厘米、郭厚0.1厘米（图

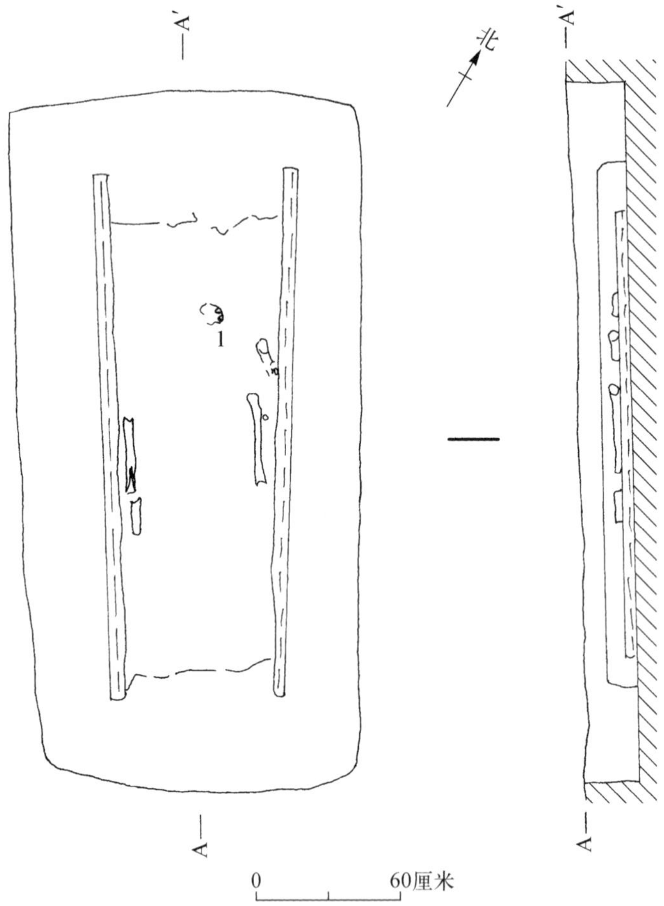

图一〇〇　M20平、剖面图

1. 铜钱

一〇二，1）。M25∶1-2，直径2.2厘米、穿径0.6厘米、郭厚0.1厘米（图一〇二，2）。另1枚锈蚀较甚，字迹模糊不清。

M50　位于发掘区西北部，被M51打破。南北向，方向为9°。墓口距地表深0.4米，墓底距地表深1.2米。平面呈梯形。墓圹南北长2.55米、东西宽1.06—1.18米、深0.8米。墓圹边壁较直，底部较平坦（图一〇三；彩版二九，1）。

内填较致密的棕褐色五花黏土。棺木已朽。棺长1.84米、宽0.61—0.66米、残高0.27米、厚0.05米。棺内未发现人骨。出土遗物有半釉罐。

半釉罐1件。M50∶1，厚方唇、直口，斜领，肩部略折，直腹，平底略内凹。口沿内壁及肩部以上施酱釉，其余部位露红褐胎。外壁有轮制抹痕，底部有偏心圆纹。口径11厘米、肩径11.3厘米、底径8厘米、高10.8厘米（图九九，2；彩版七七，2）。

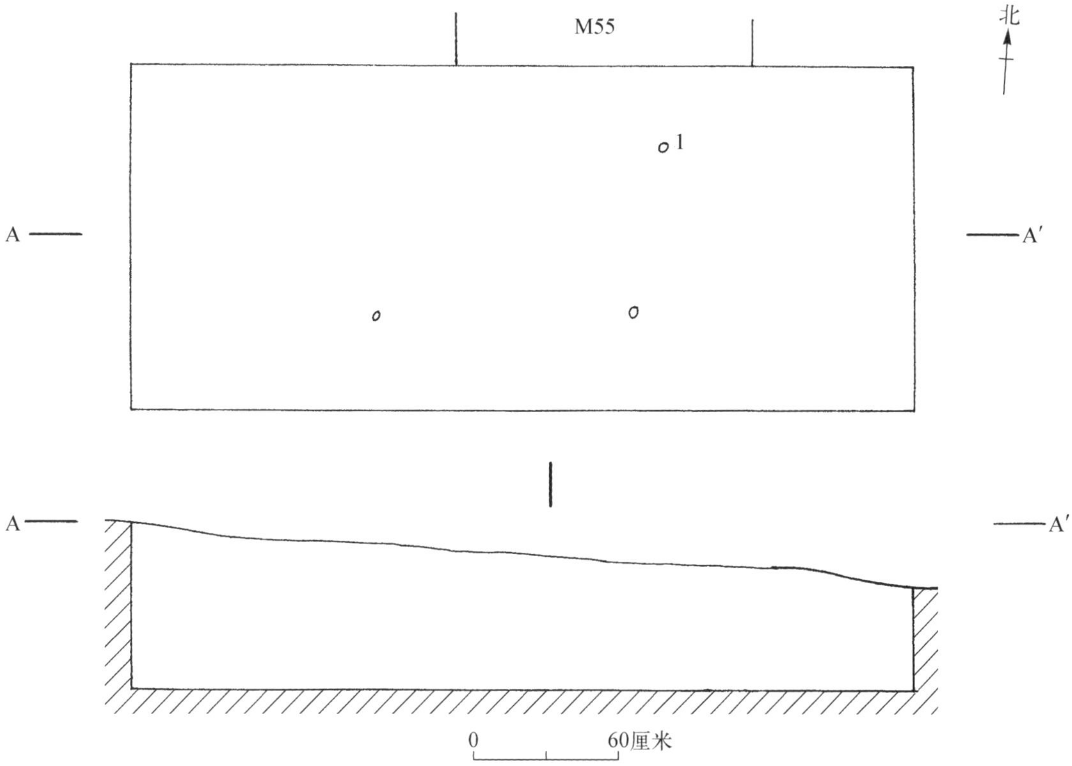

图一〇一　M25平、剖面图

1. 铜钱

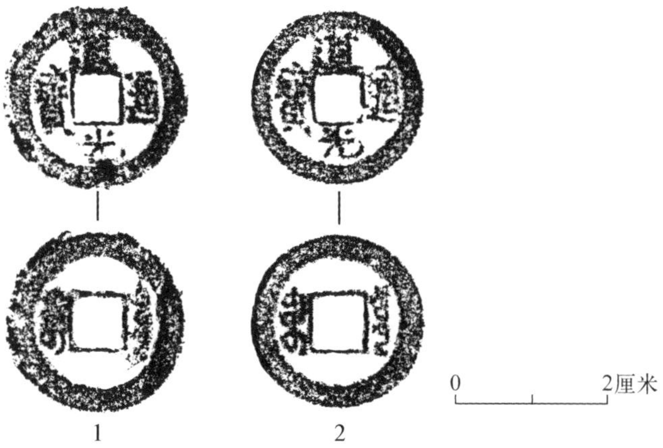

图一〇二　搬迁墓葬出土铜钱

1、2. 道光通宝（M25：1-1、M25：1-2）

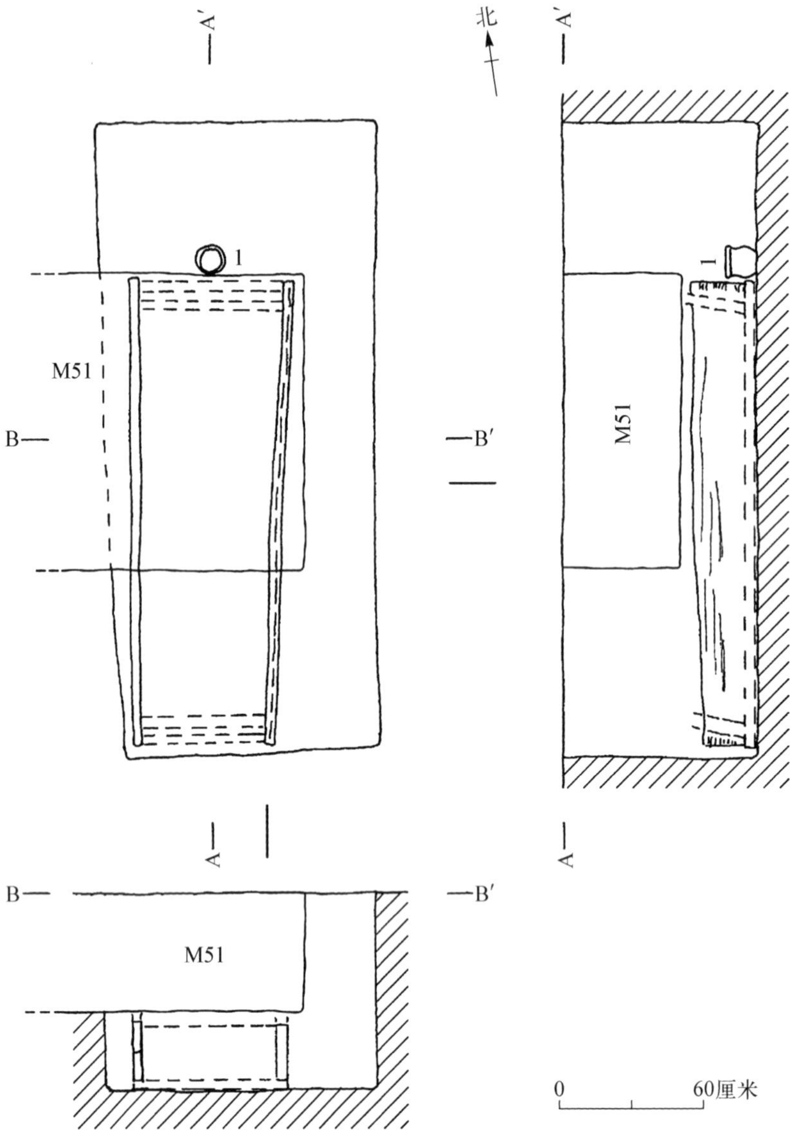

图一〇三　M50平、剖面图

1. 半釉罐

M51　位于发掘区西北部，打破M2与M50（图一〇四）。南北向，方向为100°。墓口距地表深0.4米，墓底距地表深0.94米。平面呈长方形。墓圹东西长2.54米、南北宽1.1—1.2米、深0.54米。墓圹边壁较直，底部较平坦（图一〇五；彩版二九，2）。

内填较致密的黑色垃圾土。棺木保存较差，仅存部分棺板与棺底。棺残长0.78米、宽0.7米、残高0.15米。未发现人骨和随葬品。

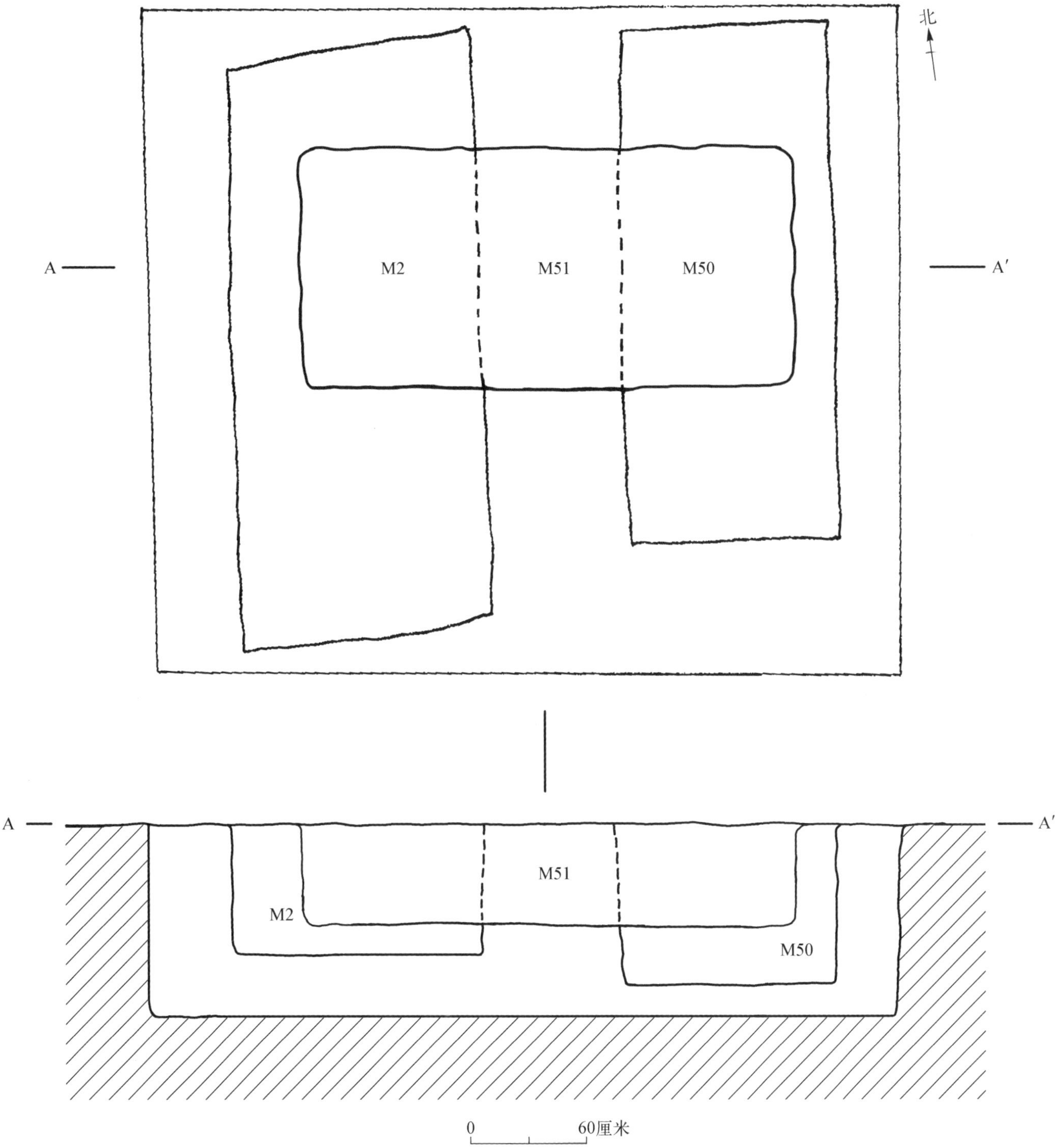

图一〇四　M2、M50、M51打破关系图

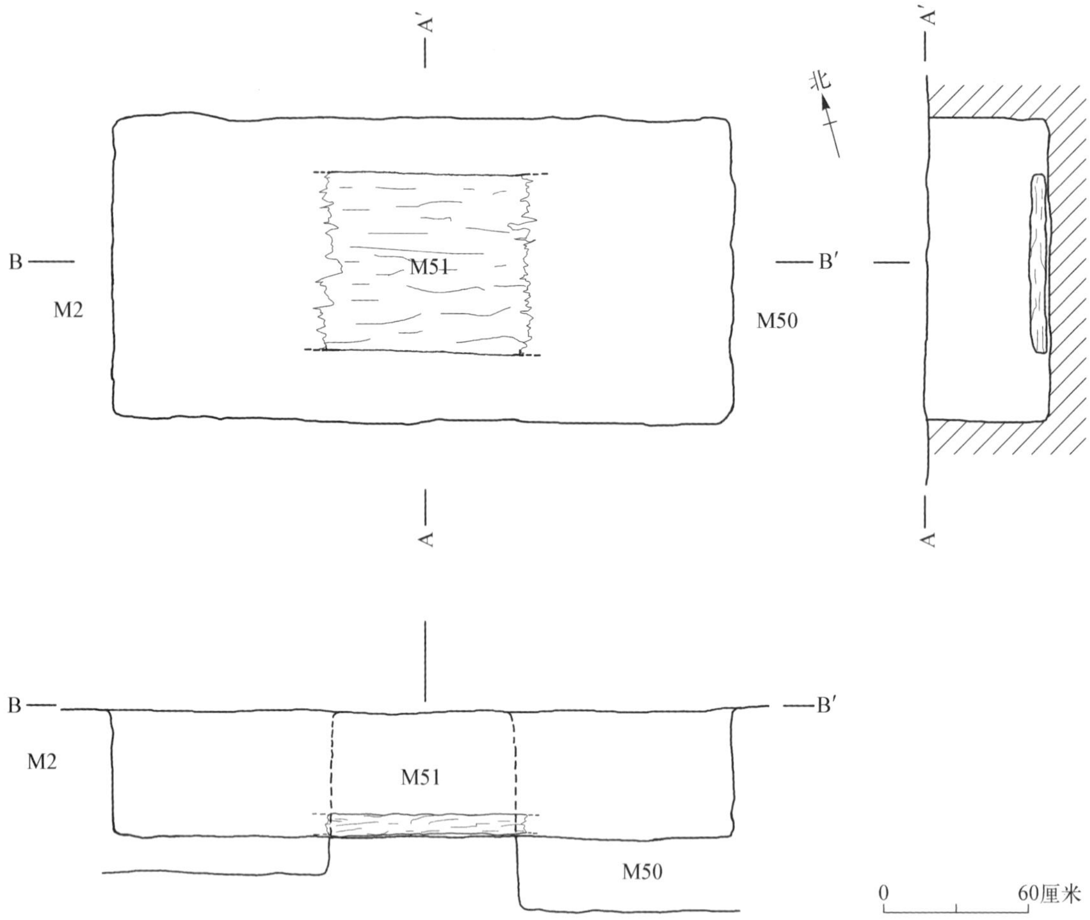

图一〇五　M51平、剖面图

B型　双棺墓，1座。

M52　位于发掘区东北部，打破M47与M53。南北向，方向为3°。墓口距地表深0.4米，墓底距地表深1米。平面呈梯形。墓圹南北长2.6米、东西宽1.72—1.8米、深0.6米。墓圹边壁较直，底部较平坦（图一〇六；彩版三〇）。

内填较疏松的褐色五花黏土。内存木棺2副，保存一般。西棺平面呈梯形，长2.26米、宽0.4—0.46米、残高0.33米、厚0.07米。东棺平面呈梯形，长2.16米、宽0.5—0.6米、残高0.33米、厚0.06米。棺内皆未发现人骨和随葬品。

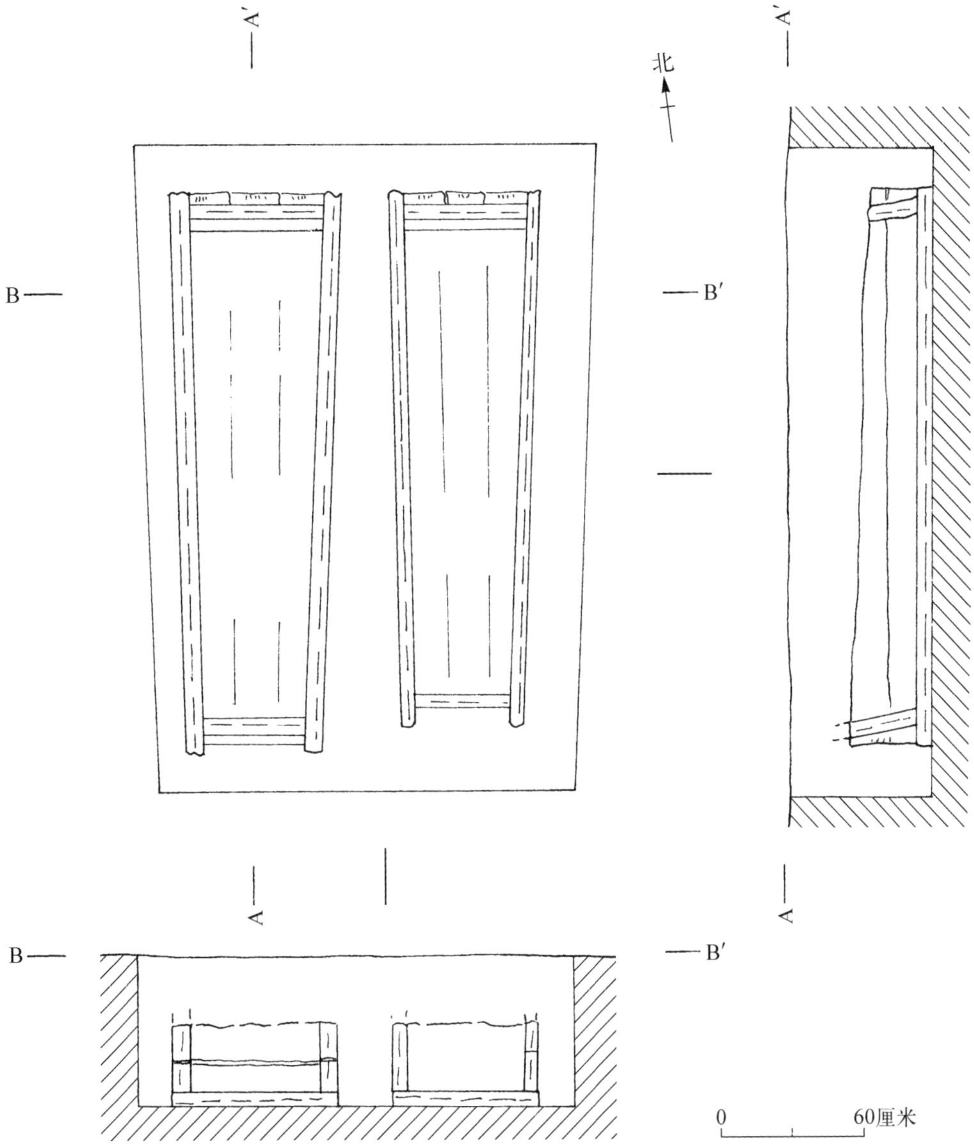

图一〇六　M52平、剖面图

第六节　明　堂

M57　位于发掘区中南部，距M28东部3米处。南北向，方向为0°。口部距地表深0.4米，底部距地表深0.65—0.69米。平面呈八角圆形，开口为正方形，边长1.4米，深0.25—0.29米。平面由八块表面有朱砂书写的长0.245米、宽0.125米、厚0.038米的青砖按照八卦“乾、坎、艮、震、巽、离、坤、兑”八个方位组成，内角相连，外角呈倒“八”字形（图一〇七；彩版三一）。

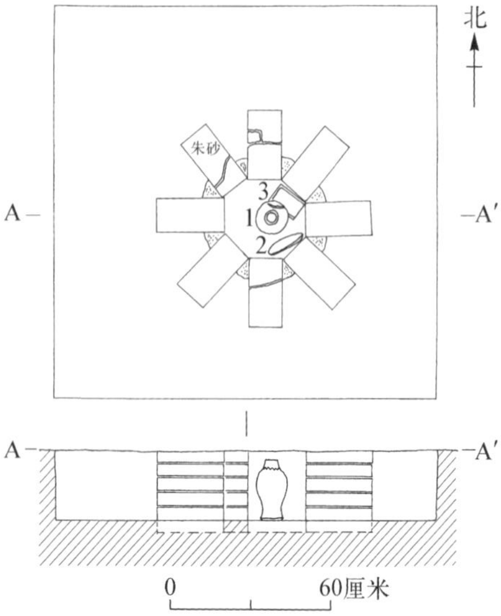

图一〇七　M57平、剖面图

1. 瓷瓶　2. 铜镜　3. 石砚

砖与砖结合处用灰渣填充，从上至下由五层形状相同、方位相同的青砖砌成。砖与砖平面相接，无填充物，最上层“离”位砖被破坏，底部是一块用朱砂书写的“乾隆五十四年四月二十一日，诚敬□□姚家园北边修立石氏□□，祖籍□□”等字样的青砖。上部已被破坏，坑内中心部位出土有青花瓷瓶1件；坑底东南角出土铜镜1件，斜靠于坑壁；坑底东北部有石砚1件。

青花瓷瓶1件。M57：1，方唇、直口，直领，折沿，圆肩，弧腹内收，矮圈足。内壁施白釉，外壁绘青花图案，颈上部绘一周弦纹，下部绘一周三角形，下接方向不同的短线纹。腹部自上而下绘三组花卉纹，上、中组花卉相错，中、下组花卉相错，中间绘以五瓣花朵。每朵花卉由花蕊、花瓣组成，底纹为深蓝色网格斜线纹。釉面光亮，釉色较深。画法高超，制作精美，器体厚重。口径4.8厘米、肩径10.6厘米、底径7.2厘米、高19厘米（图一〇八，1；彩版七八）。

图一〇八　M57出土瓷瓶（M57：1）

铜镜1件。M57∶2，圆形，边缘突起，内有一周凸弦纹，镜背上下右左铸“五子登科”四字，中间为平钮。直径15.8厘米、厚1厘米，重248.87克（图一〇九，1；彩版七九，1）。

石砚1件。M57∶3，紫色，长方形，一侧挖出墨池，坡状，上下有凹旋纹。长11.5厘米、宽7.35厘米、厚1.95厘米，墨池深0.7厘米（图一〇九，2；彩版七九，2）。

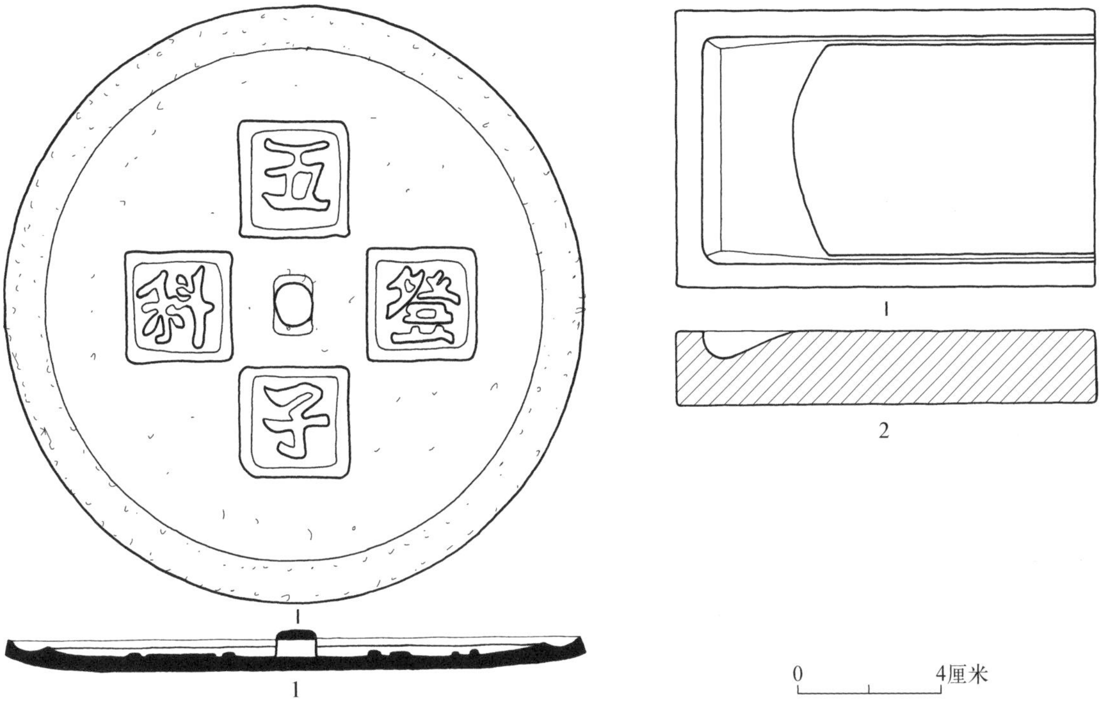

图一〇九　M57祭祀坑出土器物

1. 铜镜（M57∶2）　2. 石砚（M57∶3）

第五章　结　语

第一节　墓葬时代与形制

“平房”最早以村名见于明万历二十一年（1539）[①]。明清两代，北京地区建制是顺天府（由北平府改），辖属多有变化。平房区域大多在城属、顺天府之大兴县和通州县间变化。明永乐十八年（1420），迁都北京。永乐二十年（1421），有平房村辖属京师顺天府之大兴县的记载。明朝平房乡区域西部为东城属，东部为通州属。东城属归东城兵马司管辖。通州隶属顺天府。清朝时期，平房乡区域西部为城属，东部为大兴县属。城属归步兵统领衙门管理。大兴县隶属直隶省顺天府。1930年前后，平房乡西部属于东郊区，东部为通县属。抗日战争时期，其被日军占领，隶属伪大兴县和通县。

姚家园墓地的地势较为平坦，平均海拔约31米。区域内西北略高，东南略低。文化层堆积较简单，呈层状堆积。相传姚家园地区有一姚姓大户在此跑马圈地，并将其划为姚氏墓地，定名姚家园，并沿用至今[②]。另有一说是姚家园村所大界本是明代一偏将的墓地，当地的守陵人为一户姚姓，该地即定名为姚家园。后姚姓生衍女多男寡，人丁不旺，至逐渐消亡[③]。

除这次新村E地块配套中学的发掘外，考古人员还曾在周边地区的姚家园新村C、H地组团[④]、姚家园新村三期[⑤]等发掘过清代墓葬，墓葬形制和年代与本次发掘的清代墓葬相近。

该地块的文化遗存有辽代和清代两个时期。第②层为辽代层，堆积较薄，包含物较少，层面下仅见墓葬1座。M43因破坏严重，难以窥其完整形制，仅从残存部分看，应为圆形竖穴单室

① 北京市朝阳区地方志编撰委员会：《北京市朝阳区志》，北京出版社，2007年。
② 朝阳区地名志编辑委员会：《北京市朝阳区地名志》，北京出版社，1993年。
③ 朝阳区2017年街乡历史文脉课题：《平房地区历史文化保护和文化发展研究》。
④ 北京市文物研究所2019年发掘资料。
⑤ 北京市文物研究所2020年发掘资料。

砖券墓。这种墓葬结构具有典型的宋元时期特征。从出土器物看，瓷碗M43∶1与门头沟龙泉务M1∶11[①]等相近，陶器盖M43∶3与门头沟龙泉务M31∶7-1[②]、大兴北程庄M41∶4[③]等相近，陶钵M43∶4与门头沟龙泉务M30∶18[④]等相近。综上，该墓葬的年代应为辽代晚期，这为朝阳区的辽代遗存增添了新的资料。

第①层为清代文化层，堆积厚度薄厚不均，包含物较少，层面开口之下为清代墓葬，开口较浅。墓葬集中于地块的东部、北部、中部，全部为竖穴土圹墓，形制简单、规格较小。根据墓葬的形制及出土器物推断，大部分墓葬为平民墓。大部分墓葬排列有序，说明事先有过规划，个别墓葬存在叠压或打破关系。

54座清代墓葬中，单棺墓葬有11座，占全部清代墓葬的20%；双棺墓32座，占60%；三棺墓4座，占8%；四棺墓1座，占1%；搬迁墓6座，占11%（图一一〇）。

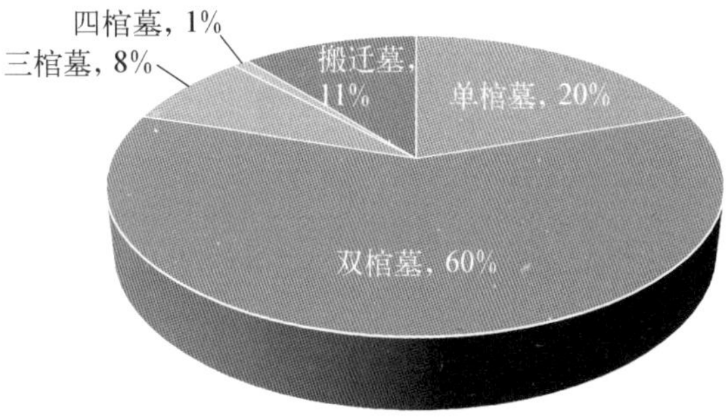

图一一〇 清代各形制墓葬百分比图

单棺墓的墓长在2.2—2.9米之间，宽度在0.9—1.5米之间，深度在0.22—1.28米之间。双棺墓的墓长在2.25—4.3米之间，宽度在1.28—2.72米之间，深度在0.4—1.78米之间。三棺墓的墓长在1.83—3.64米之间，宽度在1.76—2.74米之间，深度在0.58—0.97米之间。搬迁墓的墓长在2.54—3.16米之间，宽度在1.06—1.8米之间，深度在0.24—0.8米之间。棺木的残高在0.12—0.63米之间，厚度在0.04—0.1米之间。以上数据和同属于朝阳区的单店、黑庄户[⑤]等既往已发掘清代墓葬的规格相近，大体可反映出朝阳区清代平民墓葬的普遍情况。

墓葬方向以南北向为主，共38座，占70%；东西向共16座，占30%。葬式绝大多数为仰身直肢葬，占97%，少量为仰身屈肢葬，面向以向上为主。人骨保存情况大部分较差。

葬具以木棺为主，仅M34与M49葬具为瓮棺。棺木和瓮棺的材质一般，与墓主人的身份相符。棺木的腐朽程度不一，大部分已朽烂，少数保存一般，棺盖基本无存。

根据墓葬的形制和出土器物，并结合以往北京地区的考古成果判断，这些墓葬的年代均为清代晚期，延续时间不长。M45、M49中出土了用朱砂书写的棺头挡与青砖，均为下葬之用，反映了当时的葬俗。设置明堂M57，表明整片墓地有不同的下葬规划和家族区分。目前来看可分

① 北京市文物研究所：《北京龙泉务辽金墓葬发掘报告》，科学出版社，2009年。
② 北京市文物研究所：《北京龙泉务辽金墓葬发掘报告》。
③ 北京市文物研究所：《大兴北程庄墓地——北魏，唐、辽、金、清代墓葬发掘报告》，科学出版社，2010年。
④ 北京市文物研究所：《北京龙泉务辽金墓葬发掘报告》。
⑤ 北京市文物研究所：《单店与黑庄户——朝阳区考古发掘报告集》，上海古籍出版社，2021年。

为三组。明堂M57两翼的M26—M31应为一组。M45—M49、M52、M53,它们的排列符合“昭穆之制”,应为一组。M19—M21、M25、M54—M56,M36—M40分布较集中,应为一组。以上三组墓葬应分属于不同的家族墓地。

明堂M57的底部为圆形,上置八块方砖代表八卦。出土有青花瓷瓶、铜镜、石砚、青砖,这些都是北京明清明堂中的常见器物。青砖上用朱砂书写修建时间与祭祀的地域,以及墓主人的介绍等。据“诚敬□□姚家园北边修立石氏□□”推断,明堂附属的墓葬应属于一处石氏家族墓地。

北京现存明堂中,明代的有东城宝华里[①]、海淀中坞[②]和半壁店[③];清代的有通州旅游文化园区D8地块[④]、E4地块[⑤]、E10地块[⑥],通州梨园高楼金[⑦],通州西集综合配套区[⑧],通州半壁店[⑨],通州郑庄[⑩],昌平沙河[⑪],石景山南宫C地块[⑫],北京冬奥人才公寓[⑬]等。明堂的总体分布较为均衡,以北京东部发现更多。这座明堂的发现,为北京明堂的研究补充了新的资料。

北京明堂的建造方式是先挖土坑,然后在坑中用大小相同的青砖横向立3—4层,筑成一定的结构,以六边形或八边形居多。砖形结构的内外放置器物,其种类大致相同,有石砚、铁犁铧、买地券(墓券)、铜镜、铜钱等,围绕买地券(墓券)放置,放置时主要采用对称的方式。

这种形制的建筑,崔学谙先生认为是墓地压胜用的砖穴[⑭],有的人称之为龟镇,也有研究者称之为“明堂位心”[⑮]。明堂与墓地有直接的关系,对其功能的理解也有不同。有人认为是为放置买地券等明器而设置的墓葬附属设施[⑯],还有研究者结合《地理新书》等文献记载,提出明堂

---

①《东城区宝华里汉代和明清墓葬、明代明堂发掘报告》,《北京考古》(第38辑),北京燕山出版社,2023年。

② 北京市文物研究所:《海淀中坞——北京市南水北调配套工程团城湖调节池工程考古发掘报告》,科学出版社,2017年。

③ 北京市文物研究所:《海淀区行知实验小学明代明堂发掘简报》,《北京文博文丛》2014年第四辑。

④ 北京市文物研究所2014年发掘资料。

⑤ 北京市文物研究所2014年发掘资料。

⑥ 北京市文物研究所2014年发掘资料。

⑦ 北京市文物研究所2014年发掘资料。

⑧ 北京市文物研究所2014年发掘资料。

⑨ 北京市文物研究所:《北京市通州区梨园镇半壁店旧村明清墓葬发掘简报》,《北京文博文丛》2013年第四辑。

⑩ 北京市考古研究院:《通州郑庄——北京市第8代薄膜晶体管液晶显示器件项目考古发掘报告》,上海古籍出版社,2023年。

⑪ 北京市文物研究所:《昌平沙河——汉、西晋、唐、元、明、清代墓葬发掘报告》,科学出版社,2012年。

⑫ 北京市文物研究所2017年发掘资料。

⑬ 北京市文物研究所2018年发掘资料。

⑭ 崔学谙:《明清砖穴缩述》,载《首都博物馆文集》,北京燕山出版社,1992年。

⑮ 翟鹏飞:《墓地明堂位心研究》,载文化遗产研究与保护技术教育部重点实验室等:《西部考古》(第17辑),科学出版社,2019年。

⑯ 崔学谙:《明清砖穴缩述》,载《首都博物馆文集》。

是墓地举行斩草仪式时的祭拜场地[①]。因此对明堂功能的研究还需要进一步深化。

这批墓葬的发掘为进一步研究北京清代的葬俗、墓葬形制和葬式、家族墓地的选址规律及建设方式、墓位关系、排列方式等乃至了解当时的社会状况提供了重要资料。

朝阳区近年开展了多项配合基建的考古发掘，出土的各类文物为研究当时的物质文化史提供了众多资料。此前出版了朝阳区第一部考古发掘报告《单店与黑庄户——朝阳区考古发掘报告集》[②]，如今第二部亦将付梓，但这还远远不够。希望今后这些发掘成果能够有始有终，陆续出版，为复原古代朝阳区社会面貌发挥更大的作用。

第二节　随葬器物

此次发掘出土的器物种类较丰富，有罐、碗、钵、器盖、瓶等实用器或冥器；有发簪、耳环、纽扣、腰饰、顶戴、串珠、护心镜、翎管等佩饰；也有烟袋锅、鼻烟壶、铜镜、石砚等生活用具；还出土了若干铜钱。随葬品按质地可分为陶器、金器、铜器、瓷器、玛瑙器、料器、石器等。

清代文物中，铜器最多，142件，占53%；银器次之，55件，占20%；陶器再之，23件，占9%；其他材质（骨、石、玉、水晶、玻璃等）18件，占7%；瓷器16件，占6%；金器14件，占5%（图一一一）。

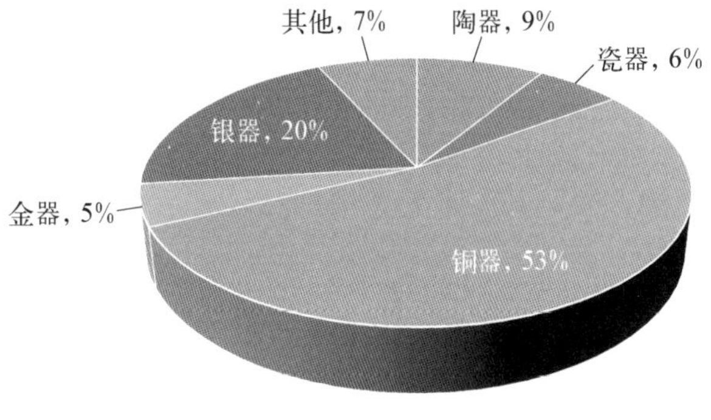

图一一一　清代各质地文物百分比图

清代器物大多数为北京清代常见的出土文物。如发簪中的禅杖簪M3：1等、针形簪M3：3-1、龙首簪M3：10、福寿簪M14：3等、包珠簪M14：5、如意形簪M38：2等，扁方M3：16等，押发M7：2等，圆耳环M3：5、蘑菇首耳钉M14：2、平面圆耳钉M13：2、包珠式耳环M26：8、龙首耳环M48：7、烟锅M36：13等。

青花瓷罐M26：1与通州田家府村E1地块M1：6[③]，大兴西红门M53：1[④]，丰台亚林西

① 李伟敏：《北京地区出土清代买地券考述》，载北京市文物研究所编：《北京文物与考古》（第8辑），北京出版集团、北京出版社，2021年。

② 北京市文物研究所：《单店与黑庄户——朝阳区考古发掘报告集》。

③ 北京市文物研究所：《通州田家府村—通州文化旅游区A8、E1、E6地块考古发掘报告》，上海古籍出版社，2020年。

④《西红门商业综合区一、二、三号地块考古发掘报告》，北京市文物研究所：《小营与西红门——北京大兴考古发掘报告》，上海古籍出版社，2018年。

三期M5∶3[①]、丰台岳各庄[②]，奥运村M42∶1[③]，五棵松篮球馆M48∶1[④]，鲁谷M8∶14、M10∶6、M8∶13[⑤]，丽泽墓地M17∶1和M238∶1[⑥]，新少年宫M31∶1[⑦]，朝阳亮马住宅K地块出土瓷罐[⑧]等相近。它们的共同点是均为小口鼓腹青花罐，器体通身绘缠枝花草纹，不同的是罐体上所绘的具体花纹有所不同。根据瓷罐的形制、用料和绘画特点，可推断为清代景德镇窑烧制。

白瓷罐M56∶1与鲁谷M4∶5[⑨]、丽泽M32∶1[⑩]、海淀中坞M83∶1[⑪]等相近，均直领，鼓肩，腹下弧收，平底或平底略内凹。

料珠M36∶9-1、M36∶9-2与国家体育馆M18∶5、M22∶2[⑫]等相近，均为圆形，中心有穿孔，用于佩挂。

元宝此前见于明昌宁侯赵胜墓[⑬]、丰台岳各庄东区[⑭]、丰台王佐[⑮]等，前两者皆为银质，此次姚家园的发现和丰台王佐的都为铜质。

铭文镜M57∶2，背面文字为“五子登科”，用于祈福后代，与中坞M90∶1[⑯]、郑庄M74∶3[⑰]等相近。“五子登科”是五代渔阳（今蓟州一带）窦禹钧五个儿子都考中了进士，时称“燕山窦氏五龙”的典故。

铜护心镜M36∶7，结合M36同时出土的M36∶4玻璃顶戴和M36∶2翡翠翎管推断，M36的男性主人生前应为四品武将。鼻烟壶此前发现瓷质、玉质、玛瑙质较多，如奥运场馆的数件[⑱]，丽泽墓地M51∶2、M151∶9、M60∶12[⑲]，朝阳亮马住宅K地块的鼻烟壶[⑳]等，M36∶8玻璃质的较

① 北京市文物研究所：《北京市丰台区亚林西三期明清墓葬发掘简报》，《北京文博文丛》2014年第四辑。
② 北京市文物研究所2009年发掘资料。
③《奥运村工程考古发掘报告》，载北京市文物局、北京市文物研究所：《北京奥运场馆考古发掘报告》，科学出版社，2007年。
④《五棵松篮球馆工程考古发掘报告》，载北京市文物局、北京市文物研究所：《北京奥运场馆考古发掘报告》。
⑤ 北京市文物研究所：《鲁谷金代吕氏家族墓葬发掘报告》，科学出版社，2010年。
⑥ 北京市文物研究所：《丽泽墓地——丽泽金融商务区园区规划绿地工程发掘报告》，科学出版社，2016年。
⑦《北京市新少年宫考古发掘报告》，载北京市文物研究所：《京沪高铁北京段与北京新少年宫考古发掘报告集》，上海古籍出版社，2014年。
⑧ 北京市文物研究所2015年发掘资料。
⑨ 北京市文物研究所：《鲁谷金代吕氏家族墓葬发掘报告》。
⑩ 北京市文物研究所：《丽泽墓地——丽泽金融商务区园区规划绿地工程发掘报告》。
⑪ 北京市文物研究所：《海淀中坞——北京市南水北调配套工程团城湖调节池工程考古发掘报告》。
⑫《国家体育馆工程考古发掘报告》，载北京市文物局、北京市文物研究所：《北京奥运场馆考古发掘报告》。
⑬ 北京市文物研究所：《北京市朝阳区明赵胜夫妇合葬墓发掘简报》，《文物》2008年第9期。
⑭ 北京市文物研究所2010年发掘资料。
⑮ 北京市文物研究所：《丰台王佐遗址》，科学出版社，2010年。
⑯ 北京市文物研究所：《海淀中坞——北京市南水北调配套工程团城湖调节池工程考古发掘报告》。
⑰ 北京市考古研究院：《通州郑庄——北京市第8代薄膜晶体管液晶显示器件项目考古发掘报告》。
⑱ 北京市文物局、北京市文物研究所：《北京奥运场馆考古发掘报告》。
⑲ 北京市文物研究所：《丽泽墓地—丽泽金融商务区园区规划绿地工程发掘报告》。
⑳ 北京市文物研究所2015年发掘资料。

少见。

银簪背面戳印的文字，目前可以辨别的有“□德”“德□”“永兴”“万恒”“天德”“□华”“宝源”“乾元”“同义”“永□”“天宝”“吉足”“梧村”“天锦”“□珍”，它们应为当时制作首饰的银号。其中“永兴”[①]“萬恒”[②]“天德”[③]此前已有发现，“梧村”“同义”“宝源”为此次新的发现，为手工业史和商业史的研究增加了新的资料。

其他较为少见的器物有M41∶2葫芦首形簪、M57∶1瓷瓶、M45∶2瓷盒、M36∶7铜护心镜等，丰富了清代文物的品种。

唐代铜钱有1枚，明代铜钱有4枚，其余均为清代铜钱，共有开元通宝、万历通宝、乾隆通宝、嘉庆通宝、道光通宝、咸丰通宝、咸丰重宝、光绪通宝8种。最早为唐代的开元通宝，次为明代的万历通宝，清代的有乾隆通宝、嘉庆通宝、道光通宝、咸丰通宝、咸丰重宝、光绪通宝。出土数量最多的为道光通宝，乾隆通宝次之、嘉庆通宝再次。其中铜钱背穿左右为满文“宝泉”者，为北京户部宝泉局所铸；背穿左右为满文“宝源”者，为北京工部宝源局所铸；背穿左右为满文“宝云”者，为云南宝云局所铸。结合明堂M57中朱砂写就的“乾隆五十四年四月二十一日”的青砖和M45的棺头挡上用朱砂写就的“道光二十六年五月二十六日”，断定这批清代墓葬的年代主要为清代晚期。M6、M31出现了铜板，年代已至近代。

这批随葬器物的发现，为研究北京，特别是北京东部清代历史文化提供了新的材料。

---

①《昌平张营遗址北区墓葬发掘报告》，载北京市文物研究所：《北京考古》（第二辑），北京燕山出版社，2008年。

② 北京市文物研究所：《海淀中坞——北京市南水北调配套工程团城湖调节池工程考古发掘报告》。

③《中关村电子城西区E5研发中心三期地块考古发掘报告》，载北京市文物研究所：《单店与黑庄户——朝阳区考古发掘报告集》，上海古籍出版社，2021年。

附表一　墓葬登记表

单位：米

墓号	方向	墓口（长×宽×深）	墓底（长×宽×深）	深度	葬具	葬式	人骨保存情况	头向及面向	随葬品	年代	备注
M1	10°	2.64×（2.6–2.7）×0.4	2.64×（2.6–2.7）×（1.46–1.57）	1.06–1.17	双棺	不详	较差	皆头向北、面向不详	半釉罐2件、铜钱1枚、铜帽饰1件、铜饰1件	清	
M2	9°	2.9×（1.32–1.42）×0.4	2.9×（1.32–1.42）×1.05	0.65	单棺	无	无	无	铜钱2枚	清	
M3	20°	（2.6–2.7）×（1.17–1.6）×0.4	（2.6–2.7）×（1.17–1.6）×1.36	0.96	单棺	仰身直肢葬	较差	头向北、面向上	铜簪4件、银簪5件、金耳环2件、铜扣1件、织物1件、铜元宝1件、铜饰1件、铜簪首3件、料珠3件、铜钱4枚	清	
M4	35°	2.5×1.5×0.5	2.5×1.5×1.34	0.84	单棺	仰身屈肢葬	较差	头向北、面向东	铜扣4枚	清	
M5	10°	2.53×（1.95–2.26）×0.3	2.53×（1.95–2.26）×1.25	0.95	双棺	不详	较差	皆头向北、面向不详	银簪1件	清	
M6	20°	2.5×（1.6–1.7）×0.4	2.5×（1.6–1.7）×（1.19–1.33）	0.79–0.93	双棺	皆仰身直肢葬	较差	皆头向北、面向上	釉陶罐1件、铜板2枚、银耳环2件	清	
M7	315°	2.4×（1–1.1）×0.3	2.4×（1–1.1）×0.96	0.66	单棺	不详	较差	头向西、面向不详	瓷罐1件、银押发1件	清	
M8	180°	2.58×（1.12–1.2）×0.3	2.58×（1.12–1.2）×0.54	0.24	单棺	仰身直肢葬	较差	头向南、面向东	铜钱2枚、铜扣4件	清	
M9	170°	2.76×（2.2–2.28）×0.3	2.76×（2.2–2.28）×0.78	0.48	双棺	皆仰身直肢葬	较差	皆头向南、面向不详	铜扣3件、铜饰2件、铜耳环2件、铜扁方1件	清	

续　表

墓号	方向	墓口（长×宽×深）	墓底（长×宽×深）	深度	葬具	葬式	人骨保存情况	头向及面向	随葬品	年代	备注
M10	180°	（2.4–2.8）×（1.84–2）×0.4	（2.4–2.8）×（1.84–2）×0.95	0.55	双棺	皆仰身直肢葬	较差	皆头向南、面向上	铜钱2枚、银耳钉1件、瓷罐1件	清	
M11	175°	2.74×（1.52–1.56）×0.4	2.74×（1.52–1.56）×0.84	0.44	单棺	不详	不详	不详	瓷罐1件	清	搬迁墓
M12	170°	2.78×（1.9–2.4）×0.3	2.78×（1.9–2.4）×0.81	0.51	双棺	皆仰身直肢葬	较差	皆头向南、面向上	无	清	
M13	180°	2.92×2×0.3	2.92×2×（0.8–0.94）	0.5–0.64	双棺	皆仰身直肢葬	较差	皆头向北、面向上	铜钱2枚、银耳钉2件、铜扣1件	清	
M14	175°	2.8×2×0.3	2.8×2×1.04	0.74	双棺	不详	较差	皆头向南、面向不详	铜钱1枚、银耳环2件、铜簪3件、银扁方1件	清	
M16	20°	3×2.24×0.4	3×2.24×1.56	1.16	双棺	皆仰身直肢葬	较好	皆头向北、面向上	半釉罐2件、铜钱6枚、骨簪3件、银耳钉1件、料珠1件	清	
M17	280°	2.84×2×0.4	2.84×2×1.24	0.84	双棺	不详	较差	不详	铜簪首2件、瓷罐1件、银簪1件、铜扁方1件	清	
M18	185°	3.6×（2–2.2）×0.3	3.6×（2–2.2）×1.44	1.14	双棺	不详	较差	西棺：头向南、面向皆不详	无	清	
M19	355°	（2.29–2.39）×（1.63–1.8）×0.4	（2.29–2.39）×（1.63–1.8）×0.65	0.25	双棺	不详	较差	皆头向北、面向不详	铜钱3枚、半釉罐1件、铜烟锅1件	清	
M20	330°	2.8×（1.3–1.44）×0.3	2.8×（1.3–1.44）×0.54	0.24	单棺	不详	较差	头向北、面向不详	铜钱4枚	清	搬迁墓

续 表

墓号	方向	墓口（长×宽×深）	墓底（长×宽×深）	深度	葬具	葬式	人骨保存情况	头向及面向	随葬品	年代	备注
M21	330°	（3–4.3）×（2.3–4）×0.4	（3–4.3）×（2.3–4）×1.26	0.86	双棺	不详	较差	皆头向北、面向不详	铜钱6枚、半釉罐1件	清	
M22	85°	（3.5–3.64）×（2–2.56）×0.3	（3.5–3.64）×（2–2.56）×（0.89–1.08）	0.59–0.78	三棺	皆仰身直肢葬	较好	北棺：头向东、面向北；中、南棺：头向东、面向南	铜钱5枚、银耳环2件、银押发1件、铜簪1件、铜耳环2件、铜扣3件	清	
M23	105°	（2.38–2.6）×（2.4–2.6）×0.3	（2.38–2.6）×（2.4–2.6）×（0.95–1.27）	0.65–0.97	三棺	皆仰身直肢葬	较好	皆头向东、面向不详	铜钱5枚、铜扣5件、陶罐1件、铜簪5件	清	
M24	95°	2.86×2.2×0.3	2.86×2.2×1.13	0.83	双棺	皆仰身直肢葬	较好	皆头向东、面向南	铜钱5枚、料珠1件	清	
M25	88°	3.16×1.36×0.3	3.16×1.36×（0.71–0.96）	0.41–0.66	不详	不详	不详	不详	铜钱3枚	清	搬迁墓
M26	180°	2.78×（2.3–2.34）×0.3	2.78×（2.3–2.34）×1.46	1.16	双棺	皆仰身直肢葬	较好	皆头向南、面向不详	瓷罐2件、铜钱2枚、铜簪2件、银簪2件、铜耳环2件	清	
M27	210°	2.7×（2.06–2.16）×0.3	2.7×（2.06–2.16）×0.93	0.63	双棺	皆仰身直肢葬	较好	皆头向南、面向上	铜钱6枚、银簪3件、铜簪1件、铜扣5件、铜耳钉2件	清	
M28	200°	（2.53–2.94）×（2.92–3）×0.3	（2.53–2.94）×（2.92–3）×1.12	0.82	双棺	皆仰身直肢葬	较好	皆头向南、面向不详	铜钱14枚、铜簪3件、银簪1件、铜饰1件、铜烟锅1件、铜仗头1件	清	

续　表

墓号	方向	墓口（长×宽×深）	墓底（长×宽×深）	深度	葬具	葬式	人骨保存情况	头向及面向	随葬品	年代	备注
M29	175°	（2.63–2.82）×（1.92–2.14）×0.3	（2.63–2.82）×（1.92–2.14）×（0.8–0.85）	0.5–0.55	双棺	皆仰身直肢葬	较差	皆头向南、面向不详	铜钱6枚、银耳环2件、银扁方1件、陶罐1件、铜簪1件	清	
M30	185°	2.7×（1.84–1.93）×0.3	2.7×（1.84–1.93）×1.2	0.9	双棺	皆仰身直肢葬	较好	皆头向南、面向不详	铜钱8枚、银簪1件、铜耳环2件、铜扣1件	清	
M31	290°	2.76×（1.72–1.76）×0.3	2.76×（1.72–1.76）×0.7	0.4	双棺	皆仰身直肢葬	较差	皆头向西、面向不详	铜板1枚、陶罐1件	清	
M32	78°	（2.32–2.72）×（1.28–1.8）×0.3	（2.32–2.72）×（1.28–1.8）×（0.78–0.9）	0.48–0.6	双棺	皆仰身直肢葬	北棺：较差；南棺：较好	皆头向东、面向北	铜簪2件、银簪6件、陶罐1件、金耳环2件、铜扣1件、铜钱7枚	清	
M33	80°	（2.44–2.76）×（1.74–2.16）×0.4	（2.44–2.76）×（1.74–2.16）×0.86	0.46	双棺	皆仰身直肢葬	北棺：较好；南棺：较差	皆头向东、面向不详	瓷罐2件、银耳环2件、银簪首1件、银押发1件	清	
M34	260°	1.83×（1.76–1.8）×0.4	1.83×（1.76–1.8）×1.08	0.68	三棺	南棺：仰身直肢葬；北、中棺为瓮棺	较差	南棺：头向西、面向上	瓷瓮2件	清	
M35	175°	2.26×（1–1.3）×0.3	2.26×（1–1.3）×0.7	0.4	单棺	仰身直肢葬	较好	头向南、面向东	铜扣4枚	清	

续 表

墓号	方向	墓口（长×宽×深）	墓底（长×宽×深）	深度	葬具	葬式	人骨保存情况	头向及面向	随葬品	年代	备注
M36	8°	2.72×（2.7−2.72）×0.3	2.72×（2.7−2.72）×1.4	1.1	双棺	皆仰身直肢葬	较差	皆头向北、面向不详	铜钱8枚、翡翠翎管1件、水晶坠1件、玻璃顶戴1件、铜扣7件、铜烟锅2件、护心镜1件、鼻烟壶1件、串饰1件、金耳环4件、铜簪1件、银簪1件	清	
M37	0°	2.49×（1.53−1.6）×0.3	2.49×（1.53−1.6）×1.14	0.84	双棺	皆仰身直肢葬	较好	皆头向北、面向上	半釉罐2件	清	
M38	91°	3.24×（2.6−2.64）×0.4	3.24×（2.6−2.64）×1.81	1.41	双棺	皆仰身直肢葬	较好	皆头向东、面向上	铜钱7枚、铜簪7件、银簪1件、石顶戴1件、铜扣7件、帽饰1件、串饰1件	清	
M39	8°	2.25×（1.48−1.65）×0.3	2.25×（1.48−1.65）×1.46	1.16	双棺	皆仰身直肢葬	较差	皆头向北、面向不详	铜钱5枚、陶罐2件	清	
M40	85°	（2.3−3）×（1.66−2.47）×0.3	（2.3−3）×（1.66−2.47）×1.27	0.97	双棺	皆仰身直肢葬	较差	皆头向东、面向南	银耳环2件、铜扣8件、银扁方1件、铜顶戴1件	清	
M41	80°	（2.52−2.8）×（2.08−2.1）×0.3	（2.52−2.8）×（2.08−2.1）×（1.22−1.62）	0.92−1.32	双棺	皆仰身直肢葬	较好	皆头向东、面向上	铜钱3枚、铜簪2件	清	
M42	75°	2.5×（1.25−1.32）×0.3	2.5×（1.25−1.32）×1.5	1.2	单棺	仰身直肢葬	较差	头向东、面向上	无	清	
M43	200°	3.69×2.75×0.6	3.69×2.75×1.16	0.56	不详	不详	不详	不详	瓷碗1件、陶钵2件、陶器盖1件	辽	

续　表

墓号	方向	墓口（长×宽×深）	墓底（长×宽×深）	深度	葬具	葬式	人骨保存情况	头向及面向	随葬品	年代	备注
M44	85°	3.4×（1.76−2）×0.5	3.4×（1.76−2）×1.68	1.18	双棺	皆仰身直肢葬	北棺：较差；南棺：较好	皆头向东、面向不详	铜钱8枚、银簪2件、瓷罐1件、陶罐1件、铜扣2件	清	
M45	170°	2.4×（0.9−1）×0.4	2.4×（0.9−1）×1.68	1.28	单棺	仰身直肢葬	较好	头向南、面向上	铜钱4枚、五彩瓷盒1件、陶瓶1件、银耳环1件	清	
M46	180°	2.74×（2.18−2.26）×0.4	2.74×（2.18−2.26）×1.35	0.95	双棺	皆仰身直肢葬	较好	皆头向南、面向东	铜钱3枚、铜扣3件、铜簪1件、银扁方1件	清	
M47	178°	（2.28−2.72）×（2.56−2.7）×0.3	（2.28−2.72）×（2.56−2.7）×（1.61−2.08）	1.31−1.78	双棺	皆仰身直肢葬	较差	皆头向南、面向不详	铜钱4枚、陶罐2件、铜簪首1件	清	
M48	175°	（2.68−3.16）×（2.53−2.74）×0.3	（2.68−3.16）×（2.53−2.74）×（0.88−1.04）	0.58−0.74	三棺	皆仰身直肢葬	较好	皆头向南、面向不详	金耳环6件、银簪6件、铜扣9件、铜钱5枚、铜耳环4件、玉指环1件	清	
M49	195°	（1.12−2.98）×（1.36−2.8）×0.3	（1.12−2.98）×（1.36−2.8）×1.78	1.48	四棺	西1棺：仰身直肢葬；西2、3、4棺皆为瓮棺	较好	西1棺：头向南、面向不详	瓷瓮3件、墓砖1件	清	
M50	9°	2.55×（1.06−1.18）×0.4	2.55×（1.06−1.18）×1.2	0.8	单棺	不详	不详	不详	半釉罐1件	清	搬迁墓

续 表

墓号	方向	墓口（长×宽×深）	墓底（长×宽×深）	深度	葬具	葬式	人骨保存情况	头向及面向	随葬品	年代	备注
M51	100°	2.54×（1.1–1.2）×0.4	2.54×（1.1–1.2）×0.72×0.94	0.54	单棺	不详	不详	不详	无	清	搬迁墓
M52	3°	2.6×（1.72–1.8）×0.4	2.6×（1.72–1.8）×1	0.6	双棺	不详	不详	不详	无	清	搬迁墓
M53	185°	2.67×（2.34–2.43）×0.4	2.67×（2.34–2.43）×1.79	1.39	双棺	皆仰身直肢葬	较好	皆头向南、面向不详	铜钱2枚、陶罐2件、铜簪首2件	清	
M54	182°	2.8×（1.18–1.38）×0.3	2.8×（1.18–1.38）×0.43	0.13	单棺	仰身直肢葬	较好	头向南、面向东	陶罐1件	清	
M55	1°	2.6×1.1×0.3	2.6×1.1×0.67	0.37	单棺	仰身直肢葬	较好	头向北、面向西	铜钱3枚、铜扣2件	清	
M56	1°	1.7×1.12×0.3	1.7×1.12×0.52	0.22	单棺	不详	较差	头向南、面向不详	瓷罐1件、铜钱1枚	清	
M57	0°	1.4×1.4×0.4	1.4×1.4×（0.65–0.69）	0.25–0.29	龟镇	无	无	无	瓷瓶1件、铜镜1件、石砚1件	清	

附表二　出土铜钱统计表

单位：厘米

单位	编号	种类	钱径	穿宽	郭厚	备　注
M1	3	乾隆通宝	2.3	0.6	0.1	左右铸“宝泉”
M2	1-1	不详	2.1	0.6	0.1	
M3	15-1	嘉庆通宝	2.4	0.6	0.1	左右铸“宝泉”
M6	2-1	不详	3.9		0.2	
	2-2	不详	3.1		0.15	
M8	1-1	道光通宝	2.1	0.6	0.1	左右铸“宝泉”
	1-2	道光通宝	2.2	0.6	0.1	左右铸“宝泉”
M10	1-1	道光通宝	2.2	0.7	0.1	
M13	1-1	乾隆通宝	2.2	0.6	0.1	左右铸“宝泉”
M14	1	不详	2.1	0.6	0.1	
M16	2-1	开元通宝	2.3	0.6	0.1	
	5-1	不详	2.3	0.6	0.1	
M19	1-1	不详	2.1	0.6	0.1	
	4	不详	2.1	0.6	0.1	
M20	1-1	不详	2.4	0.6	0.1	
M21	1-1	咸丰通宝	1.9	0.6	0.1	左右铸“宝泉”
	2-1	不详	2.2	0.6	0.1	
M22	1-1	道光通宝	2.1	0.6	0.1	
	5-1	乾隆通宝	2.4	0.6	0.1	左右铸“宝泉”
M23	1-1	光绪通宝	1.8	0.5	0.1	左右铸“宝泉”
	5-1	道光通宝	2	0.7	0.1	左右铸“宝源”
	5-2	道光通宝	2.1	0.6	0.1	左右铸“宝泉”
	5-3	道光通宝	2.1	0.6	0.1	左右铸“宝泉”
M24	1-1	道光通宝	2.2	0.6	0.1	左右铸“宝泉”
	3	咸丰通宝	1.9	0.6	0.1	左右铸“宝泉”
M25	1-1	道光通宝	2.2	0.6	0.1	左右铸“宝泉”
	1-2	道光通宝	2.2	0.6	0.1	左右铸“宝泉”

续 表

单位	编号	种类	钱径	穿宽	郭厚	备 注
M26	2	不详	2.2	0.6	0.1	
	3	不详	2.1	0.6	0.1	
M27	1-1	嘉庆通宝	2.5	0.6	0.1	左右铸“宝泉”
	1-2	道光通宝	2.1	0.6	0.1	左右铸“宝源”
M28	1-1	嘉庆通宝	1.9	0.6	0.1	左右铸“宝泉”
	7-1	嘉庆通宝	2.4	0.6	0.1	左右铸“宝源”
M29	1-1	道光通宝	2.2	0.6	0.1	左右铸“宝源”
M30	1-1	不详	2	0.6	0.1	
	2-1	道光通宝	1.9	0.7	0.1	左右铸“宝源”
M31	1	不详	2.5		0.15	
M32	8-1	不详	2.3	0.6	0.1	
	9-1	乾隆通宝	2.3	0.7	0.1	左右铸“宝泉”
	9-2	乾隆通宝	2.3	0.6	0.1	左右铸“宝泉”
	9-3	嘉庆通宝	2.3	0.6	0.1	左右铸“宝云”
M36	1-1	乾隆通宝	2.3	0.6	0.1	
M38	1-1	不详	1.9	0.6	0.1	左右铸“宝泉”
	13-1	嘉庆通宝	2.4	0.6	0.1	左右铸“宝泉”
M39	1-1	万历通宝	2.4	0.6	0.1	
	1-2	万历通宝	2.5	0.6	0.1	
	1-3	万历通宝	2.5	0.6	0.1	
	1-4	万历通宝	2.5	0.6	0.1	
	1-5	乾隆通宝	2.5	0.6	0.1	左右铸“宝泉”
M41	1-1	不详	2.3	0.6	0.1	
M44	1-1	不详	2.2	0.6	0.1	
	2-1	乾隆通宝	2.2	0.6	0.1	左右铸“宝泉”
	2-2	咸丰重宝	3.2	0.8	0.12	上下左右铸“當十宝泉”
M45	1-1	不详	2.1	0.6	0.1	

续　表

单位	编号	种类	钱径	穿宽	郭厚	备　注
M46	1-1	不详	2.1	0.6	0.1	
	3	不详	2.2	0.6	0.1	
M47	1-1	不详	2.1	0.6	0.1	
	3	不详	2.2	0.6	0.1	
M48	5-1	乾隆通宝	2.5	0.6	0.1	左右铸“宝云”
	12-1	乾隆通宝	2.3	0.6	0.1	左右铸“宝泉”
M53	1-1	不详	2.2	0.6	0.1	
M55	1-1	乾隆通宝	2.1	0.6	0.1	
M56	2	道光通宝	2.2	0.6	0.1	左右铸“宝泉”

编 后 记

这是我的“救火”系列之七。2023年初启动的“春雷行动”的目的在于迅速、有效地解决我院积压的未整考古报告，注定要被写进考古院的史册。多年以来，大量的积压报告像一座大山，严重影响了单位的声誉，制约了单位的发展。所以必须下定决心，彻底解决这一毒瘤。经过努力，全院积压报告由540项减至目前的230项。作为发起人，我自然责无旁贷率先宣战。于是春节假间，这本报告最终诞生。

轰轰烈烈的发掘之后，更重要的是如何做好考古的后半篇文章。我常说，扶贫先扶志，考古资料的整理和报告的编写是一面镜子，折射出考古人员的勇气、能力与人品。一拖再拖纵然可以找到“没有时间”“没有人手”“全国都这样”等众多理由，但在我看来终究是整理意识的不足，否则偌大的考古单位，怎么会居然连续两年出不了一本考古报告？！考古报告的整理当然也是一份答卷，只不过我们自己既是出卷人，也是答卷人，更是阅卷人。

感谢刘风亮同志在发掘期间的协调，感谢赵福生先生对报告评审出版的宝贵意见，感谢李永强先生对有关瓷器内容的审核，感谢北京艺术博物馆李廙先生对铜钱内容的审核。感谢上海古籍出版社宋佳、董瑾女士为之付出的艰辛。

郭京宁

2023.2

1. 地表状况（第 3 页）

2. 勘探现场（第 3 页）

地表状况与勘探现场

1. 发掘现场（第 3 页）

2. 现场绘图（第 3 页）

发掘现场

1.M43（第 6 页）

2.M43 墓壁上的白灰（第 6 页）

3. 瓷碗 M43 ： 1（第 6 页）

4. 陶钵 M43 ： 2（第 6 页）

5. 陶器盖 M43 ： 3（第 6 页）

6. 陶钵 M43 ： 4（第 6 页）

辽代墓葬 M43 及其随葬器物

1.M4（第 9 页）

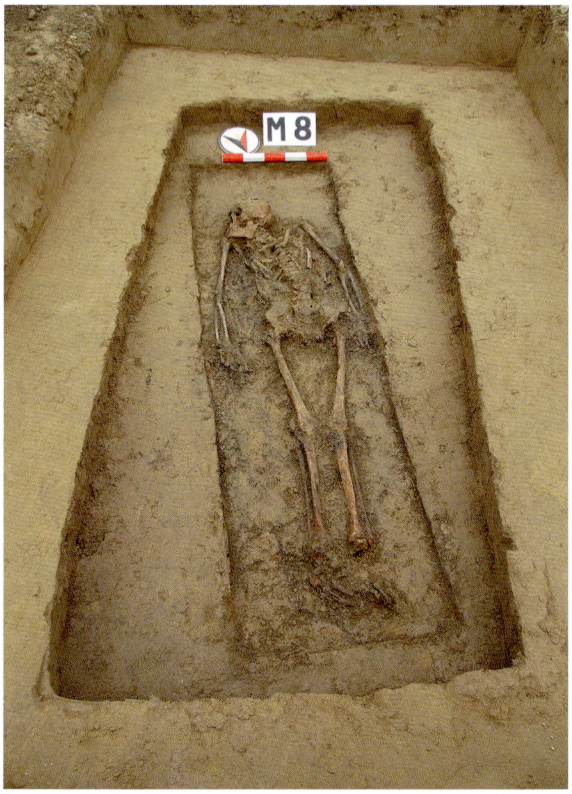

2.M8（第 9 页）

清代单棺 A 型墓葬（一）

1.M42（第 12 页）

2.M45（第 13 页）

清代单棺 A 型墓葬（一）

1.M45 陶瓦上的朱砂（第 14 页）

2.M55（第 15 页）

3.M56（第 16 页）

清代单棺 A 型墓葬（二）

1.M2（第 16 页）

2.M3 棺木（第 16 页）

清代单棺 B 型墓葬（一）

1.M3（第 16 页）

2.M7（第 22 页）

清代单棺 B 型墓葬（一）

1.M35（第 23 页）

2.M54（第 24 页）

清代单棺 B 型墓葬（二）

1.M9（第 25 页）

2.M13（第 27 页）

清代双棺 A 型墓葬（一）

1.M14（第 30 页）

2.M17（第 31 页）

清代双棺 A 型墓葬（一）

1.M24（第 34 页）

2.M26（第 37 页）

清代双棺 A 型墓葬（二）

1.M30（第 38 页）

2.M31（第 40 页）

清代双棺 A 型墓葬（二）

1.M36（第 42 页）

2.M37（第 47 页）

3.M38（第 48 页）

清代双棺 A 型墓葬（三）

1.M46（第 53 页）

2.M53（第 55 页）

清代双棺 A 型墓葬（四）

1.M1（第 58 页）

2.M5（第 61 页）

清代双棺 B 型墓葬（一）

1.M6（第 61 页）

2.M12（第 64 页）

清代双棺 B 型墓葬（一）

1.M16（第 65 页）

2.M18（第 67 页）

3.M27（第 67 页）

清代双棺 B 型墓葬（二）

1.M39（第 71 页）

2.M44（第 72 页）

清代双棺 B 型墓葬（三）

1.M10（第 76 页）

2.M19（第 77 页）

清代双棺 C 型墓葬（一）

1.M21（第 77 页）

2.M28（第 80 页）

清代双棺 C 型墓葬（一）

1.M29（第 83 页）

2.M32（第 84 页）

清代双棺 C 型墓葬（二）

1.M33（第 89 页）

2.M40（第 90 页）

清代双棺 C 型墓葬（二）

1.M41（第 95 页）

2.M47（第 95 页）

清代双棺 C 型墓葬（三）

1.M34（第 98 页）

2.M22（第 100 页）

清代三棺墓葬（一）

1.M23（第 100 页）

2.M48（第 106 页）

清代三棺墓葬（二）

1.M49（第 110 页）

2.M49 砖上字迹（第 110 页）

3.M49（2）（第 110 页）

清代四棺墓葬 M49

1.M11（第 112 页）

2.M20（第 113 页）

3.M25（第 113 页）

清代搬迁 A 型墓葬（一）

1.M50（第 114 页）

2.M51（第 116 页）

清代搬迁 A 型墓葬（二）

1 发掘前（第 118 页）

2 发掘后（第 118 页）

清代搬迁 B 型墓葬 M52

1.M57 明堂（第 119 页）

2.M57 明堂底部（第 119 页）

清代明堂

1. 铜扣 M4 ： 1（第 9 页）

2. 铜扣 M8 ： 1（第 10 页）

3. 五彩瓷盒 M45 ： 2（第 14 页）

清代单棺 A 型墓葬随葬器物（一）

1. 陶瓶 M45 ∶ 3（第 14 页）

2. 银耳环 M45 ∶ 4（第 14 页）

3. 铜扣 M55 ∶ 2（第 15 页）

4. 瓷罐 M56 ∶ 1（第 16 页）

清代单棺 A 型墓葬随葬器物（二）

1. 铜簪 M3 ： 1（第 21 页）

2. 银簪 M3 ： 2-1（第 21 页）

3. 银簪 M3 ： 2-2（第 21 页）

4. 银簪 M3 ： 2-3（第 21 页）

清代单棺 B 型墓葬随葬器物（一）

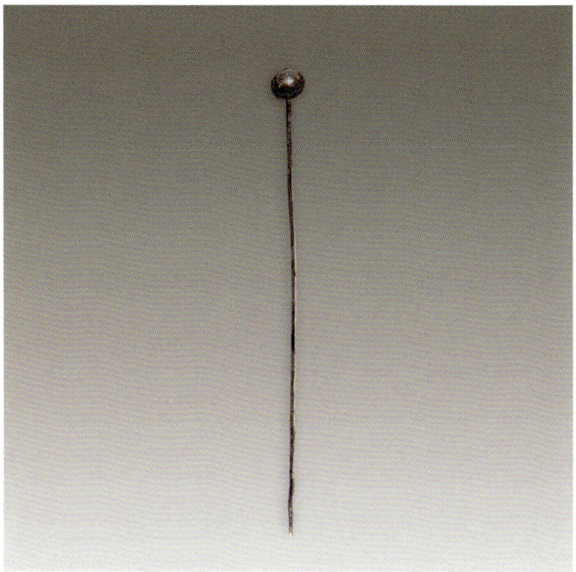

1. 银簪 M3 ： 2-4（第 21 页）

2. 铜簪 M3 ： 3-1（第 21 页）

3. 铜簪 M3 ： 3-1（字迹）（第 21 页）

4. 铜簪 M3 ： 3-2（第 21 页）

清代单棺 B 型墓葬随葬器物（二）

1. 铜簪 M3 ： 4（第 21 页）

2. 金耳环 M3 ： 5（第 17 页）

3. 铜扣 M3 ： 6（第 21 页）

4. 织物 M3 ： 7（第 21 页）

5. 铜元宝 M3 ： 8（第 21 页）

6. 铜饰 M3 ： 9（第 21 页）

清代单棺 B 型墓葬随葬器物（三）

1. 龙首铜簪 M3 ： 10（第 21 页）

2. 铜簪首 M3 ： 11（第 21 页）

3. 铜簪首 M3 ： 12（第 21 页）

4. 铜簪首 M3 ： 13（第 21 页）

5. 木珠 M3 ： 14（第 21 页）

6. 银扁方 M3 ： 16（第 21 页）

清代单棺 B 型墓葬随葬器物（四）

彩版三八

1 瓷罐 M7 ：1（第 23 页）

2. 银簪 M7 ：2（第 23 页）

3. 银簪 M7 ：2（字迹）（第 23 页）

4. 铜扣 M35 ：1（第 24 页）

清代单棺 B 型墓葬随葬器物（五）

1. 铜扣 M9 ： 1（第 26 页）

2. 铜饰 M9 ： 2（第 27 页）

3. 铜耳环 M9 ： 3-1（第 27 页）

4. 铜耳环 M9 ： 3-2（第 27 页）

5. 铜簪 M9 ： 4（第 27 页）

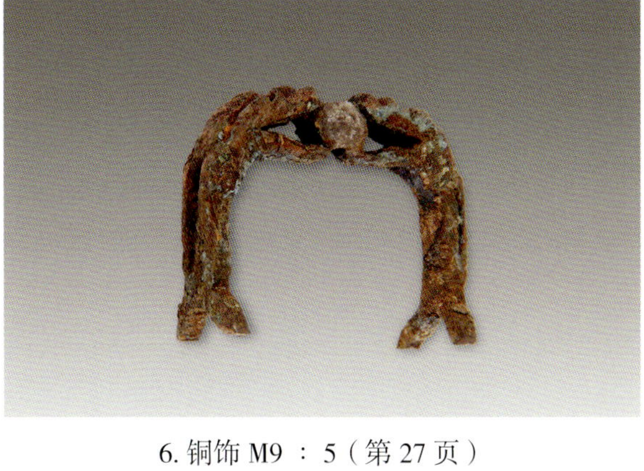

6. 铜饰 M9 ： 5（第 27 页）

清代双棺 A 型墓葬随葬器物（一）

1. 铜扣 M9 ： 6（第 26 页）

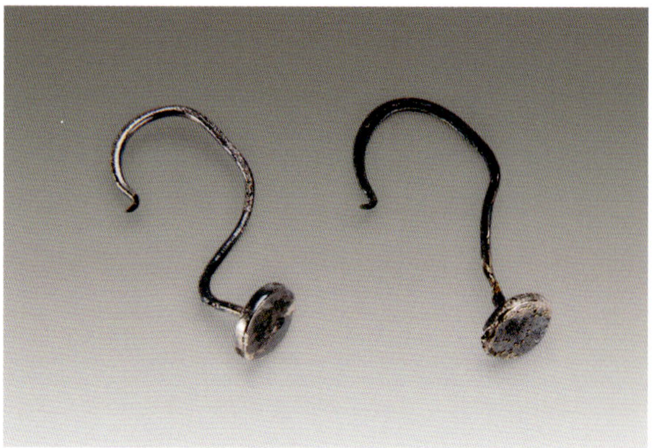

2. 银耳钉 M13 ： 2（第 28 页）

3. 铜扣 M13 ： 3（第 30 页）

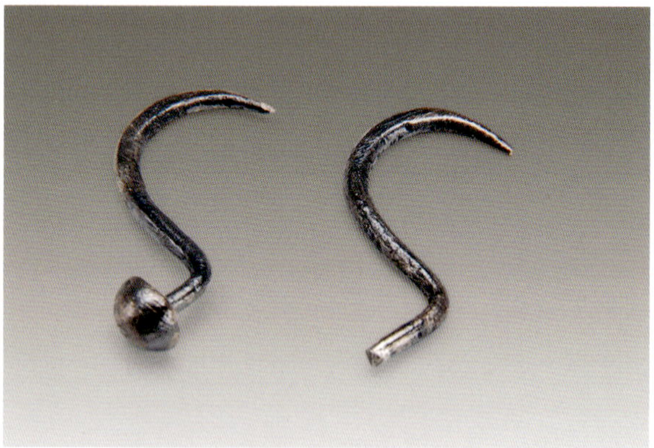

4. 银耳钉 M14 ： 2（第 31 页）

5. 银簪 M14 ： 3-1（第 31 页）

6. 银簪 M14 ： 3-2（第 31 页）

清代双棺 A 型墓葬随葬器物（二）

1. 铜簪 M14 ∶ 4（第 31 页）

2. 铜簪 M14 ∶ 5（第 31 页）

3. 铜簪首 M17 ∶ 1–1（第 31 页）

4. 铜簪首 M17 ∶ 1–2（第 31 页）

5. 瓷罐 M17 ∶ 2（第 31 页）

6. 银簪 M17 ∶ 3（第 31 页）

清代双棺 A 型墓葬随葬器物（三）

1. 铜扁方 M17 ： 4（第 31 页）

2. 料珠 M24 ： 2（第 34 页）

3. 瓷罐 M26 ： 1（第 38 页）

4. 银簪 M26 ： 4–1（第 38 页）

5. 银簪 M26 ： 4–2（第 38 页）

6. 铜簪 M26 ： 5（第 38 页）

清代双棺 A 型墓葬随葬器物（四）

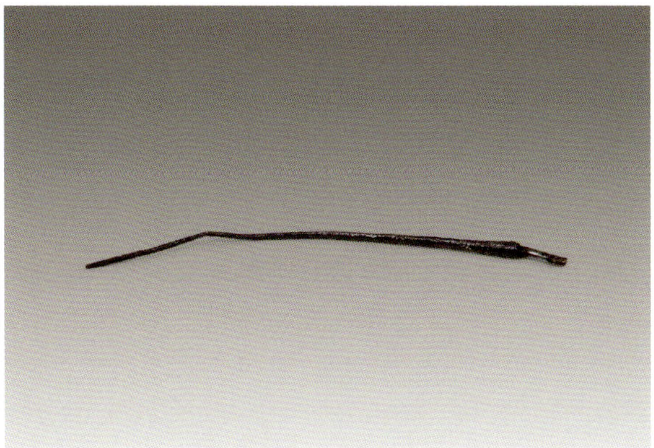

1. 银簪 M26 ： 6（第 38 页）

2. 瓷罐 M26 ： 7（第 38 页）

3. 铜耳环 M26 ： 8（第 38 页）

4. 银簪 M30 ： 3（第 38 页）

5. 铜耳环 M30 ： 4-1（第 38 页）

6. 铜耳环 M30 ： 4-2（第 38 页）

清代双棺 A 型墓葬随葬器物（五）

1. 铜扣 M30 ： 5（第 40 页）

2. 陶罐 M31 ： 2（第 41 页）

3. 翡翠翎管 M36 ： 2（第 45 页）

4. 水晶坠 M36 ： 3（第 45 页）

5. 琉璃顶戴 M36 ： 4（第 45 页）

6. 铜扣 M36 ： 5（第 45 页）

清代双棺 A 型墓葬随葬器物（六）

1. 铜烟锅 M36 ：6（第 45 页）

2. 护心镜 M36 ：7（第 45 页）

3. 鼻烟壶 M36 ：8（第 45 页）

4. 串珠 M36 ：9-1（第 45 页）

5. 串珠 M36 ：9-2（第 45 页）

6. 珠子 M36 ：9-3（第 45 页）

清代双棺 A 型墓葬随葬器物（七）

1. 串珠 M36 ： 9–4（第 45 页）

2. 佩饰 M36 ： 9–5（第 45 页）

3. 佩饰 M36 ： 9–6（第 45 页）

4. 金耳环 M36 ： 10（第 43 页）

5. 铜簪 M36 ： 11（第 45 页）

6. 铜簪 M36 ： 11（字迹）（第 45 页）

清代双棺 A 型墓葬随葬器物（八）

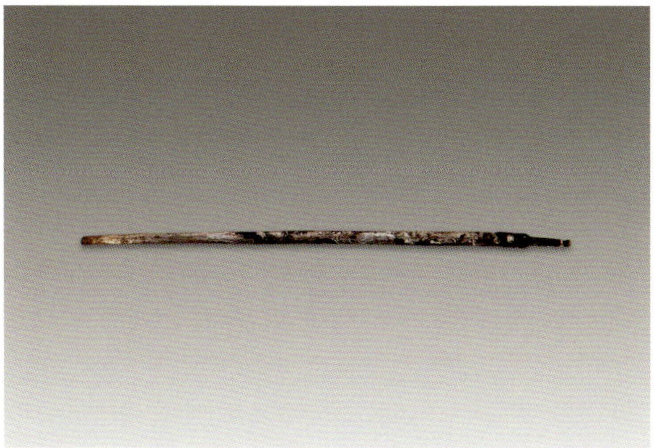

1. 银簪 M36 ： 12（第 43 页）

2. 银簪 M36 ： 12（纹饰）（第 43 页）

3. 银簪 M36 ： 12（字迹）（第 43 页）

4. 铜烟锅 M36 ： 13（第 45 页）

5. 半釉罐 M37 ： 1（第 48 页）

6. 半釉罐 M37 ： 2（第 48 页）

清代双棺 A 型墓葬随葬器物（九）

1. 铜簪 M38 ：2–1（第 50 页）

2. 铜簪 M38 ：2–2（第 50 页）

3. 银簪 M38 ：3（第 50 页）

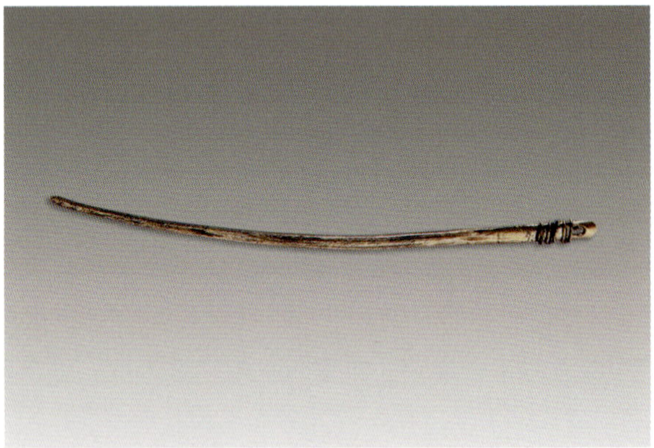

4. 铜簪 M38 ：4–1（正）（第 50 页）

5. 铜簪 M38 ：4–1（字迹）（第 50 页）

6. 银簪 M38 ：4–2（正）（第 50 页）

清代双棺 A 型墓葬随葬器物（一〇）

1. 铜簪 M38 ：4-2（字迹）（第 50 页）

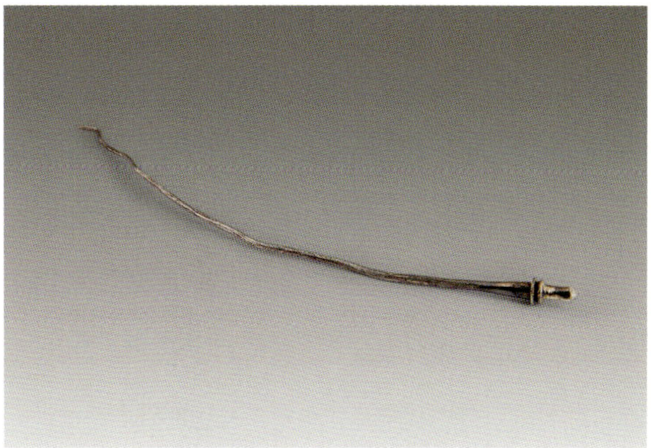

2. 铜簪 M38 ：5（第 51 页）

3. 铜簪 M38 ：6（第 51 页）

4. 石顶戴 M38 ：7（第 53 页）

5. 铜簪 M38 ：8（第 51 页）

6. 铜扣 M38 ：9（第 53 页）

清代双棺 A 型墓葬随葬器物（一一）

1. 铜扣 M38 ： 10（第 53 页）

2. 帽饰 M38 ： 11（第 53 页）

3. 串珠 M38 ： 12-1（第 53 页）

4. 串珠 M38 ： 12-2（第 53 页）

5. 串饰 M38 ： 12-3（第 53 页）

6. 佩饰 M38 ： 12-4（第 53 页）

清代双棺 A 型墓葬随葬器物（一二）

1. 佩饰 M38 ： 12-5（第 53 页）

2. 铜扣 M46 ： 2（第 53 页）

3. 鎏金银扁方 M46 ： 4（第 53 页）

4. 鎏金银扁方 M46 ： 4（字迹）（第 53 页）

清代双棺 A 型墓葬随葬器物（一三）

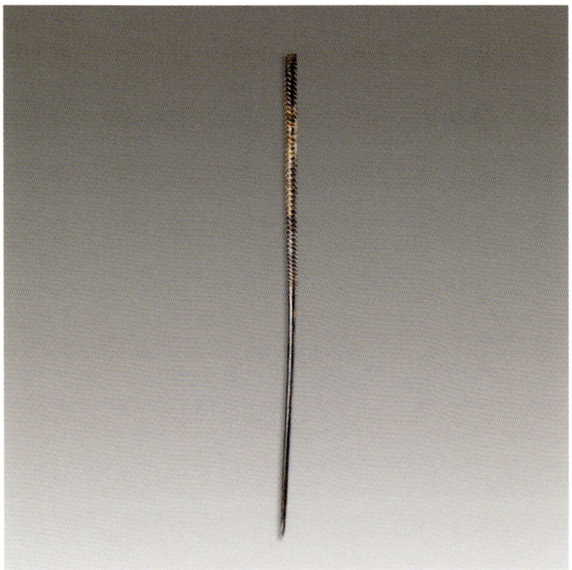

1. 铜簪 M46 ∶ 5（第 54 页）

2. 陶罐 M53 ∶ 2（第 58 页）

3. 陶罐 M53 ∶ 3（第 58 页）

4. 铜簪首 M53 ∶ 4（第 58 页）

清代双棺 A 型墓葬随葬器物（一四）

1. 半釉罐 M1 ：1（第 61 页）

2. 半釉罐 M1 ：2（第 61 页）

3. 铜帽饰 M1 ：4（第 59 页）

4. 铜饰 M1 ：5（第 61 页）

5. 银簪 M5 ：1（第 61 页）

6. 瓷罐 6 ：1（第 61 页）

清代双棺 B 型墓葬随葬器物（一）

1. 银耳环 M6 ： 3（第 61 页）

2. 银耳环 M6 ： 3（字迹）（第 61 页）

3. 半釉罐 M16 ： 1（第 67 页）

4. 骨簪 M16 ： 3-1（第 67 页）

1. 骨簪 M16 ： 3-2（第 67 页）

2. 骨簪 M16 ： 3-3（第 67 页）

3. 银耳钉 M16 ： 4（第 67 页）

4. 半釉罐 M16 ： 6（第 67 页）

清代双棺 B 型墓葬随葬器物（三）

彩版五六

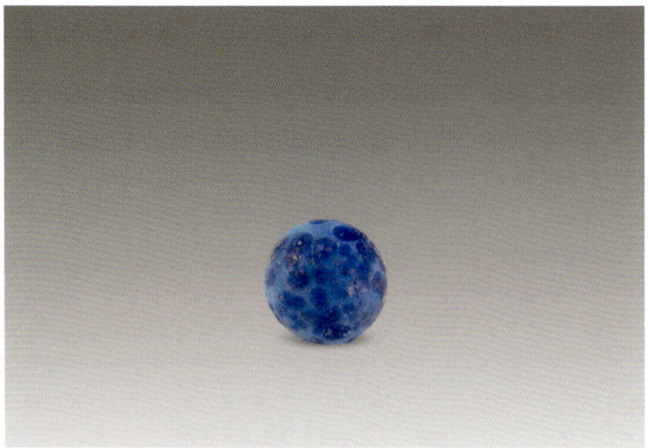

1. 料珠 M16 ： 7（第 67 页）

2. 银簪 M27 ： 2–1（第 69 页）

3. 银簪 M27 ： 2–1（字迹）（第 69 页）

4. 银簪 M27 ： 2–2（第 69 页）

5. 银簪 M27 ： 2–2（字迹）（第 69 页）

6. 银簪 M27 ： 3（第 69 页）

清代双棺 B 型墓葬随葬器物（四）

1. 银簪 M27 ： 3（字迹）（第 69 页）

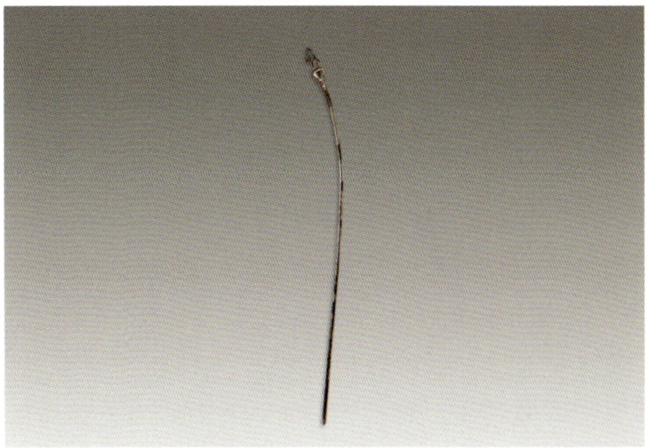

2. 铜簪 M27 ： 4（第 71 页）

3. 铜扣 M27 ： 5（第 71 页）

4. 铜耳钉 M27 ： 6（第 71 页）

5. 铜扣 M27 ： 7（第 71 页）

6. 陶罐 M39 ： 2（第 71 页）

清代双棺 B 型墓葬随葬器物（五）

1. 陶罐 M39 ：3（第 71 页）

2. 银扁方 M44 ：3（第 73 页）

3. 银扁方 M44 ：3（字迹）（第 73 页）

4. 银簪 M44 ：4（第 73 页）

1. 瓷罐 M44 ： 5（第 75 页）

2. 陶罐 M44 ： 6（第 75 页）

3. 铜扣 M44 ： 7（第 73 页）

4. 铜扣 M44 ： 8（第 73 页）

清代双棺 B 型墓葬随葬器物（七）

1. 银耳钉 M10 ：2（第 77 页）

2. 瓷罐 M10 ：3（第 77 页）

3. 半釉罐 M19 ：2（第 77 页）

4. 铜烟锅 M19 ：3（第 77 页）

5. 半釉罐 M21 ：3（第 79 页）

6. 铜簪 M28 ：2-1（第 80 页）

清代双棺 C 型墓葬随葬器物（一）

1. 铜簪 M28 ： 2-2（第 83 页）

2. 铜簪 M28 ： 2-3（第 83 页）

3. 银簪 M28 ： 3（第 80 页）

4. 银簪 M28 ： 3（字迹）（第 80 页）

5. 铜饰 M28 ： 4（第 82 页）

6. 铜烟锅 M28 ： 5（第 83 页）

清代双棺 C 型墓葬随葬器物（二）

1. 铜仗头 M28 ：6（第 83 页）

2. 银耳环 M29 ：2-1（第 83 页）

3. 银耳环 M29 ：2-2（第 83 页）

4. 银扁方 M29 ：3（第 83 页）

5. 银扁方 M29 ：3（字迹）（第 83 页）

6. 陶罐 M29 ：4（第 84 页）

清代双棺 C 型墓葬随葬器物（三）

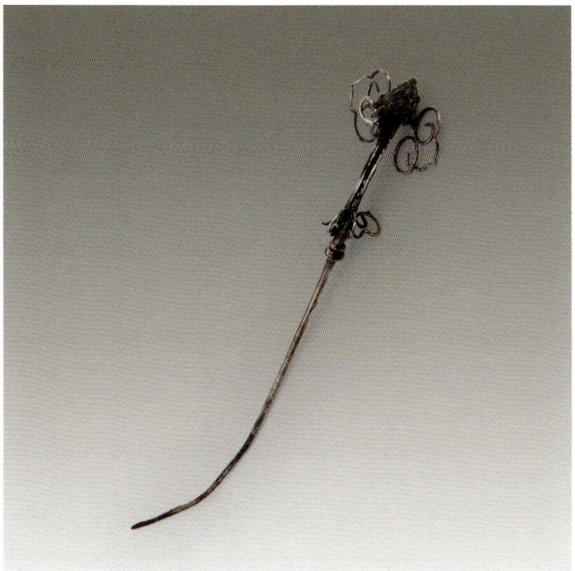

1. 铜簪 M29 ∶ 5（第 83 页）

2. 铜簪 M32 ∶ 1-1（第 88 页）

3. 铜簪 M32 ∶ 1-2（第 88 页）

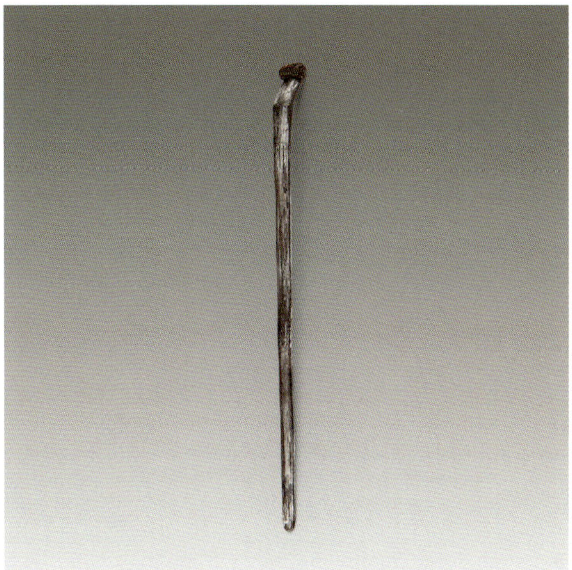

4. 银簪 M32 ∶ 2（第 88 页）

清代双棺 C 型墓葬随葬器物（四）

1. 银簪 M32 ： 3–1（第 88 页）

2. 银簪 M32 ： 3–1（字迹）（第 88 页）

3. 银簪 M32 ： 3–2（第 88 页）

4. 银簪 M32 ： 3–2（字迹）（第 88 页）

1. 银簪 M32 ： 4–1（第 88 页）

2. 银簪 M32 ： 4–2（第 88 页）

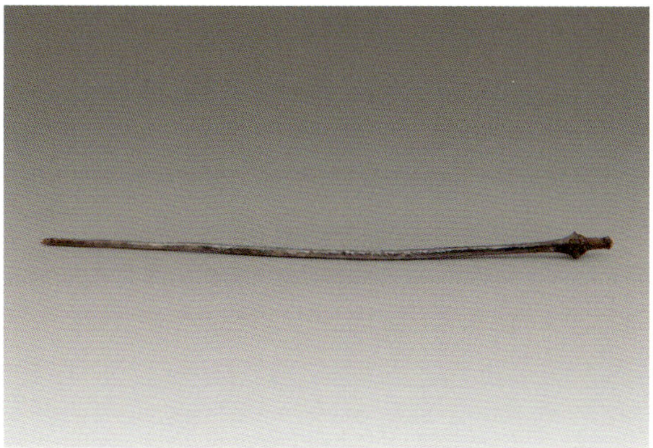

3. 银簪 M32 ： 4–3（第 88 页）

4. 陶罐 M32 ： 5（第 88 页）

5. 金耳环 M32 ： 6（第 86 页）

6. 铜扣 M32 ： 7（第 88 页）

清代双棺 C 型墓葬随葬器物（六）

1. 瓷罐 M33 ∶ 1（第 90 页）

2. 银耳环 M33 ∶ 2-1（第 90 页）

3. 银耳环 M33 ∶ 2-2（第 90 页）

4. 银押发 M33 ∶ 3（第 90 页）

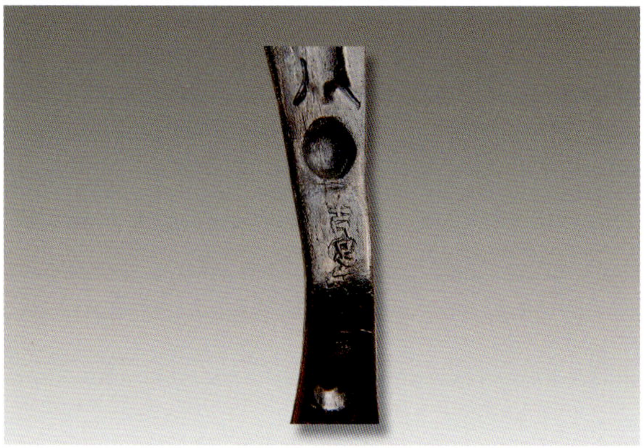

5. 银押发 M33 ∶ 3（字迹）（第 90 页）

6. 瓷罐 M33 ∶ 4（第 90 页）

清代双棺 C 型墓葬随葬器物（七）

1. 银簪首 M33 ：5（第 90 页）

2. 银耳环 M40 ：1（第 90 页）

3. 铜扣 M40 ：2（第 95 页）

4. 银扁方 M40 ：3（第 90 页）

5. 铜顶戴 M40 ：4（第 95 页）

6. 铜簪 M41 ：2（第 95 页）

清代双棺 C 型墓葬随葬器物（八）

彩版六八

1. 铜簪 M41 ：2（簪首）（第 95 页）

2. 铜簪 M41 ：3（第 95 页）

3. 陶罐 M47 ：2（第 95 页）

4. 铜簪首 M47 ：4（正）（第 95 页）

5. 铜簪首 M47 ：4（背）（第 95 页）

6. 陶罐 M47 ：5（第 95 页）

清代双棺 C 型墓葬随葬器物（九）

1. 瓷瓮 M34 ：1（第 98 页）

2. 瓷瓮 M34 ：2（第 98 页）

清代三棺 A 型墓葬葬具

1. 银耳环 M22 ∶ 2（第 100 页）

2. 银耳环 M22 ∶ 2（字迹）（第 100 页）

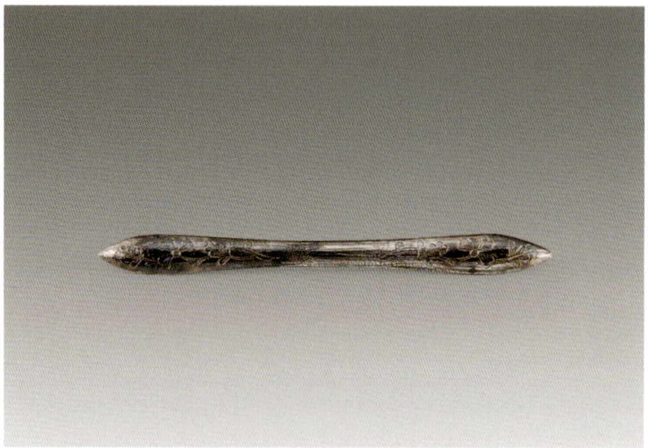

3. 银押发 M22 ∶ 3（第 100 页）

4. 银押发 M22 ∶ 3（字迹）（第 100 页）

5. 铜簪 M22 ∶ 4（第 100 页）

6. 铜耳环 M22 ∶ 6（第 100 页）

清代三棺 B 型墓葬随葬器物（一）

1. 铜扣 M22 ：7（第 100 页）

2. 铜扣 M23 ：2（第 103 页）

3. 陶罐 M23 ：3（第 104 页）

4. 铜簪 M23 ：4-1（第 104 页）

5. 铜簪 M23 ：4-1（字迹）（第 104 页）

6. 铜簪 M23 ：4-2（第 104 页）

清代三棺 B 型墓葬随葬器物（二）

1. 铜簪 M23 ： 4–2（字迹）（第 104 页）

2. 铜簪首 M23 ： 6–1（第 104 页）

3. 铜簪首 M23 ： 6–2（第 104 页）

4. 铜簪 M23 ： 7（第 104 页）

5. 铜扣 M23 ： 8（第 103 页）

6. 金耳环 M48 ： 1（第 106 页）

清代三棺 B 型墓葬随葬器物（三）

1. 银扁方 M48 ： 2（第 106 页）

2. 银扁方 M48 ： 2（字迹）（第 106 页）

3. 铜扣 M48 ： 3（第 109 页）

4. 铜扣 M48 ： 4（第 109 页）

5. 银簪 M48 ： 6-1（第 106 页）

6. 银簪 M48 ： 6-1（簪首）（第 106 页）

清代三棺 B 型墓葬随葬器物（四）

1. 银簪 M48 ： 6-1（字迹）（第 106 页）

2. 银簪 M48 ： 6-2（第 106 页）

3. 银簪 M48 ： 6-2（簪首）（第 106 页）

4. 银簪 M48 ： 6-2（字迹）（第 106 页）

5. 铜耳环 M48 ： 7（第 109 页）

6. 玉指环 M48 ： 8（第 110 页）

清代三棺 B 型墓葬随葬器物（五）

1. 银簪 M48 ： 9-1（第 106 页）

2. 银簪 M48 ： 9-1（字迹）（第 106 页）

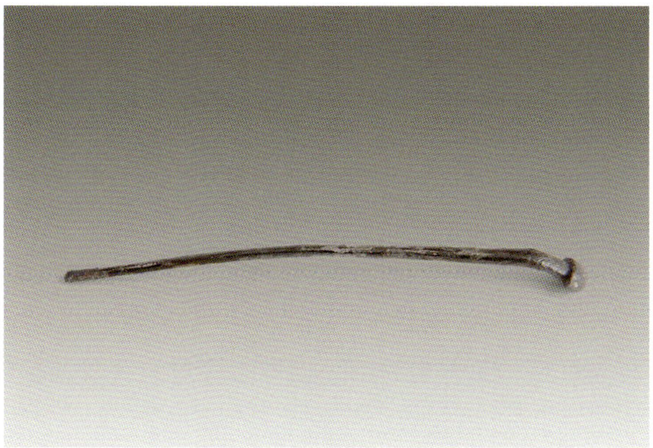

3. 银簪 M48 ： 9-2（第 106 页）

4. 银簪 M48 ： 9-2（字迹）（第 106 页）

5. 银簪 M48 ： 10（第 106 页）

6. 铜扣 M48 ： 11（第 109 页）

清代三棺 B 型墓葬随葬器物（六）

1. 瓷瓮 M49 ：1（第 110 页）

2. 瓷瓮 M49 ：2（第 110 页）

3. 瓮罐 M49 ：3（第 110 页）

清代四棺墓葬葬具

1. 瓷罐 M11 ：1（第 113 页）

2. 半釉罐 M50 ：1（第 114 页）

清代搬迁 A 型墓葬随葬器物

M57 ：1（第 120 页）

清代明堂出土器物（一）

1. 铜镜 M57 ：2（第 121 页）

2. 石砚 M57 ：3（第 121 页）

清代明堂出土器物（二）